ZUO YIMING YANGGUANG DE BANZHUREN

做一名阳光的班主任

张　利◎著

中国文联出版社

图书在版编目（ＣＩＰ）数据

做一名阳光的班主任 / 张利著 . -- 北京 ：中国文
联出版社，2022.12
　　ISBN 978-7-5190-4954-6

　　Ⅰ．①做… Ⅱ．①张… Ⅲ．①中学—班主任工作
Ⅳ．① G635.16

中国版本图书馆 CIP 数据核字（2022）第 167055 号

著　　者　张　利
责任编辑　刘　旭
责任校对　唐美娟
装帧设计　张　凯

出版发行　中国文联出版社有限公司
社　　址　北京市朝阳区农展馆南里 10 号　　　邮编　100125
电　　话　010-85923025（发行部）　　010-85923091（总编室）
经　　销　全国新华书店等
印　　刷　中煤（北京）印务有限公司

开　　本　710 毫米 ×1000 毫米　　　1/16
印　　张　15.75
字　　数　220 千字
版　　次　2022 年 12 月第 1 版第 1 次印刷
定　　价　58.00 元

序

　　"让每个孩子在自信中成长，让每一位教师在阳光中工作"是我们学校的办学理念，每天走入校园，这句话就会映入我的眼帘，久而久之对我产生了深远的影响，做一名阳光的班主任逐渐成为我追寻的目标。班主任是学校中全面负责一个班学生的思想、学习、健康和生活等工作的教师，他是一个班的组织者、领导者和教育者，也是一个班集体中全体任课教师教学、教育工作的协调者。就是我这个全世界最小的主任，每天和孩子们在一起，承载着教育祖国花朵的重任。成为一名阳光自信的班主任，为祖国的教育事业增添一份自己的力量，让自己的工作变得无上光荣和有意义，是我走上三尺讲台的初衷。

　　法国著名作家罗曼·罗兰曾说过："要散布阳光到别人心里，先得自己心里有阳光。"怎样才能够让自己成为心里有阳光的那个人呢？我一边工作一边找寻答案，刚开始的班主任工作因为没有经验，真的可以用"人仰马翻"来形容，我感觉自己每天都是如临大敌、寡不敌众的局面，哪儿有时间找阳光啊。工作一段时间，捋顺思路、沉淀心情之后，我重新开始了自己找寻内心阳光的旅程。

　　阳光班主任要有阳光的心态。做班主任一定要有开朗、乐观的性格，有豁达的胸怀和真诚的态度，面对人生，要有阳光般的平和与淡定；面对学生，要有阳光般的温暖与热爱；面对家长，要有阳光般的热情与真诚；

面对同事，要有阳光般的热忱与谦和；面对课堂，要有阳光般的激情与活力；面对事业，要有阳光般的忠诚与品质；面对发展，要有阳光般的自强与能量。给自己阳光，就会给学生播撒阳光，给学生温暖和力量。要有献身教育的炽热情怀和实现自我价值的人生抱负，有不知困难迎难而上的坚强意志和乐观进取的人生态度。用一份积极向上的心态去感染身边的每一个人，让自己成为一个充满正能量、会发光发热的小"火球"。也就是说无论遇到什么事情，我都要在内心报以微笑。

阳光班主任要面带微笑。对待班级中的任何一件事情都能够做到用积极情绪去面对。因为作为班主任，我们每天的工作除了备课、上课、辅导、批改、教研、班会等日复一日、年复一年、大同小异的活动，还会经常要面对突如其来的班级事件，解决同学之间的矛盾、接待家长的突然来访、沟通问题生等情况，这些容易让我们产生焦虑和不愉快的事情。无论班里的学生出现任何的突发状况，我们都要相信他们不是故意的，这是他们在成长道路上不可避免要发生的，我们只需要帮助学生处理好发生的事情，并且告诉他今后遇到类似的事情正确的处理方式就可以了。无论家长突然到访是因为什么，我们都要相信家长和我们的目标是一致的，都是为了孩子的良好发展。无论生活怎样对我们，我们都要报以微笑！对全世界报以微笑，接纳所有发生的事情，微笑着面对是我们最好的选择。因为你笑与不笑，事情就在那里，不增不减。用心去感受教育中的多姿多彩，我们每天的课堂是丰富多彩的，总能听到学生精彩的发言，望着学生渴求知识的眼神，看着他们在一点点成长，是一件幸福的事情。我们微笑着开始每一天的工作，在言传身教的影响下学生也会微笑着开始每一天的学习，班级氛围其乐融融，这是理想的教育状态。

阳光班主任要有自己的教育思想。我们要有追求真理的精神和敢拼敢闯的非凡勇气，要有敢于创新的精神和无私奉献的高尚情操，要有高度的敬业精神、责任感和事业心，树立正确的教育观。在工作中我们会参加很多的培训，学习许多教育家的思想、理念等，我们需要消化吸收，选择适合自己学生的符合自我价值认同的理论，形成自己的教育思想。我们要成为学生学习活动的组织者、引领者，为学生指引方向，让学生自己去实践；我们要成为学生的激励者，崇尚肯定性评价，不断给学生以赏识，激励学生充满自信；我们要成为学生的知心朋友，走进孩子们中间，聆听来自他们的声音，可以做到换位思考。要想达到这些教育效果，首先班主任自己就要有很清晰的育人观念，不盲从。同时要把宏观的教育思想、教育理论、教育要求具象化，结合学生年龄特点和地域文化等，形成学生可以操作的具体的班级文化、班规、班训等内容，形成有班级特色的班风。

阳光班主任要充满教育智慧。教育本身就是一种智慧，而班主任作为教育者，更需要教育的智慧。智慧的教育是鲜活的，面对学生的生成，师生要有碰撞才会有智慧的火花产生，更能激发师生的成长；智慧的教育是民主的，无论班级的大事小情都要让学生畅所欲言，发表自己的见解和看法，班级是班主任和学生共同的，我们需要一起面对所有的事情；智慧的教育是自然的，根据学情进行教育教学，解决学生最需要解决的知识和成长问题，才是最好的教育。作为班主任，要不断学习，不断更新自己的教育教学理念，让自己永远和时代的发展保持同步。从各种教育书籍中寻找自己需要的答案，从身边有经验的班主任身上学习教育教学方法，从自我班级管理的经验摸索出自己独特的带班育人理念，从教育案例的事后反思总结中总结出相似问题的处理方法……在不断地学习和摸索的过程中，我们会不断积累自己的教育智慧，让自己的班主任工作更加得心应手，做到对班级突发事件的巧妙处理、对班级危机的准确预测、对班级发展的及时把控。作为班级发展的领航者，必须是一位充满智慧的领航员！

阳光班主任带班要有阳光的味道。阳光照耀万物，雨露均沾，给人一种暖暖的感觉。班主任要像阳光一样温暖每一个学生的心田，每一个学生都是一个独立的个体，不同的性格、不同的家庭环境、不同的心理变化，作为班主任要洞察班级中发生的一切，尊重学生的个体差异，提供不同的聊天方式和解决问题的方法，用最贴切的方式方法去呵护每一个孩子的成长，让每个学生在班级中都感受到温暖，这样学生们就会爱上这个温暖的班级，就会爱上这个暖暖的班主任。低年级的学生会看到你就微笑着跑过来拥抱你，高年级的学生则会微笑着和你聊一聊自己成长中的小烦恼，这就是班主任最大的收获。老师与学生之间彼此温暖，让班级充满阳光的味道，营造一个温暖、和谐、友爱的班集体。

把每一件简单的事做好就是不简单，把每一件平凡的事做好就是不平凡，坚持做一个阳光的班主任，说简单也简单，坚持下来就是不简单。对于我们每一个人来说自信与阳光都很重要，自信才能快乐，自信才能成功！阳光的心态会让我们的工作与生活都变得美好，做个自信又阳光的班主任，我的班级也会像我一样充满力量。用理想和激情教书，用智慧和理念育人，用爱心和真情奉献，做一名阳光班主任，成为每一名学生心中的小太阳，照亮他们成长的路。

张　利

2021 年 2 月于北京

目　录

第一章
班级管理有方法

班主任的基本任务是：按照德、智、体、美全面发展的要求，开展班级工作，全面教育、管理、指导学生，使学生成为有理想、有道德、有文化、有纪律、身心健康的公民。班主任要在每个学期开始的时候，依据教育方针、根据学校整体的德育计划和学生实际情况制订班主任工作计划，制订工作的重点，安排好各项工作。班主任是班集体的组织者和教育者，承担着建设和管理班级的重要任务，确定本班集体建设的目标，建立班级常规，培养良好的班风。班主任是学生全面发展的指导者，要教会学生知识，帮助他们激发潜能，指导他们培养好习惯。要不断了解和研究每个学生的思想品质、学业成绩、才能特长、性格特征、成长经历以及家庭情况等动态变化，做到心中有数，有针对性地进行教育。班主任要关心学生的生活习惯和身心健康，要教育学生养成良好的生活习惯、卫生习惯和锻炼习惯，引导学生形成积极健康的心理。组织学生积极参加"雷锋日"等公益劳动，培养学生正确的劳动观点、劳动态度、劳动习惯和为人民服务的精神。班主任还要有计划地组织好班委会、家委会、家长会和家长开放日等活动，充分发挥全体学生的主动性、积极性和创造性，提升家长对学校教育教学的满意度。

班级管理是一个动态的过程，它是教师根据一定的目的要求，采用一定的手段措施，带领全班学生对班级中的各种资源进行计划、组织、协调等，以实现教育目标的组织活动过程。班级管理有助于实现教育目标，使学生得到充分的、全面的发展。班级管理有助于实现教学目标，提高学习效率。有助于维持班级秩序，形成良好的班风。调动班级成员参与班级管理的积极性，共同建立良好的班级秩序和健康的班级风气，是班级管理的基本功能。班级管理对于促进学生的人格成长是极其重要的，有助于锻炼学生能力，学会自治自理。班级活动状况直接关系到学生的生活、学习和教学质量。好的班级管理会让班级内的学生树立远大的理想、养成好的习惯、形成优秀的班集体，让班主任和学生都成为更好的自己，任何一个好的班主任都会把班级管理放在极其重要的地位。

第一节　借助班级文化打造最好的班级

有人说：班主任是世上职位最小的主任，但作为一个班级的组织者、领导者和教育者来说，这个小小的主任却是一个责任最重的职位。作为新接班的班主任，第一项主要的工作就是：建班。每接一个班，自然班是存在的。我所需要建的班级是指：精神上的班级，学生心里的班级，增强学生自信心和集体意识，提升班级凝聚力。

班级文化是我们班级建设中必不可少的一个方面，同时良好的班级文化能够促进学生良好的成长，促进班级的整体发展。什么是班级文化呢？班级文化是一种组织文化，应该包括：物质文化、行为文化、制度文化和精神文化四个方面。班级文化建设是一项系统的工程，既需要班主任在理念层面的精心设计，也需要脚踏实地地组织实践。班级文化的作用应该有以下两个方面：一方面是导行，制定好班级文化之后，就可以引领班级，逐渐让整个班级都能够向着这个方向发展。另一方面润心，班级文化会潜移默化地对班级内的学生进行影响，让每一个学生向着这个方向去努力，继而实现文化育人的功能。

班级文化建设应该包含以下两个方面：一方面，作为班主任，我们肯定对自己的班级文化有自己的思考和设计，制定属于自己价值认同的班级文化。班级文化制定的大背景肯定是以学生为主体的教育、赏识教育、校训等作为参考依据。另一方面，在班级文化建设之前要先分析班情，根据班级情况调整班级文化，在不断的改进下，让自己的班级文化不断完善，既符合班主任的价值认同，也符合学生的身心发展。班级文化建设最大困难是群体价值观的形成，也就是我们说的班风的形成。只要群体价值观正确，班级发展就会呈现向上的状态！群体价值观的形成需要班主任的精心、细心和耐心，这是一个漫长的过程。

一、让班级在"竹文化"的浸染中开花结果

（一）结合班情，制定班级"竹文化"主旋律

俗话说，知己知彼百战百胜，要想带好这个班，每次新接手一个班，我都会根据班内学生和家长的具体情况，来思考如何形成适合孩子们的班级文化。记得 2014 年我新接手的班级是三年级（1）班。在接到学校的安排以后，我除了和之前带过半年的班主任李老师进行沟通以外，还与教过这个班的所有科任老师进行了请教，走访家委会的家长，全面了解班级的情况。了解到的情况是：这个班成绩差、纪律差、各方面都差……

经过调查和思考，为了改变班级自信心不足、学生整体比较低沉的状况，我觉得：要想改变现在的状况，就必须从班级的文化布置开始着手，让班级形成良好的文化氛围，才能够促进班集体的进步。根据这个班的具体情况，我和学生讨论后决定把班级的文化定为"竹文化"。我希望学生

们能够像竹子一样坚韧、有毅力，不管之前如何，我们依然会蓄势待发、破土而出、直上云霄。有了想法以后，我就开始引导孩子们认可和实施。

（二）"竹文化"浸染，凝聚班级力量

1. 赏"竹之美"

既然要将"竹文化"定位我们的班级文化，就要让学生从心里喜欢上竹子，这样学生才会更加认可班级文化，并且愿意执行下去。首先，我利用兴趣课的时间，在和美术老师请教之后，精心准备了郑板桥先生的介绍以及作品赏析，让学生了解到郑板桥一生只画兰、竹、石，自称"四时不谢之兰，百节长青之竹，万古不败之石，千秋不变之人"。凡竹子的高风亮节，坚贞正直，高雅豪迈等气韵，都被他表现得淋漓尽致。一边展示《竹石图》《墨竹图》《竹图》等作品，一边把查来的作品资料介绍给大家，让大家深深被竹子的美所吸引。

2. 画"竹之形"

欣赏了竹子的美，喜欢画画的几个同学就迫不及待地在纸上画起来。虽然学生的画作还比较稚嫩，但是这一举动说明先前的赏"竹之美"的活动已经开始产生效果了，这是一个好的开始。于是，我紧跟着在班里开展了画"竹之形"的活动，并且说明这是为了布置班级环境的，让其他老师和同学一下就能知道咱们班的班级文化是什么，每个同学的作品都有机会出现在班级的展区，希望大家能够展现自己最好的绘画水平。在一周内，学生陆续都将自己的作品交了上来，有一部分作品让我很是意外，画得相当不错，都能够体现出竹子的品格。而且在画竹的过程中，他们需要自己查找参考资料，然后内化于心，再将自己构思好的作品跃然纸上，这个过程让学生与竹子又有了深入的了解，喜爱的程度又加深了。

3. 品"竹之韵"

看到前两次的活动效果不错，我推出了第三次活动——品"竹之韵"。让学生自己搜集了关于竹子的诗句及文章，在晨读和班会课的时候和全班的同学分享，不仅朗读自己准备的内容，还会简单谈一谈自己对选定作品的理解，有的学生还会给自己的朗读配上一小段背景音乐，学生们也越来越喜欢这样的晨读时光。课间的时候，会听到学生随口背诵一些已经介绍过的作品了，我很欢喜，班级文化已经开始浸润了。

4. 论"竹之魂"

接着是提升认识的活动，也是总结性的活动——论"竹之魂"。在积淀了很多之后，利用一次班会的时间，让大家谈一谈对"竹之魂"、竹子精神的了解，大家你一言我一语，讨论得相当热烈，因为他们前期已经和竹子接触很长时间了，每个人都有话说。我静静地听着，并不打断，把他们说到的关键词都记录在黑板上。然后引导大家结合班级的情况进行思考，看看我们选择竹子的哪些品质作为我们的班级文化，首先学生选定的是"直上云霄"，说明学生还是有目标和追求的；接着我们发现要想直上云霄，必须要自己好好学习、积蓄力量，有了实力之后才能够实现直上云霄。而且我们要像竹子一样坚贞正直，不说谎、做事情有原则。

（三）围绕"竹文化"设计班名、班徽、班训

结合班级的具体情况，经过和学生的共同商讨，得到了学生的认同之后，我们把班级的名字定为："竹韵1班"。听说班里有家长是做设计的，我和这位家长进行了沟通，得到了家长的支持，帮助我们设计了班徽。我们把做好的"班名和班徽"钉在了班级门口，学生每天进出班级都能够

图1-1 竹文化班徽

看得到。班训定为："未曾出土先有节，即使凌云也虚心。"然后我们又逐条制定了属于我们的班规，逐步增强了班级的凝聚力。由于当时设计班徽的时候没有经验，随着年级的变化，每年都会对班徽进行微调，但是主要的元素是没有变化的，这个班徽一直激励着我们要不断努力，拔节生长。

（四）围绕班级"竹文化"进行环境布置，浸染学生身心

优化班级环境，加强教室的场育功能。我们将班内的板报、壁报、生活角和读书角等各个地方都布置上和竹子有关的内容，我记得陈鹤琴先生曾经说过："环境的布置要通过儿童的大脑和双手。通过儿童的思想和双手所布置的环境，可使他们对环境中的事物更加认识、更让你更加爱护。"因此，班级布置的内容都由学生亲自完成，包括之前画的竹子等。每个小组认领不同的任务，大家分工合作，共同布置属于自己的教室。擅长画画的小组绘制了多幅有关竹子的作品；擅长书法的小组挥毫泼墨写就有关竹子的诗句；擅长手工制作的小组巧手翻飞捏制有关竹子的作品……在班级的植物角，我们特意选定了两盆转运竹，大家看着又高又绿的转运竹，能够为之所动，并且心向往之，大家在学习上也更有干劲儿。

（五）在班级"竹文化"浸润下，成绩拔节生长

船要走得稳，舵就要把得准。水上行舟与人生进退中，必须有一个明确的方向，才能引导出坚定有力的步伐。班级的发展就需要班主任的引领示范，当好学生们的领头雁。在研究和学习的过程中，我的理念在不断地改变，促进了教育水平不断的提升，为带领班级走向更大的进步提供了基础。

我鼓励学生积极参加各级各类活动，勇于尝试，争创佳绩。每一个人的成功都是从迈出第一步开始的。带领学生承担督导课、班会课，让学生自信心逐渐增加。从班级的文化开始着手，让班级形成良好的文化氛围，

正是在这样的努力之下，逐渐形成良好的班风，促进班集体的不断进步，学生明理懂事、全班齐心，在学校开展的各项活动中都表现突出，多次受到表彰奖励，班级学生发展全面，无论是各学科的成绩，还是体育竞技、合唱比赛、学校的嘉年华等活动，我们都表现优异，在学校每个月的"卫生评比""纪律评比"中一直名列前茅，到小学毕业的时候我们班学生的成绩都很理想。

学生们在"竹文化"的浸润中，已经逐渐开花结果，作为班主任是幸福的。学生在不断成长，到高年级以后学生会有更多的需求，我也要不断思考和进步，逐渐完善和调整我的班级文化育人方略，使我们的班集体一直处在拔节生长状态，在写这本书之前这届学生刚好参加完中考，虽然因为户口等原因，他们遍布中国的各个地方，但是一直秉承着：竹子拔节生长的文化努力拼搏，最终都考上自己理想的高中，离自己理想的大学又进了一步，作为曾经的班主任，我也很是自豪。希望有一天能够看到我的学生们都成为优秀的"栋梁之竹"，成就自己，影响别人！

二、做最好的自己，成就最好的班级

（一）结合班情，制定班级"做最好的自己"文化主旋律

我目前带的这个班是从一年级开始带的，一年级刚上学的小朋友每次的固定句式是这样的："老师，他……"，我们俗称"告状"，是孩子们最喜欢做的一件事情。刚从高年级下来的我很不适应，经常不耐烦地说："管好你自己就行了！"然后就会看到这个小朋友眨着大眼睛、委屈地走了，我又觉得自己很过分，这不是长久之计，否则会激化师生矛盾和家校矛盾，于是我开始冷静下来分析原因：这个年龄段学生的特点就是律他性强，律己性差，总是把注意力放在发现别人缺点上，仔细想想我自己家孩子好像也是这样的。但是这个问题还是要解决，因为我不想一直在"告状"和

"批评"之间死循环，于是如何引导学生提高律己意识成为了我班级管理的一项重要工作。

"你若盛开，蝴蝶自来。"这是我自己很喜欢的一句话，但是对于一年级的小学生来说他们不太好理解；"管好你自己！"语气又过于生硬；通过理解"和合"文化理念、"七彩教育"内涵，结合学校十二年一体德育目标体系和本班实际情况，我挖掘凝练出符合本班特质的班级文化："做最好的自己"，成为了我们班级文化的主旋律。

我们班引领学生发展的三个阶段，分别是正视自己、肯定自己、超越自己。正视自己：发现自己的优点和缺点。肯定自己：保持并发展自己的优点。超越自己：改善自己的缺点，使自己成长。我希望班级里的每一个学生都能够做到正视自己的优点和缺点，然后把它记录下来，接着通过自己的努力不断进行突破，最终实现超越自己。具体措施结合评价手册进行具体化引导和评价，这样可以把班主任的许多工作有机结合起来做。

（二）围绕班级"做最好的自己"文化设计活动，引领全班发展

1. 围绕班级"做最好的自己"文化设计班徽

每次接班以后，我们制定好班级文化以后，就会围绕自己的班级文化进行班徽等内容的设计。由于刚开学，一年级的学生还比较小，在征求意见的时候大家说得也比较零散，集合班主任我自己的想法之后，制定的班徽如图 1-2 所示：

班徽的含义是：做最好的自己，成就最好的班级，老师托起我们，我们 6 班一起扬帆远航！在这次的班徽设计时已经有了经验，所有班级在设计的时候

图 1-2 2017 级 6 班班徽初稿

要选择学生入学的年份而不是年级，例如这届学生是2017级入学的，那么选择这个元素放在班徽设计中，后续就不用再修改年级了。这个班徽的设计比较大众化，没有太多的特色，随着班级逐渐的发展，以及学校对班级的要求：要有学校的办学特色。既然班级是动态发展的，那么自然班级文化和班徽等内容也应该随着班级的发展而逐渐完善，才符合规律，所以我也一直在思考如何将班徽进行一定的修改和完善。

在新冠肺炎疫情期间我们改成了线上教学模式，也给了我们更多的思考时间，于是我和学生们经过讨论，又对班徽进行了修改，更贴合学校的特色和班级理念，做最好的自己，成为七彩好少年，坚信：你若盛开，蝴蝶自来！目的是更好地激发学生的内驱力，希望学生自己由内而外破茧成蝶，老师托着你进步和自己要求进步是不一样的。

图1-3　2017级6班班徽终稿

2. 围绕班级"做最好的自己"文化布置教室

教室的环境布置属于班级文化中的物质文化方面，首先要做到的就是要干净整洁。要让学生在校的每时每刻都处在一个整洁、干净的教室。这个习惯养成之后，后面各方面都会很省心。教室环境对学生的影响很重要！所以在我们班的前黑板上面永远贴着"干净、安静""静心、静气"这样的温馨提示，让学生在班级文化的影响下养成"静"和"净"的习惯。其次就是环境布置要有文化内涵，围绕自己班级的文化进行有文化内涵的环境布置，随时对学生进行环境育人。我们班孟孟同学会写书法，我就邀请她为班级书写了一幅很大的书法作品"做最好的自己"，贴在班级的墙上，让所有学生每天都能够看到，并且对自己做到提醒，给予自己力量，让自己成为最好的自己。

3. 围绕"做最好的自己"认真设计班级活动

每一次的班级活动无论大小，我都会精心设计，想好每一次要达到的育人目标是什么，然后根据活动中学生的表现及时进行总结。从一年级开始我们会设计常规活动，例如：快乐生活日、大扫除、班级各项评比等活动。还会设计各种特色活动，例如：母亲节、父亲节、教师节、重阳节的感恩系列活动，红五月和庆十一的红色经典代代传活动，儿童节和元旦联欢合唱展演活动……这些活动丰富了学生的学校生活，促进学生的全面成长。

不仅总结给学生，还总结给家长，对家长也进行潜移默化的影响，让家长相信我们班就是最棒的！线上的总结依托：朋友圈、班级群。线下的总结依托：班会、微班会等。学生年龄小的时候，每次活动之后都是我做总结，随着年龄的增长，每次活动之后我会让相应的班干部进行总结，其他同学补充在活动中的收获，最后再是班主任发言。这样让学生从自己的视角去发现收获，给他们留下的印象会更加深刻。当然，不一定每一次的活动或者比赛我们都会是最终的胜利者，那么失败我们应该如何面对，如何调整以后再出发，是对学生挫折教育的绝佳时机，每次这个时候我们都会认真分析原因、总结经验，重整旗鼓再出发！

4. 引导班干部成长，做最优秀的班干部

我一直认为班级是班主任和学生一起组成的大家庭，在这个大家庭里班主任是大家长，但是大家长很忙，不能随时陪伴在孩子们身边，就需要能力出众的孩子们带领其他人按部就班地进行每一天的学校学习和生活。这些能力出众的孩子在相处一段时间之后就会被班主任和其他同学发现，通过选举成为班级的小班干部。在我的班级中形成了班干部例会制度，每个周末都会给所有的班干部进行例会，询问一周当中班级发生的事情，以及他们的看法和处理方法。在低年级的时候，小班干部年龄也小，

没有经验，就需要班主任的精心先培养，手把手教他们怎么去管理班级的具体事情。例如：如何组织大家拿午饭和水果，如何管理午自习，如何安排下午的值日等等。在例会的时候多以班主任询问为主，因为他们还不知道具体汇报哪些内容。到了中年级，班干部都能够各自主动安排班级的各项事情，每周五向班主任汇报本周的情况，进行总结，班主任对班级情况提出意见和建议。各位班干部在下一周班会课的时候对班级上一周的情况进行总结和提醒：对大家做得好的地方进行表扬，不好的地方进行指导。到了高年级，我会告诉班级中的学生发生了任何问题先自己处理，如果两个人分歧比较大，就去找班干部协调，实在解决不了的再来找我解决。这样的分层管理让发生冲突的学生们有了缓冲时间，很多时候稍微冷静一下就会发现刚才的矛盾根本没什么，增强了班干部在班级的权威性，提升了班干部们处理问题的能力，同时大大减少了我处理学生告状和调节矛盾的次数。

我们班各项加减分细则由班干部自己讨论、制定，班主任参与意见，最终实施。班级出现问题，首先分析班干部的原因，再分析同学的原因，然后共同找寻解决问题的答案。例如：卫生委员收垃圾的"巧方法"——有一天中午班里许多同学的桌子上有橘子皮和橘子籽，导致班级卫生不干净，被扣了一分。我把卫生委员叫过来，告诉她们俩自己研究办法解决这个问题，然后我就去开会了。第二天等我进班的时候，就发现两个卫生委员吃完饭多了一个动作，在不影响值日生做值日的情况下，两个人抬着垃圾袋逐一检查学生的桌子呢，谁那儿有水果皮或者酸奶盒就直接收走了。做值日的速度和效果都好了很多，我很欣喜！

午饭管理员的制度调整——我们班一直在响应"光盘行动"，所以班级加分项中有一项就是：吃光盘就可以加一分。在月底评比的时候，我们忽然发现同学之间的分数相差很悬殊，于是午饭管理员找到我反映情况：

"张老师，有的同学为了加分，就把饭分给别的同学，自己吃得很少。我认为这样对他们的身体不好，我们应该修改评比规则……"我欣然同意，然后就看到两个午饭管理员进行了讨论，并制定了新的规则。

我很开心，在三年级的时候班里基本实现了班干部管理班级的愿望，大事小情都有人管着，很好地锻炼了学生的能力，也减轻了我的压力。

（三）班级"做最好的自己"文化促班级快速发展

一年级的时候，引导全班实现"认识自己、正视自己"，班集体的第一次集体亮相就是一年一度的"元旦联欢会"，刚刚入学三个月的小朋友们就能够做到动作整齐、不掉队，精彩完成表演，让我这个班主任着实很惊喜，包括我们班选送的小主持人，和老师搭档主持一点儿不逊色，出色完成主持任务。这个时候，我看到了我们班级的潜力。二年级的时候，我和学生一起参加了"朝阳杯"基本功大赛的复赛，作为二年级的小学生他们要和我一起到很远的比赛场地去现场上课。能够看得出来懵懂的他们既兴奋又紧张，在学校领导的帮助和鼓励下，我和学生们顺利地结束了比赛内容。在比赛之前我很担心学生们太小，会出现各种问题，然而并没有，他们还是很认真地沉浸在课堂中，积极思考和发言。让我又一次看到了他们沉稳的一面，全班处在"悦纳自己、肯定自己"这个阶段。三年级的时候，学生变得自信、大方，跳绳比赛、合唱比赛，班主任完美错过，孩子们依然发挥稳定。我和学生们参与录制了"朝阳区公共教育专题教育课"，为全区的学生提供线上学习资源。全班处在"肯定自己、发展自己"这个阶段，学生变得更加自信、大方。同年，我们班被评为"北京市先进班集体"。四年级的学生应该是"培养自己、完善自己"的阶段，在新生入队活动中，我们班被分成了9份安排在不同的班级队伍中，每个学生都顺利完成任务，让我看到了每个学生的高度自律和责任心！我们班进行了《班刊》的创编活动，以"小小的我，有大大的梦想"为主题。这次的班刊创编我选择的主角们就是班级中默默无闻的一部分学生，让他们有机会走到台前，也可以有更多的机会完善自己，让同学和老师对他们有一个新的认识。抓住每一个孩子的闪光点，让他们成为更好的自己，自然就会拥有一个最好的班级。

我们班通过班主任引领、任课教师监督、学生自我管理及各项活动评价健全"全员、全程、全方位育人"路径，形成良好的育德场域，施行"人人有事做，班级靠大家"的常规管理，任务细化到每个人，在参与的过程中，所有学生都能体验到作为班级主人的责任，都能意识到自己是集体中不可缺少的一员，从管理者的角色中学会管理他人，学会自我管理。我们班有一面墙是"班级荣誉墙"，上面记录着四年多来孩子们的努力与收获！优秀的学生才会成就优秀的班级，我和我的学生们一直在不断地努力，也在不断地收获！希望我们站在新的起点再启航，让我们一起突破自我、超越自我、乘风破浪、行稳致远！

三、班级文化"云"建设，创家校协作新方式

2020 年的"春天"因为一场突如其来的新冠肺炎疫情来得格外的"晚"，面对这场席卷全球的新冠肺炎疫情，我们无法和同学们相聚在校园。全国的教育教学模式改成了"云"模式，这就意味着所有的老师都要积极投入到新的战"疫"中来，用我们的专业知识＋互联网技术进行班级的教育教学工作。在新冠肺炎疫情期间，我们会发现家校协作显得尤为重要，哪个班家校协作得好，哪个班的学生在居家学习的时候就会效果更好、成绩更稳定。所以，我作为班主任对家校协作很重视，也进行了深入的思考和实施，并收获了较好的效果。

（一）班级文化"云"建设的重要性

我们制定好班级文化之后，就可以引领班级，逐渐让整个班级都能够向着这个方向发展。班级文化会潜移默化地对班级内的学生进行影响，让每一个学生向着这个方向去努力，继而实现文化育人的功能。我们班的班级文化是"做最好的自己"。在新冠肺炎疫情期间学生们不能与我见面，同学之间也互相见不到，再加上每天新闻里都在汇报新冠肺炎疫情之下的被感染情况等等，各种情况交织在一起，让学生幼小的心灵变得焦虑、紧张、害怕，在这种情况下，班级文化"云"建设就变得尤为重要！于是，我决定将我们班的班级文化转到"云平台"进行建设，促进班级凝聚力，尽量保证特殊时期学生也能拥有良好的进取状态。让我们通过互联网心手相连，打造属于我们自己的云空间，成为学生避风的港湾。

（二）围绕班级文化建设，开展一系列活动

我们班在新冠肺炎疫情期间是三年级的第二学期，在过去的两年半的时间里，我们班已经逐渐形成了自己的班级文化："做最好的自己。"为了让学生能够持续浸润在"做最好的自己"班级文化当中，新冠肺炎疫情期间围绕班级文化建设，我们班开展一系列围绕这个主题的"云"活动。

1. 一封爱的书信，打开新冠肺炎疫情下家校协作的大门

作为三年级（6）班的班主任，在居家学习的第一周，我心系班级的每一位学生，首先要安抚学生和家长的情绪，及时将学校下发的各种新冠肺炎疫情防控宣传资料、减压小游戏、心理辅导等资料发到班级群。但是我发现班内学生对各项活动的参与度并不高，因为是线上布置的活动，我也无从看到学生居家的真实状态。分析原因，我觉得应该有两个：一部分原因是大家都处在紧张氛围内，家长无暇顾及学生的作业，或者没有及时告知学生。另一部分原因是学生没有了老师和同学的监督，自我放松的结果，玩儿得太开心，没有心情参与活动。于是我还给班里每位学生写了一封信:《写给三（6）班孩子们的一封信》，信中写到：延期开学的第一周就要过去了。这一周你们过得好吗？有没有听家长的话？不能见面的日子里，老师真的很想念你们，这一周你有没有实现什么小目标？有没有关注哪些新闻？有没有一些小创造或者新技能？还记得咱们班的班级口号是什么吗？对了，"做最好的自己"，张老师相信大家，无论在什么地方，以何种形式学习和生活，你们都能够坚持做最好的自己，对吗？无论什么时候老师都会和大家在一起，防控新冠肺炎疫情我们要相信国家，作为学生我们要做的就是好好学习。正是这样温暖的一封信，给孩子们和家长们都带来巨大的鼓舞，打开了我们班新冠肺炎疫情下家校协作的大门。

2. 师生"云"上共读一本书，促进班级文化建设

新冠肺炎疫情期间，我在陪自己家孩子读书的时候，读到了一本故事书，它的名字就叫《做最好的自己》，正好和我们班的班级口号是一样的。而且这本书里的小故事正好适合我们班学生这个年龄，一个小故事配着一段启发，都是积极向上的内容。于是我就想把这本书分享给我的学生，我在班级群内发出了邀请函，期待着想与我共读这本书的同学报名参加"6班线上读书会"。我将整本书的内容扫描成电子版发到班级群，接连有好几位同学都按照电子版的书稿录制了自己喜欢的小故事，将自己的朗读音频发到班级群中，供全班同学一起聆听。虽然我们不能见面，但是我们可以听到彼此的声音，在当时的情况下，也是极好的事情。一方面加强了同学们彼此间的联系，让孩子们在家里能够听到同学的声音，缓解孩子们的焦虑情绪。另一方面可以让学生在不那么忙的时候静静品读每一个小故事带给我们的启示，静心思考一下自己如何成为更好的自己，深化班级文化建设。这种活动比班主任空洞的说教要更有实效性。

3. 推出班级"云"榜样，促进学生居家学习质量

学生居家学习期间，各方面的学习质量都有所下降，家长在和我沟通的时候也是叫苦连天，各种抱怨学生不听话、看电视、打游戏……针对这些情况，我一边给家长提供家庭育儿方法，一边在思考如何对学生进行引领。我们都知道，表扬的功效远大于批评，于是我在班级群内推出了"我们身边的榜样"线上宣传活动，一周推选一个班级榜样进行宣传。让学生们看着班里的好学生在家是怎样进行学习和生活的，有图有真相，原来身边优秀的学生在家里的学习依然是那么认真，那么努力，我也要像他们一样努力，不然就会掉队了。我一直坚信：激发学生的内驱力才是促进学生提高的最好方法，所以作为班主任，要不断思考和设计活动，助推学生的内驱力提升。

4. "云"上秘密小分队，将爱在线上传递

班里有一名女生和姥姥两个人被隔离在湖北老家，父母在湖北封城之前没能赶回去。整个新冠肺炎疫情期间这个学生经历了什么，我们无法想象，但是很明显地感觉到了她的失控，作业收不上来，人也联系不上，每次的班级线上活动她或者不参加，或者参加了也从来不说话。得知这一消息后，我在征得家长同意之后加了这名学生的私信，每天都抽时间和孩子线上聊聊天，缓解孩子的焦虑情绪。我还建立了一个秘密小分队——6班秘密微信小群，组织几个班干部经常和这个孩子进行线上聊天，使这名学生不再感到孤独。等呀、盼呀，新冠肺炎疫情总算有了好转，湖北解封了，听到孩子终于返回北京的时候，我都不禁流下了泪水。该生返回北京以后，在日常的学习生活中，我坚持对该生进行学习辅导和心理疏导，不让她掉队！积极咨询学校的心理老师，寻找合适的沟通方法，和该生以及她父母进行有效沟通，缓解该生全家的焦虑情绪。

5. 开展线上公益活动，感恩教育进行时

在抗击新冠肺炎疫情的过程中，涌现出了无数的英雄，冲在一线抗击着新冠肺炎病毒，于是全班在讨论之后，决定唱一首《听我说谢谢你》手语歌，向抗疫英雄致敬，表达我们的感谢与感恩。由三位文艺骨干提前录制了视频，转发到班级群中，其他学生积极响应，在家纷纷学习演唱这首手语歌，在线上班会课的时候大家进行了合唱。抓住每一次的教育瞬间，让学生一次次向最好的自己迸发。

在学校德育处的号召下，我们班同学积极参加了中国少年儿童文化基金会主办的"美丽公约小卫士——抗击新冠肺炎疫情共渡难关"公益视频征集活动，其中有四位同学的公益视频作品还获了全国的奖，真是很棒！我们人小爱不小，用这样暖心的举动为新冠肺炎疫情防控贡献自己的一份力量。

优秀的学生才会成就优秀的班级，所以我需要不停地给自己的学生传递这种理念，让他们成为更好的自己，让我们的班级成为更好的班级，我和我的学生们一直在不断地努力。虽然现在我们需要云端育人，只要我们每一次都精心设计活动，从学生的需求出发，设计贴合学生年龄特点的班级活动，学生就很愿意参加，同时会收获别样的精彩。

（三）促进班级"大群体"价值观的形成

班级文化建设最大困难是群体价值观的形成，也就是我们说的班风的形成。只要群体价值观正确，班级发展就会呈现向上的状态！群体价值观的形成需要班主任的精心、细心和耐心，这是一个漫长的过程。何况在新冠肺炎疫情下我们需要密切的家校协作，所以我认为这个时期群体价值观的形成过程还要包括我们的家长，也就是我所说的"大群体"。只有家长认同了我们的班级文化，才会大力配合，在家不断督促学生积极参与班级的各项活动。

在促进家长认同方面，我首先想到的就是发挥家委会的作用，在和家委会进行线上会议的时候，我会把每次活动的教育目的讲清楚，并希望家委会的成员能够在班级群中给予正能量的影响，积极促进班级正能量的形成。其次就是发现哪个学生近期情况有下滑的趋势的时候，会及时联系该生家长询问具体情况，并和家长讨论解决办法。让家长感觉到我们是同一个立场的，都是为了学生好，赢得认同感并积极配合去督促学生努力。

（四）家校协作要适时、适度

在新冠肺炎疫情之下，我们的家校协作要比之前的正常状态下紧密很多，因为我们不能第一时间看到学生的真实状态，也不能第一时间对学生进行辅导和纠正。所有的情况我们都需要借助家长的渠道来进行反馈后得知，所以我们必须要有良好的沟通氛围，让每天的合作高效。但是家长也有自己的工作要处理，我们不能说什么时间都去联系家长，你打扰的次数多了势必会产生负面的效果，家长心里会产生不悦的情绪。为了避免此类事情发生，我们班在线上家长会的时候和所有家长约定好每天固定的几个时间点：每天下午4∶30发布第二天的学习任务单，第二天的下午3∶00以后会催没完成作业的同学，每天晚上会针对当天的完成情况联系个别家长进行私信反馈情况。这样家长就固定这几个时间留意班级群和老师的私信即可，其他时间专心忙自己的工作。个别家长的工作可能存在特殊性，会和大部分家长忙的时段不同。每个家庭联系的家长也不同，我们班大多数是妈妈负责辅导，个别家长是爸爸负责，还有特殊的需要联系姥姥，所以作为班主任必须了解每个家庭的具体情况，知道在什么时间联系合适，知道联系哪个家长合适，家校协作适时、适度，才会赢得家长更好的配合。

新冠肺炎疫情的突然袭击让每一位班主任都有了一段不寻常的工作经历，我们面临更多的挑战，但同时也有更多不一样的收获。线上的教育教学是我和学生共同成长的一个新阶段，陪伴和引领学生的线上学习和生活，是对我职业生涯的新挑战，做一个喜欢挑战的班主任，做一个有智慧的班主任，做一个会总结和反思的班主任，是我对自己一直以来的要求。新冠肺炎疫情之下，有了这个班级云平台，我们班的家校协作和谐发展，促进了班级各项活动的顺利开展，使我们的班级文化建设又上新台阶，相信我的学生和班级都会越来越好。

班级文化是每次带班都需要建设的，因为班级文化是班集体建设的灵魂，我们可以通过共同价值观的形成、共同心理文化素质的提升引领和打造集体，用特定的文化向学生传播正能量，引导学生的行为和价值判断，引领学生向着老师期望的方向去发展。浸润于和谐的文化之中，会让学生如沐春风，如浴甘露，受益无穷。班级文化引领在前，用班级文化去浸润学生，让班级文化像种子一样在孩子们的心中扎根、开花、结果，这一直都是我带班的风格和方法，会一直坚持下去。

第二节　激发学生潜能，成为最好的自己

潜能开发大师安东尼·罗宾在《唤醒心中的巨人》一书中说："每个人身上都蕴藏着一份特殊的才能。那份才能犹如一位熟睡的巨人，等待我们去唤醒。"正如每一颗露珠都能折射一米阳光，同样每一个孩子都能绽放生命光彩。教育的本质意味着：一棵树摇动另一棵树，一朵云推动另一朵云，一个灵魂唤醒另一个灵魂。作为一名班主任，能够唤醒每名学生身上的那份潜能，成为最好的自己，是一件重要的事情。班级文化润心，师生关系搭桥，家校沟通助力，班刊培植自信，在精心的教育引导下我正在唤

醒我的学生，让他们逐渐成长为最好的自己。

一、班级文化润心

如何把各具特色的学生们凝聚到一起，如何形成浓郁、和谐向上的班级氛围，如何让学生们在班级中快乐地成长，这就要依托于良好的班级文化建设。我始终坚持"班级文化育人"的理念，班级文化引领在前，用班级文化去浸润学生，让每一个学生有能力在成长的路上收获最好的自己。"你若盛开，蝴蝶自来"是我自己很喜欢的一句话，但是对于一年级的小学生来说不太好理解；"管好你自己！"这句话语气又过于生硬；结合班级具体情况和学生年龄特点，在不断的思考中"做最好的自己！"就成了我们的班级口号，也成为了我们班级文化的主旋律。

班名：彩蝶飞扬班

班级吉祥物：彩蝶

班花：蝴蝶兰

班级口号：做最好的自己，成为七彩好少年。

班训：勤学守纪、乐观进取、诚实守信、快乐分享。

结合学校七彩育人理念和我们班的班级名称、吉祥物等内容，设计了属于我们自己的班徽。图1-4的图片就是我们班的班徽，班徽含义是：数字6是蝴蝶的身体，彩色的羽翼是蝴蝶的翅膀，希望我们能够让自己破茧成蝶，2017级6班一起轻舞飞扬！做最好的自己，成就最好的班级，争做五星班集体！

图1-4　2017级6班班徽终稿

有了上述的准备之后，我又进行了深入思考，将"成为最好的自己"又细化成了引领学生发展的三个阶段，分别是：正视自己、肯定自己、超越自己。正视自己：发现自己的优点和缺点；肯定自己：保持并发展自己的优点；超越自己：改善自己的缺点，使自己成长。我希望班级里的每一个学生都能够做到：正视自己的优点和缺点，然后把它记录下来，接着通过肯定自己和自己的努力不断进行突破，最终实现超越自己。要想实现这三个阶段，就要依托班级文化，借助班级文化润心和导行的功能，让学生在班级文化的浸润之下逐渐成长。

二、师生关系搭桥

良好的师生关系是促进班级建设的一个重要保证，只有关注到班级内每一名学生的性格特点、兴趣爱好、家庭环境等各种因素，在处理班级突发的各种问题的时候才能够水到渠成，顺利化解班级危机。所以，良好的师生关系一直是我努力实现的。

无论工作有多忙，我每周都会抽出时间和学生聊天、开玩笑、谈天说地，了解学生的近期思想动态。例如：每周两次的中午我们会去操场上进行活动，利用这个时间我会找不同的学生陪我散散步、聊聊天、关心一下学生的学习和生活。尤其是最近表现有异常的学生，我会制造机会多了解一下，和这个同学相约一起走一走，注意语气和沟通方式，要很自然地聊一些家常，在其中穿插一些其他问题，能够缓解学生的紧张情绪，效果会更好。这个时候操场上的跑道就是我的"聊天跑道"，久而久之越来越多的学生还会主动约我去"聊天跑道"走一走呢。

在课外活动时间和学生一起打鸭子、跳绳儿、跑步、做游戏，加入他们的游戏，和学生一起在操场上奔跑、嬉戏，我希望学生的欢乐时光里有我，这样可以拉近师生之间的距离。例如：有一次学校组织"长征精神，强国有我"趣味运动会，学生邀请我和他们一起参与爬雪山、过草地、飞夺泸定桥、炸碉堡，我痛快答应，和学生们组队一起顺利完成各项活动，同学们特别开心，教官帮我们班师生一起合影留念，记录我们开心的瞬间，相信在那一刻在学生心里，我们就是并肩战斗的"兄弟"。

班会课上我和学生会一起探讨："学生如何与任课教师建立友好的关系促进班级发展？"学生积极发言、各抒己见，最终我们达成共识：在课堂上要尊师重道，遵守纪律、认真听讲、尊重知识。课上纪律越好，任课教师给我们讲的知识就越多，我们收获就越大。课下学生可以试着和老师做朋友，说出自己的心里话，有困惑的时候找老师聊聊天。

每学期我们都会定期组织"老师我想对你说"的活动，学生可以把自己想说的话写下来放进班级信箱，还会收到我的回信。从一年级到现在我们一起经历了"接触、亲近、共鸣、信赖"四个步骤，师生之间建立起较为亲密无间的关系，学生对我的信任和依赖让我在班级管理上得心应手。

三、家校沟通助力

我热爱每一位学生，了解每一位学生的优点和缺点，根据他们的不同性格特点，安排适合每一位学生的班级岗位。善于关注每一位学生的情感变化，发现哪位学生最近情绪不太好，我会及时和家长取得联系，给家长提供丰富的家庭教育方法，协调好每个家庭的亲子关系，保证学生每天的情绪稳定。

每天我会利用午休的时间给学生放轻音乐，调节学生的情绪，让学生在静静的音乐声中排解压力。我们班级积极开展家长大讲堂活动，家长们带来的各种讲座不仅拓宽学生视野，而且能够促进我们班的家校沟通情况。每学期我都会坚持用各种形式进行家访，了解学生居家的身心状况以及家长的家庭环境等情况，对于特殊家庭的学生，我会提醒任课教师注意和这些学生的谈话内容，不要触发学生的伤心处。

在新冠肺炎疫情期间，我心系班级的每一位学生，安抚好学生和家长的情绪，及时将学校下发的各种宣传资料、减压小游戏、家务小能手等资料发到班级群，丰富学生的在家生活。积极开展线上班会活动，带领学生向抗"疫"英雄致敬。及时发现班中的优秀学生进行宣传，树立班级榜样，让学生在线上学习的时候也能够不松懈。我还给班里每位学生写了一封信，告诉孩子们无论什么时候老师都会和大家在一起。正是这样温暖的一封信，给孩子们带来了巨大的鼓舞。我们班开展了"线上故事会"，同学们在线上讲故事活动中加强了同学们之间的了解，让学生们在家里能够听到其他同学的声音，缓解学生们内心的焦虑情绪。

学生们也经常和家长表示：很喜欢张老师，总是亲切地和我打招呼、开玩笑，师生关系融洽。这些家长们都看在眼里，听在心里，在家校沟通中都很配合班级工作，保证了班级工作的顺利推进。

四、班刊培植自信

班级管理是班级一切建设的核心内容，也是形成良好的班容班风的重要前提，是班主任工作的最重要的事情。我个人认为班级管理应该是动态的，随着学生的年级增长不断进行调整的，不能一成不变，在变化和调整中逐渐适应班级的现状，起到最大效果，让自己的班级在科学的管理之下变得更加的优秀。

我的班级现在已经四年级了，是中年级向高年级转变的时期，需要我对班级管理进行动态调整。我们班的班级口号是"做最好的自己"，但是放眼望去，班里的各种活动、各种评比都是班里的优等生在参与，这也是大部分班级的现状。班级的中等生没有什么展示的机会，久而久之他们也就没有要求上进的愿望了，随遇而安成为了他们的普遍想法。这是我和家长不想看到的，我希望我的每一个学生都能够不断进步，家长更是希望自己的孩子不仅仅是坐在路边鼓掌的人。经过长时间的思考，我决定借助发行班刊的活动来培植普通学生的自信心。班刊的主题是"小小的我,有大大的梦想",班刊创编主角们就是班级中默默无闻的中等生,让他们有机会走到台前,让班级的每一个同学和老师对他们有一个新的认识。学生对这项活动很喜欢,同时在自己这期班刊介绍之后,班级中的同学对自己有了更加深入的了解,自己更加自信了。这些默默无闻的中等生在班级活动中的参与度提高了,和老师聊天的次数也多了,学习成绩也上来了,微笑的次数也变多了。老师和家长看到学生的变化,心底都露出了满意的笑容。

用心做教育,用爱做人师,不抛弃、不放弃,激发每个学生的潜能,让每个孩子都站在爱的天平上舞出属于自己的主旋律。我有幸参与他们的成长,用心陪伴,用爱支撑,搭建活动平台,让孩子们积攒向上的力量,成为最好的自己。让爱的阳光洒向每个孩子的心田,孕育自己的班级开花结果,为教育事业奉献着自己的力量。

第三节　围绕班级文化制定班规

美国心理学家班尼说过:"如果一个集体的氛围是友好的,相互理解的,互相支持的,那么集体对于动机、工作表现和成就的影响会是积极的。"一个优秀的班集体不仅是一个团结、温馨的"大家庭",更应该是有良好的班风和班规制度,这样才能够产生"久熏幽兰人自香"的效应,促使其中的每个成员在努力中进步、成长。

"没有规矩不成方圆。"任何地方、任何事情都有一定之规,学校也不例外,每个班级都应该有自己的班规,因为班规是一个班级正常运行的保障，它体现了班规制定者的价值取向，是教育管理者的重要手段，其理想的目标在于保障学生的相对自由和权利，促进学生的和谐发展。班规是指学生管理班级中采取的规章制度，每个班的班规都不一样，主要涉及学习、纪律、出勤、卫生等诸多方面，是学生自我管理的重要制度。

一、结合班级文化选定班规方向

俗话说得好："少成若天性，习惯成自然。"小学阶段是人形成终身习惯的最佳时期，从小养成好习惯，优良素质便能如天性一样坚不可摧。班规的约束和引导可以让班级中的每个学生发展得更好。在制定班规之前，要对全班学生的情况进行调研，选定班级文化的内容，然后再思考如何制定班规。我认为围绕班级文化设计班名、班徽、班训、班规，让班级管理更加系统化，会互相助力，促进班级快速成长。

每个班的学生不同，班级整体情况不同，这些就决定了每个班的班规也会有所不同，它一定会有很多的特色的内容。以我之前接手的三年级（1）班为例，挖掘学校的育人理念"让每个孩子在自信中成长，让每一位教师在阳光中工作"中"自信"这个词，再结合班级的具体情况，经过和学生的共同商讨，得到了学生的认同之后，我们把班级的名字定为："竹韵1班"。家长帮忙设计了班徽，班徽上面有竹子的形象、有学生的形象、还有1班的元素。班训定为："未曾出土先有节，即使凌云也虚心。"那么班规在围绕学校的总体工作安排的基础上，也一定会结合班级文化内容来制定，让学生有一以贯之的感觉，班级的所有设计都是围绕班级文化来进行的，班规是符合班级特点的，这样学生才会更加愿意遵守班规，班规也能够最大化地促进班级发展。

二、制定班规人人参与

学生是班级的主体，班规是整个集体的班规，因此在制定班规时要注意学生的全员、全程参与，不能班主任一个人说了算，因为最终执行班规的是班级里的学生。陶行知先生说过：有的时候学生自己共同所立之法，比学校所立的更加易行，这种法律的力量也更加深入人心。自己共同所立之法，从始到终，心目中都有他在，平日一举一动都为大家自立的法律所影响。于是我们利用班会时间，在全班的讨论中培养学生的主人翁精神、契约精神、民主意识，所有学生都参与到讨论中，逐条制定了属于我们班级的班规：

常规内容：

1. 不迟到、不早退，如果有特殊情况不能到校的同学，要在早晨7：40之前告知班主任，并说明原因。

2. 自己整理学具，带齐学习用品，不麻烦家长帮忙送到学校。

3. 进校的时候自动排好队，见到值班老师要用微笑招手礼打招呼。

4. 上下楼梯时，轻声、慢步、靠右行，注意安全。

5. 上课认真听讲、积极发言、尊重所有任课教师，不做与课堂无关的事情。

6. 课后认真完成各学科的作业，遇到不会的问题可以向老师或者学习委员请教。

7. 课间休息的时候做有意义的活动，不追跑打闹。

8. 午饭时间安静、有序，午餐时尽量光盘，节约粮食，做好垃圾分类。

9. 午饭后按照值日表做好自己责任区的卫生，按要求开窗通风。

10. 午自习保持安静，自己安排好自己的事情，不打扰他人。

11. 教室没有学生时，要及时关灯、空调等设备，节约用电。

12. 和同学友好相处，积极寻找自己的好朋友。

13. 发生矛盾时要控制自己的情绪，不伤害他人。

14. 积极参加体育锻炼，保持自己身心健康。

特色内容：

1. 像竹子一样，在土中积蓄力量，为了将来的破土而出、直冲云霄做准备。

2. 学习竹子的品格，做一个正直的人，任何时候都要实话实说。

3. 学习竹子的品格，做一个坚韧的人，遇到再多的困难都不放弃。

三、班规的完善是渐进式的

经过民主商定出来的班规更具有普遍的约束力和信服力，学生更乐于去遵守。同时，小学阶段一般情况下我们带一个班级会是六年的时间，在这个过程中学生是在逐步成长的，我认为班规的形成和完善应该是一个动态的过程，它需要班级在发展的过程中，逐渐根据学生的情况进行渐进式完善。例如在低年级的时候班规的制定更多的是一些常规的内容，帮助学生尽快适应班级生活。到了中高年级班规更多的是引领学生思想的发展。在完善或者修改某一项班规的时候，也需要和学生一起进行，说清楚修改或者完善某一项班规的原因是什么，这样学生才更加愿意接受和遵守。例如："做好垃圾分类"这一句就是我们后续完善的，一开始没有，根据北京市垃圾分类的相关要求，我们完善了这个内容。

四、评价机制为班规护航

如果说班规有这么多条，已经很细致了，要想让这几条班规都得以实现，尤其是对小学低年级的学生来说，教师必须有更加详细的评价机制护航才可以。我们班就细化到每一项班规做到了得几分，如果违反了，3次以内扣几分，3次以上扣几分。特色内容就放在加分项目上，因为特色内容不好量化，就采取正面激励的策略。结合学校的七星章评选，我们班还会让学生把自己获得的分数兑换成相应的奖章，集齐七个不同的奖章之后又可以兑换一个大的七彩少年奖章。也可以用自己的分数兑换班级活动，我们一起讨论了班级兑换菜单，供学生参考兑换。

既然是评价机制护航，就需要每周进行详细的记录，我们班实行的是逐级负责制，小组长负责组员的加减分情况，并签字。班长负责小组长的加减分情况，并签字。班主任负责班长的加减分情况，并签字。在每周一班会课的时间由班长反馈上一周评比的情况，并对评选优胜的同学颁发七彩奖章，合影留念。让学生在总结中反思，在鼓励中迎接新的一周。如果学生不选择兑换七彩奖章，而是选择班级奖励菜单中的内容，就下课后到班长处兑换，班长做好记录，告知班主任。下周开始逐一落实这部分学生的兑换内容。特别受学生喜爱的兑换内容就是第5条："挑选午餐音乐或者故事1次"和第15条："去楼下自由奔跑30分钟"了。

表 1-1 班级七星章评比

星级名称	评价标准	评选方式	奖励表彰
关爱集体之星	关心集体 爱护公物		
孝亲尊师之星	尊重老师 孝敬长辈		
钻研奉献之星	学习刻苦 乐于奉献		
勤俭节约之星	爱护环境 勤俭节约	班级推荐 学校考核	授以奖章
强身健体之星	积极锻炼 体魄强健		
诚实守信之星	言行一致 明礼诚信		
自强自律之星	严格要求 积极向上		
集齐七星者，评为"七彩少年"			

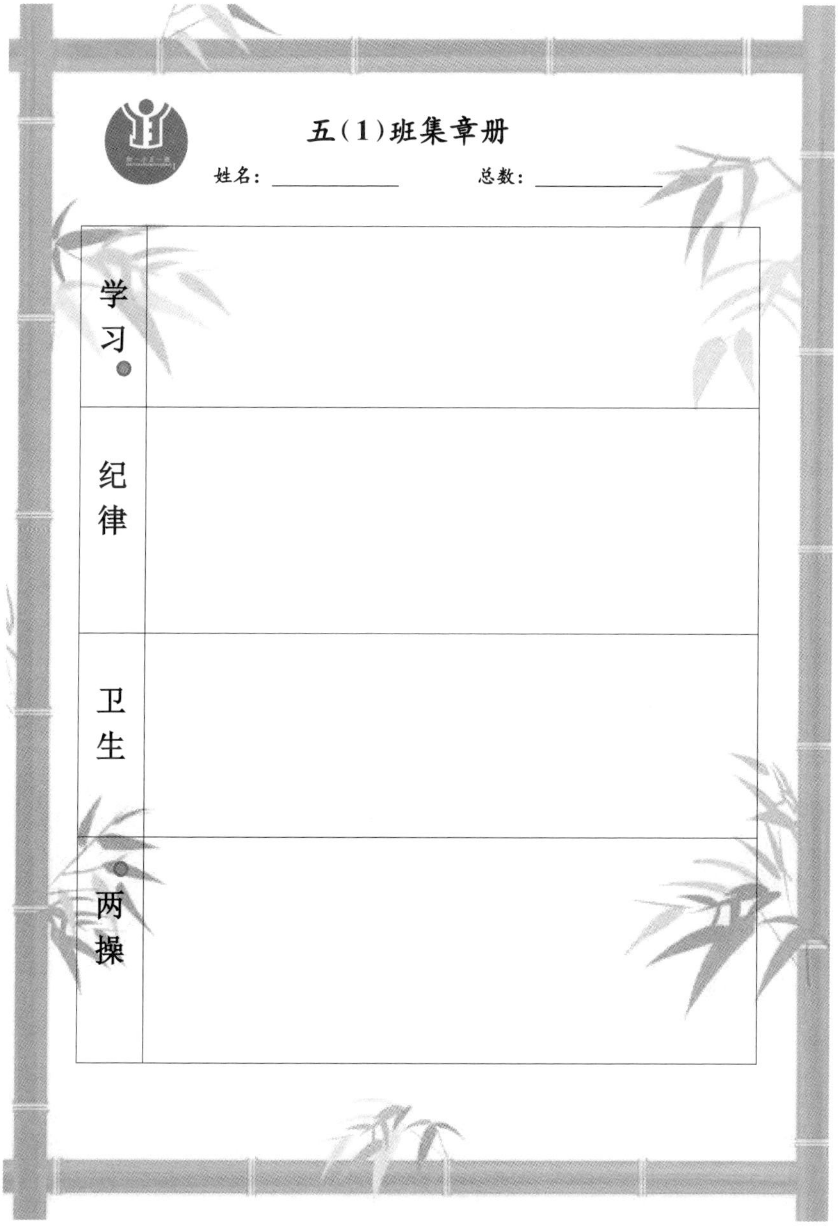

五(1)班集章册

姓名：__________ 总数：__________

学习	
纪律	
卫生	
两操	

图 1-5 班级集章册

班级奖励菜单

1.和喜欢的同伴一起共进午餐；（10分）

2.请老师给家长打表扬电话一次；（15分）

3.放路队举"班牌"一次；（5分）

4.减免一次作业；（50分）

5.挑选午餐音乐或者故事1次；（5分）

6.当"值周班长"一天；（15分）

7.帮老师在黑板上留记事一天；（15分）

8.邀请同学们看一次动画片；（50分）

9.选择一个故事读给大家听；（5分）

10.按自己的意愿换座位一次；（15分）

11.跟老师共同为班级分餐一次；（5分）

12.获得游戏时间20分钟；（30分）

13.午休时，上图书馆看书一次；（30分）

14.课间操站在最前面，领操一次；（15分）

15.去楼下自由奔跑30分钟；（50分）

16.七彩之星1枚；（30分）

图 1-6　班级奖励菜单

班规是班级正常运行的必要保障，班级有了班规就会更加规范和顺畅，学生每天的学习生活也会更加井井有条。班规不仅能够使班级建设有章可循，还能够把班主任从具体事务中解放出来，有更多的时间对教育教学工作进行深入的研究和思考，带领班级更上一个新台阶。

第四节 班级奖励措施助推班级发展

在班级日常管理工作中班主任经常采用一定的奖励措施，奖励措施能够督促学生继续保持、巩固、加强好的行为，用积极的效应帮助他们慢慢建立起正确价值观，朝着正确方向发展。它们往往作为激发和调动学生积极性的手段之一，这些奖励可以是物质奖励或者精神奖励。在小学低年级普遍采用的是发小贴纸、积分等奖励，到高年级可以采用：抽奖、兑换班级活动、午间卡拉OK等内容，为了让学生能够更加积极主动完成学校的生活和学习任务，班主任绞尽脑汁想出各种奖励、激励措施，已经达到了百花齐放的盛况。大家都希望用各种班级奖励措施助推班级向上发展。

一、班级奖励要有价值引领作用

学生的发展需要精神引领，班级奖励措施要具有价值引领作用，任何一项奖励措施既是对学生出色表现的认可和鼓励，也是体现我们所带班级的价值观的重要体现，所以采取怎样的班级奖励措施要依据自己所带班级的班级文化、班规来进行。班主任要有意识地引导学生的道德发展，不断地从他律走向自律。即使没有奖励也同样可以表现得很好，这是我们教育终极目标，让每一位学生成为一个有理想信念、有正确价值追求的人。

二、有针对性地制定奖励措施

我每次在新接班的时候，都会对所接班级的学生进行认真的分析，分析学生的各科成绩、性格特点、家庭背景等，然后根据这个班级的特点制定初步的班级奖励措施，然后开始试运行，在运行的过程中出现任何问题之后，我都会及时调整奖励措施，并且在班会课上做出说明，让学生明白为什么我们的奖励措施要进行一定的修改，并且得到同学们的认同。同时，我会制定一系列的奖励措施，来针对班级中的不同层次的学生，让每个学生都觉得有吸引力，愿意为了得到奖励而付出行动。例如：好动的学生，如果近期表现好，可以获得去操场自由活动半小时的奖励。爱看书的学生，如果近期表现好，可以获得去阅览室自由阅读一个午休时间。喜爱音乐的学生，如果近期表现好，可以获得午休时间大家欣赏曲目的推荐权……也可以根据班级近期的各种活动，增设奖励名目，例如：公开课的时候我们会设计"最佳发言奖"。作业评比的时候我们会设计"最佳作业奖"。班级8字绳比赛、接力比赛等我们会设计"积极参与奖"……

三、奖励措施要多元化

奖励措施要分为物质奖励和精神奖励，在不同年龄的学生，他们喜欢的侧重点会有所不同。年龄较低的学生更加喜欢物质奖励，年龄大一些的学生则喜欢精神奖励。即使在同一个班里，面对相同的学生，时间长了也需要变换一些奖励措施，来刺激学生新的表现欲望。要物质奖励和精神奖励相结合，交替使用，或者累加使用。

我的班级奖励制度有如下几种分类：

班级文创类：结合班级文化，我会印制一些属于我们所特有的文创产品，例如：班徽贴纸、班徽胸针、竹子形状的小玩偶等。

减免类：可以选择免去自己周末的一项作业或者免去一次班级任务，如：做值日、浇花等。

运动类：去操场跑步、打球、做游戏等。

阅读类：借阅图书角书籍、借阅班主任自己的书籍、到图书馆去借阅书籍等。

动手实践类：参与班级周刊的设计、参与板报的设计、自己动手美工制作等。

特殊待遇类：挑选午餐时的背景音乐、和班主任谈心半小时、到学校种植区去观察植物等。

抽奖类：到五年级的时候，数学上学习了可能性的知识。结合这部分内容我设计了抽奖活动，10积分抽一次，奖品随机产生。把物质奖励和学科学习相结合，达到一举两得的效果。

四、让学生有挑选奖励的权利

在我的班级管理中，比较提倡学生的自我管理，所以无论是制定奖励制度还是挑选奖励制度，都会有一些民主的成分在里面。按照积分政策，这段时间表现比较突出的学生可以自己选择奖励，我会提供一些奖励的方向供学生选择，学生通过努力获得积分，用积分兑换不同的奖励项目。每个学生的性格不同，他们想得到的奖励也一定不同，所以，要给孩子一些选择的空间，以上这么多的类别，总有一个类别的一个项目是他喜欢的，是他愿意为之努力的。只要调动了学生多种感官的积极性，就达到了我们设置班级奖励的核心目的，这就够了。

五、班级奖励措施要适度

班级奖励措施也要注意适时、适度，不可过于频繁使用，否则会导致学生学习或身心发展的功利化取向，即所有学习活动的目的都是为了得到老师的认可，而忽略了自我身心发展的需要。同时要注意物质奖励的适度性，不可导致学生过度的对物质的需求。

奖励科学设置，对学生健康成长有着重要影响。用正确的价值观明确班级管理中相关奖惩方法，再通过规则教育，规范学生的成长，在正强化的作用下让学生朝着更为健康的方向发展。班级奖励措施是助推班级发展的方法之一，不可不用，也不可用得太多，要把班级管理的各项举措相结合，才能够形成教育合力，真正实现对班级发展的助推作用，让自己所带的班级呈现良好的发展态势。

第五节　良好班风建设助推班级成长

班风是指一个班级稳定的，具有自身特色的集体风范，是一个班级中大多数学生在学习、思想等方面的共同倾向。一个班级的风气，是由班级成员共同营造的一种集体氛围，反映了班级成员的整体精神风貌与个性特点，体现出班级的内在品格与外部形象，引导着班级未来发展的方向，对于班级建设具有重要的导向作用。

良好的班风将为班级学生的成长、发展提供一种有效的动力，良好的班风也为学生的学习提供了一个不可或缺的优良环境。良好的班风也体现了一个班级的凝聚力，使班级里具有亲切、和睦和互助的关系，勤奋进取、文明礼貌的氛围，遵守班集体行为规范和维护班集体荣誉的精神状态。拥有良好班风的班级发展得会更加快速，也有利于推动学生品德素养的发展。因此，良好的班风建设是班集体建设的核心和首要目标，同时良好班风的形成又不是一蹴而就的，需要班主任长期、细致、深入的教育和班级文化浸润，在全班逐步形成的。班主任要有班风建设的具体目标和计划，还要有随时的监控和引导能力，保证班风建设向好发展。

一、良好的师生关系是班风建设的前提

俗话说"亲其师，信其道"。在班级管理中，只有学生真正信服班主任，班级管理工作才能正常有序地进行。班主任在班级管理工作中，要摒弃专制意识，学会民主化管理。新课标的核心理念指出："民主化是构建新型师生关系的牢固基石。"遵循这一原则，在班级干部选择中我充分尊重学生的民主选举权利，让学生自由选举自己信任的班干部，这样学生选举出符合自己心愿的班干部，自然就愿意服从这些班干部的管理，没有抵触情绪，配合默契，有利于促进班集体的和谐发展。每个学年我们都会进行"班级优秀班干部"评选，通过学生的自主投票选出学生心目中的优秀班干部，发奖状作为鼓励，一个是为了激励其他班干部更好地为班集体服务，另一个也是让班干部有危机意识，不能盲目自大。

构建良好的师生关系，班主任就要尊重学生。尊重是教育的前提，班主任应该尊重学生的人格独立和独特见解，尊重学生的个性特点和性格差异，尊重学生的多元的价值认同。我们班级内任何一项班级活动都是大家集思广益的结果，学生参与发表意见，班主任尊重学生的意见，学生在班级活动中就会体现出更加积极的情绪和实际行动力，结果也会收获更多意料之外的精彩。

例如：近期学校要组织合唱比赛，合唱的内容是和冬季奥运会有关的内容，音乐老师给提供了几首曲目作为备选，经过学生们的视听和举手表决，我们班级最终选定的曲目是《冰雪情怀》这首歌。接着就是构思如何在合唱比赛中取得好的成绩，学生们在讨论的时候展开想象，想加入各种2022年冬季奥运会的元素，具体要怎么实现呢？最终想到了奥运五环可以去学校体育器材室找老师借套圈的器材，然后上色，就可以凑出奥运五环。谁家里有冬奥会的吉祥物"冰墩墩"和"雪容融"就带到学校来彩排

用，还可以买一些雪花来装饰我们的服装……学生们看到我对他们想法的肯定，都特别兴奋，积极出谋划策，让班级活动在开心快乐的氛围中开展下去。每天中午负责电教设备的学生小李都会准时打开音乐，让同学们边吃饭边欣赏，午饭后同学们就会一边收拾班级卫生一边哼唱这首歌曲，负责道具制作的小组也都很忙碌，有的同学去找体育老师借器材，有的同学思考如何把其中一个套圈改成黑色，有的同学搜集奥运五环照片，指定学生负责举好奥运五环。看着大家尽心尽力地准备一次比赛，作为班主任，我真的很感动。有付出就会有回报，最终在比赛的时候，我们班的合唱曲目获得了第一名的好成绩，颁奖的时候听到了同学们欢呼的声音。

二、班级制度建设是班风建设的保障

"没有规矩，不成方圆。"优良的班风来自于班集体中的活动准则，班规、班纪的制定要有针对性，制定的过程必须民主化，可由全班同学在班会课上共同商定，实施的方法必须得当，班规制定后就必须严格按照规定执行，不能因为学习好的学生触犯了班规、班纪就可以免受批评，班主任和班干部要带头遵守，确保班规在集体中的权威性。只有这样一以贯之地施行，才能真正使班风的形成有规可循，才能逐步增强学生的自律意识和纪律意识，进而为优良班风的构建提供制度保障，带动班级风气的转变。

班级制度要细化，例如：保障班级各项事情正常运转、班级卫生达标等，为大家提供一个良好的学习氛围。把班级工作安排细化到每一个人具体干什么内容，安排到表格中，贴在班级最显眼的位置，这样大家都能够看到，也会互相进行监督。我们的班长、学习委员、卫生委员、纪律委员、文艺组织员、宣传布置员都是双岗制，以防有学生请假而不能保证班级事务的正常运行。同时班级内还设有：晨午检报告员、开窗通风记录员、电脑管理员、电灯管理员、空调管理员、午饭管理员、图书管理员、

物品摆放检查员、窗帘管理员、卫生角检查员这些岗位。如果哪个地方在检查的时候要被扣了分数，班长会立刻就能找到相关负责的同学，并提醒他要注意改正。除了卫生委员以外，还有小组长，各部门负责人，大家通力合作。我们的口号是"人人有事做，班级靠大家"，每个人对自己的工作负责任，如果遇到问题及时向班长寻求帮助！最好的自己成就最好的班级，最好的班级需要每一个最好的你们！要让每一个学生都明白班级是大家的，所以大家要一起努力来维护。

表1-2　四（6）班班级管理安排表

人人有事做，班级靠大家

总负责人	姓名	职务	职责	评分
孙智慧 刘晨熙	孙智慧	班长	负责全班所有事情的协调、安排和管理，尤其是班主任不在的时候	
	王浩宇			
	孙语彤	学习委员	负责辅导班内学生的学习、早读的安排、记事、作业发放、科任书发放等工作。给课上被老师表扬的同学盖章	
	马瑶			
	刘晨熙	卫生委员	负责全班的卫生监督和安排工作，给优秀的值日组、认真做眼操的同学盖章	
	郭芯齐			
	王漪	纪律委员	负责每个课间班内的纪律，给不遵守纪律的同学减分	
	李东轩		负责每个课间楼道的纪律，给不遵守纪律的同学减分	
	孙小漾	体育委员	负责整队、带队、行走纪律，给上下楼纪律好的同学盖章	
	白昕冉		负责协助组织队伍 负责年级的七彩示范班分数统计和挂旗子	
	马铭汐	文艺组织员	负责每一次班级文艺演出的组织、编排动作、排练、主持、写稿等工作	
	赵元铭			
汤博尊	汤博尊	宣传布置员	负责每次板报的设计和绘画，壁报的粘贴、维修。给壁报素材提供的同学盖章	
	刘思瑞			
	路雨柔			

总负责人	姓名	职务	职责	评分
孟祥仪	孟祥仪	晨午检报告员	负责写好不吃饭名单交食堂	
	戎激萱	开窗通风记录员	负责检查开窗情况、记录、上交	
	李翰霖	开窗通风管理员	负责每天的开关窗户	
	郭雨诺		负责每天的开关窗户	
李璟轩	李璟轩	电脑管理员	负责开关电脑、维护，节约用电	
	鲍星羽	电灯管理员	负责管理楼道灯，节约用电	
	刘哲溢		负责管理屋内灯，节约用电	
	赵鼎基	空调管理员	负责前后空调的开关，节约用电	
张博文	张博文	午饭管理员	每天门外看着拿饭、收放桶	
	孟翘		每天门外看着拿饭、收放桶	
	梁博文		负责屋内发水果、面食	
	王梓铭		负责屋内发水果、面食	
	苗可言		检查女生光盘情况、盖章	
	王瀚一		检查男生光盘情况、盖章	
张羽嫣	张羽嫣	图书管理员	负责图书摆放、管理、监督	
	季芃成			
	李言希	物品摆放检查员	电脑桌、教室桌子、小柜、物品摆放整齐、台面干净	
	李宗易			
	马亦君	窗帘管理员	负责窗帘的开合、整齐	
	张泽正			
	方南	卫生角检查员	检查卫生角摆放是否整齐	
	蒋启翼			

备注：每个人对自己的工作负责任，如果遇到问题及时向班长寻求帮助！最好的自己成就最好的班级，最好的班级需要每一个最好的你们！

三、学风建设是班风建设的核心内容

学生最基本的任务是学习，所以班风建设必须以学风建设为核心。我认为班风建设的成败首先体现在学风上，学风不仅仅是学生在学习方面素质的反映，它也和学生的思想品德、纪律、人际关系等方面的内容密切联系。好的学风要求学生要有正确的学习目标、学习动机、学习态度、学习方法，在学风的建设上，我首先做的是了解每一个学生的全面情况，深入家长和任课教师了解学生情况。作为数学老师，我会全面了解班级学生的数学情况，做到心中有数。一方面努力提升自己的教学水平，让自己的数学课高效且充满了乐趣，吸引所有学生对数学学习的热爱，另一方面做好希望生的辅导工作，保证我们班级数学学科的成绩稳步提升。

作为班主任，我要了解各学科学生的学习情况，有哪些是需要帮助的。在作业辅导时间，我不仅会对本学科的内容进行辅导，如果学生在其他学科遇到问题也可以来问我，我也会尽力去帮忙。经常会出现这样的情况：一个同学过来问我，张老师这个字怎么写啊？这个词是什么意思啊？您会翻译这句英语吗？我会利用课下的时间和学生沟通学习上遇到的问题，了解学生内心深处的真实想法。具体是什么内容不会，还是对任课教师有想法，还是单纯因为贪玩儿耽误了学习。以自己掌握的具体学生情况为依据，分析学生当前学习中的问题，并有针对性地帮助他们进行解决。在学习方面班级也会进行相应的评比机制，每个月都会对评比中获胜的同学颁发奖状，以资鼓励。培养学生形成良好的学习动力，进而确保积极向上的学风，促进良好的班风建设。

四、班级活动是班风建设的重要载体

班会课是班级管理的重要阵地，充分利用好每周的班会，班级风气建设会收到良好的效果。班会之前，作为班主任，我们应充分了解本班学生实际情况，有针对性地组织班会的主题和主要内容。如果是全班共性的问题就要借助班会课来进行价值观的引导，统一思想，共建良好的学习风气。我会为学生讲清楚努力学习的必要性，以及目前国家的一些考试政策等，告诉学生应该向着什么方向努力。最近国家对中考的体育政策进行了调整，我就会及时告诉给我的学生，鼓励和督促学生们要加强体育锻炼，为了后面的中考做准备。班会课上，我们要善于运用表扬和批评的手段，实现对班风的整顿和引导。利用班会这个集体平台，表扬近期进步的学生，不仅会对这些学生产生巨大的激励和鼓舞作用，也会带动其他学生以他为榜样，比学赶帮超，进而带动班级风气的好转。同样，我也会在班会上对班级中出现的不好的事情进行批评时，提醒学生注意下次不要再发生类似的事情，警钟长鸣，对树立良好的班风起到保驾护航的作用。

我们班开展班级周记活动，厚厚的周记本记录着孩子们成长的点点滴滴，记录着发生在班里的各种有趣的、值得纪念的事情。每周一下午班会课的时候，上一周的记录人就会大声朗读自己写的周记，让全班一起跟随记录人回忆上周发生的趣事，引导学生形成积极的思维习惯，记住的都是在学校发生的美好，做到正强化。除此之外，班会课上班长、纪律委员、学习委员、体育委员会分别对自己管辖的范围的情况做上一周的总结，对同学们提出表扬和希望。孩子们在日常学习、生活中日渐懂得了"律人先自律"，并为全班创造了"争当先进、争做表率"的良好氛围，也养成了积极思维习惯。

班风的作用不容忽视，一个良好的班风能够影响全体的团结，使得全体都有荣誉感，都愿意为自己的集体出一份力，不去拖后腿，起到规范的积极作用。班风就像一个集体的标准一样，引导大家走向一个共同的目标。我们班在"做最好的自己"的鼓舞下，逐渐形成良好的班风，无论是在学习上还是学校组织的班级活动中，我们都能够积极努力，取得好成绩。在大家的不断努力下，我们班先后被评为"朝阳区优秀班集体"和"北京市优秀班集体"。做到了最好的自己，构建了最好的班集体。

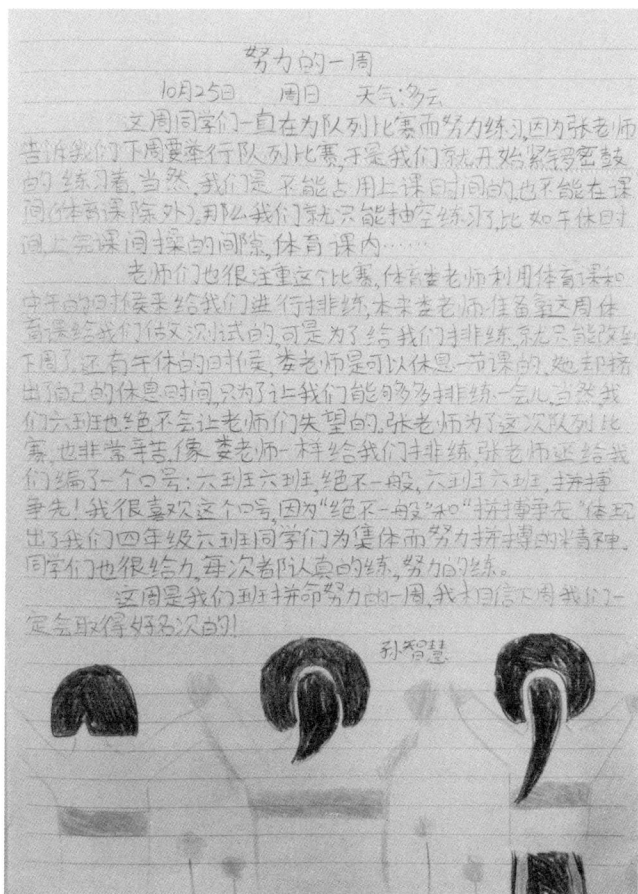

图1-7 学生周记1

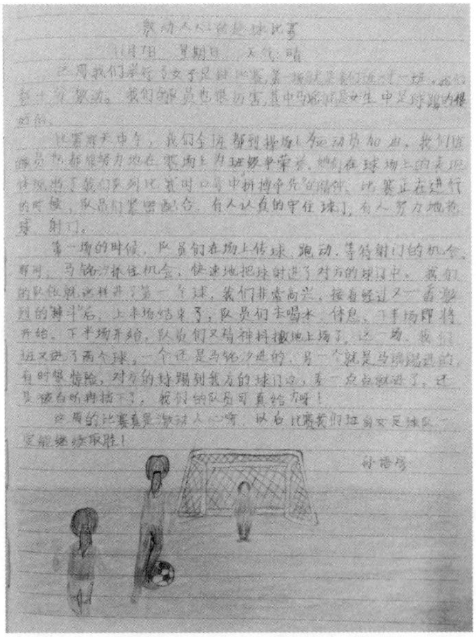

图 1-8　学生周记 2

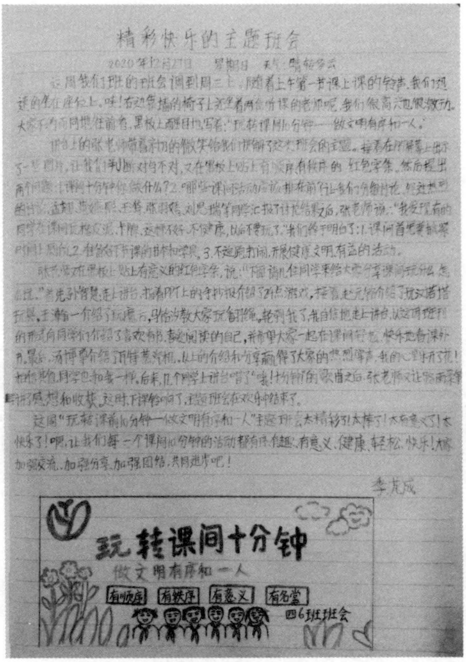

图 1-9　学生周记 3

第六节　良好习惯培养助推班级发展

蔡元培先生说："教育者，养成人格之事业也。"叶圣陶先生则说："教育是什么？往简单方面说，只是一句话，就是要养成良好习惯。"由此可见养成良好习惯的重要性。习惯决定品质，品质决定命运，学生们从小养成良好习惯，优良素质便犹如天性一样坚不可摧。

教育的核心是培养人的健康人格，而培养健康人格应从培养良好行为习惯入手。小学时期是养成行为习惯的关键时期，一、二年级又是最佳期。在小学低年级的教育实践中，要以多种有效的方式来帮助小学生养成良好的行为习惯。作为班主任，要从细节抓起，从接班的那一刻做起，扎实有效地进行小学生的文明习惯养成教育。如果低年级没有养成良好的行为习惯，到了高年级再开始会特别困难，需要花费更多的时间来进行培养。

一、培养学生良好的行为习惯

1. 养成良好的行为习惯

一年级开学的第一个月，是学生常规行为习惯养成月，有经验的班主任都知道行为习惯培养的重要性。结合学校的"五会做"，我将行为习惯细化后，对学生进行培养。要求学生每天按时到校，有事情及时请假。带齐各科学具、文具，在课上要认真听讲、书写工整、按时完成课堂作业。重视作业完成质量，保证正确率。要爱护书本，不乱写乱画。在课间操时间积极参与体育锻炼。课间见到师长微笑、招手、问好，不躲避。楼内行走慢步、轻声、靠右，不跑跳。集合排队快、静、齐，不拥挤。中午就餐安静、有序，不浪费。上完厕所冲水、洗手，不打闹。

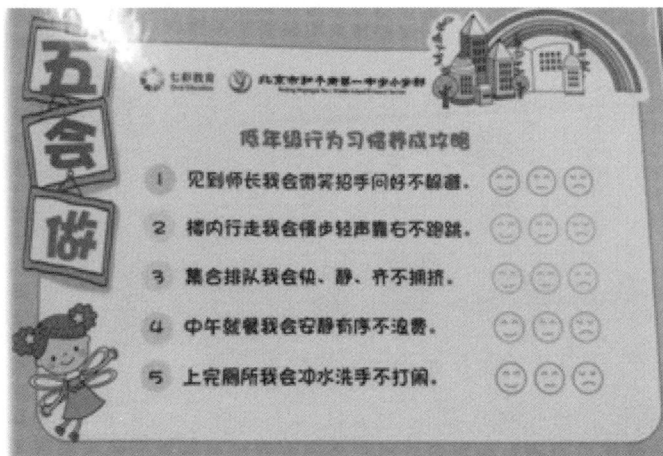

图 1-10　行为习惯养成攻略

　　常规习惯的培养重在落实，抓好新接班的时机，认真给学生讲清楚每件事情需要怎样去做，然后留心观察，发现哪个学生没有认真落实到位要及时提醒、帮助其改正，直到全班落实到位，常规行为习惯的养成对班级的后续发展起着至关重要的作用，不容忽视。

2. 养成文明礼貌的习惯

　　一年级接班的时候，作为班主任很快就能发现学生在文明礼貌方面的差异性。个别学生有说脏话的习惯，不难看出大部分原因应该出自学生的原生家庭。这样的学生可能是在某个特别的环境下受到潜在的影响而不自知，才会随口就把脏话说出来。这样的情况我会及时和家长取得联系，和家长讲清楚孩子存在说脏话的现象，并给家长提供相应的家庭教育建议，希望家长能够在孩子的文明用语教育方面给予高度重视，首先家长不要在孩子面前说脏话，身教重于言教这个道理相信家长能够理解。同时注意观察孩子在家里的具体表现，如果发现确实有说脏话的现象，家长要及时纠正孩子的不良语言习惯，帮助孩子进步。同时在班级内我会鼓励学生学习运用文明语言，发现哪位同学特别有礼貌就作为"班级文明礼貌榜样"提出表扬，用榜样的力量来营造好的班级氛围。

带班时间长了以后，我发现：学生随着年龄的增长，尤其是五、六年级进入青春期的时候，班级中会有一小部分学生出现脏话变多的情况。与低年级学生偶尔有说脏话的习惯不同，分析这部分学生的原因，会发现他们更多来自同伴或者网络等社会因素的影响，他们觉得在同伴之间说几句网络流行的脏话代表自己酷、时尚。这个时候我们利用好班会课的时间，用各种活动让学生明白：一个人彬彬有礼在学习、生活等各个方面都能够得到更多的帮助。如果养成了说脏话的习惯会影响自己今后的发展……生活的实例对高年级的学生会更有教育作用。

在小学阶段，除了文明用语以外，力争让学生养成以下文明礼貌习惯：热爱祖国，升国旗奏国歌时自觉肃立。见到老师、客人主动问好。自觉使用"请""您好""谢谢""对不起""再见"等礼貌用语。在接受别人的帮助时，要微笑着向别人致谢。向别人请教，态度要诚恳。不打架，不骂人，公共场所不喧哗。不给同学起绰号，不歧视身体有残疾的同学。当同学答错问题时，不起哄、不嘲笑。集合做到"快、静、齐"，观看比赛文明喝彩。我们会发现这些文明礼貌习惯涉及学生在学校的方方面面，所以，作为班主任在带班时要做到细致入微，精心培养每一位学生，让学生逐渐养成上述好的文明礼貌习惯。

3. 培养诚实守信的好习惯

班主任要创造一个宽松、愉快、民主、和谐的班级氛围，师生之间相互保持诚实真挚的态度，使学生感受到班主任的爱护和关心，学生才能够信赖班主任，有了过失才敢于承认。在建班初期，我经常会给学生讲一些"做人要诚实"的小故事，例如："曾子杀猪"一类的故事，因为低年级的学生年龄小，必须把道理具体化、形象化、趣味化，学生才能接受。把做诚实人的道理寓于故事之中，使学生明白什么是诚实、守信，什么是虚假、欺骗，应该怎样做，不该怎样做。从接班第一天，我就会告诉我的学生，在学校里张老师就是你们的坚强后盾，有任何事情一定要告诉老师，老师都能帮你解决，前提就是无论任何时候都要和张老师说实话。实话实说，勇于承认错误，只要诚实勇敢、知错能改就是好孩子。但是如果你选择撒谎，那么自己必须承担之后带来的一切后果。

同时，在班级内制定一些规则并严格要求。例如：不是自己的东西不能带回家，捡到了要及时交给老师。没有得到别人的同意，不可随便拿同学的东西，借了同学的东西要及时归还。和同学友好相处，发生矛盾要冷静处理，寻求老师帮助。家长和老师用言行做孩子的榜样，有利于孩子逐渐形成言行一致、表里如一的诚信品质。

如果学生在班级内发生了矛盾，犯了错误，班主任要有正确的教育方法，如果学生如实说明了事情的来龙去脉，就帮助学生处理好所发生的事情，双方知道错在哪里，互相道歉就可以了。当发现学生有不诚实的言行时，我会采取细致、耐心的方法，冷静地听听学生的想法，分析原因，对症下药，慢慢引导学生把实话说出来。切不可急躁，避免造成学生为了躲避责罚而说谎。用同龄学生该有的思维去换位思考一下，很多事情并不是多严重的大事儿。在小学尤其是低年级，很多时候，学生之间发生的小矛盾他们过一会儿自己就忘了，又愉快地一起玩耍了。在长期的正向引导下，我们班学生一直保持着诚实的好品性，遇到任何问题都会勇敢面对。

4. 培养勤俭节约的习惯

每学期学校都会要求我们对学生进行"三节"教育，即节粮、节水、节电教育。每次我都会按照相关要求对学生进行宣传教育，但是在仔细观察后发现，依然有浪费的现象出现。在上完美术课以后，学生需要在水池中清洗自己的美术用具，许多学生并没有将节约用水落到实处，水龙头开着，水哗哗流着，学生们则是一边洗一边聊天，对于这样的现象，我看在眼里，急在心里。经过多番筹划之后，我们班召开了"小水滴我爱你"主题班会，让学生们在与小水滴的一次次活动中，逐步形成节约用水的意识。

现代社会节奏快，家长工作繁忙，所以学生们都需要在学校进行午餐，在一段时间的观察之后，我发现有一部分学生不会吃完所有的饭菜，剩下的一部分就倒在学校的厨余垃圾桶里，每天中午我们班都会产生许多剩饭。我们班召开了"舌尖上的二（6）班"主题班会，采用不同的方式，结合不同的素材，对学生进行节约粮食教育。借助古诗《锄禾》导入本节班会，让学生感受到在炎热的夏天，农民伯伯顶着火辣辣的太阳，在庄稼地里给禾苗除草，汗水一颗一颗地滴下来，很辛苦。接着播放粮食从播种到进入我们千家万户中的过程视频，大米从田间到餐桌一共要经过十多道工序。通过视频让学生了解学校食堂工作人员每天凌晨开始准备全校学生饭菜的辛劳，引导学生意识到粮食的来之不易，想到要去节约粮食，做到不浪费。尤其是我们真的借来了电子秤，当着学生的面称出了我们一天浪费的粮食是 14.9kg，经过计算会发现我们每天浪费掉的粮食真的是很惊人的，学生默默低下了头。这节班会课以后，学生浪费粮食的情况真的越来越少了，看来一节触动心灵的班会能解决实实在在的问题。

我会鼓励学生积极参与学校的光盘行动，评选"节约粮食之星"争章活动，促进学生良好节约意识的形成。对学生逐渐养成的良好的行为习惯，班主任要及时给予肯定和表扬，使学生产生愉快的情感体验，从而不断强化其良好的行为习惯意识。

二、培养学生良好的学习习惯

1. 培养勤奋学习的习惯

培养学生勤奋学习的习惯要具体、明确。首先学生要养成课前预习的习惯，带着问题上课，这样会提高学生的课堂学习效果。其次是要养成上课专心听讲，认真倾听同伴发言，自己要积极发言的好习惯，会倾听、能听出重点的学生才能够提高自己的学习成绩。在认真倾听和积极发言的过程中，逐渐培养自己的思辨能力。要养成课前准备的好习惯，根据课表准备好每节课上需要的学具，课间及时做好喝水、上厕所等事情，为下节课的顺利进行做好准备。要养成认真书写的好习惯，写作业的时候字体端正、格式正确，该画线的地方要用尺子等。还要养成专心写作业的好习惯，写作业的时候不做其他的事情，遇到不会的题目要专心思考，实在不会了再向老师和学习委员请教。每天中午的午自习，全班都会安静地进行，学生已经逐渐养成了安安静静专心写作业的好习惯，互相营造一个安静的学习氛围，不影响别人思考和学习。

2. 培养乐于读书的习惯

我们都想成为"腹有诗书气自华""知书达礼"的人，那就从读书开始吧。"读一本好书，就是和许多高尚的人谈话"，通过读书可以反省自我、提升自我、从而使自己成为修养良好的人。读书能帮助人实现终身学习，当今社会科技发展迅猛，知识更新快捷，要想跟上社会发展，必须学会终身学习。当一个人在学生时代就爱上书籍，学会从书籍里认识周围世界和认识自己的时候，自我教育才有可能。为了学会终身学习，为了成为可持续发展的人，必须养成读书的习惯。

在我们班有专门的图书角，那里摆放着学生们从自己家带来的书籍，还有学校发给每个班的书籍，我们做公益捐赠活动收获的书籍，以及张老师作为奖品奖励给学生的书籍……一开始这些书籍只能静静躺在那里，无人问津，于是在班级中只要发现一个在读书的学生，我就会看似不经意地表扬一句："你真棒，写完作业就在看自己喜欢的书，可真好！"听到我这么说，就会有几个同学也走过去取书看了，慢慢地这些书籍成为了学生写完作业以后的好伙伴。看到学生们走进书籍，沉浸其中，入迷的样子，我会悄悄地拍下来发到班级群，让家长们也能够看到学生的一点一滴变化。久而久之，班里的书籍都看完了，怎么办呢？我就和学校阅览室的老师沟通，确定一个时间我们的学生写完作业以后可以到阅览室去挑选自己喜欢的书看，这可是吸引了学生，每次都期盼着去阅览室的时间快一些到来，只要在这一天他们的作业完成得特别快呢。

在班级内定期开展"快乐阅读，自信成长"的读书分享活动，同学们用于突破自己，将自己的近期读书内容和心得体会制作成PPT，从容、自信地分享给其他同学，在学期结束的时候经过全班投票，我们会选出读书分享优胜的名额，进行班级表彰。同时，还会有读书心得记录卡，鼓励学生将自己阅读的内容用读书卡的形式记录下来，然后集成读书分享的小册子，放在班级图书角供学生们课余时间翻阅，促进大家的读书分享机会，激励同学们都爱上读书。开展"赞和一，颂中华"诗歌朗诵活动，"红色经典故事"我来讲等活动，让学生们爱上阅读，广泛阅读，收获有良好的效果。学生们上课语言表达更加流畅，完成作业更加快速和准确，每个月的读书分享会也成了学生们跃跃欲试的舞台。

3. 培养完整表达的语言习惯

语言是思维的外衣，语言能力的增强可以极大地改善孩子的学习能力，促进思维的发展，因此我们应充分认识孩子语言发展的重要性。为孩子的智力发展插上"语言的翅膀"，让孩子飞得更高、更远。

在课堂中我会为孩子创设说数学的机会，让孩子说说自己的观点、看法与思路。只有把思路说清楚了，才说明他真的明白这道题怎么做了。对话时我有意识地激发和引导孩子，帮助孩子形成规范的语言表达习惯。如"因为……所以……""我是这样想的……谁对我的想法还有补充？""我不同意你的观点，我认为……"。在教学中我要求孩子说完整的话，培养学生主动积极、自信勇敢地大胆表达，口齿清晰、声音洪亮地大声表达，有理有据、完整全面地大段表达，进而培养学生的高阶思维。

4. 培养学生思维外化习惯

一节课的时间是有限的，学生的语言表达训练时间也是有限的。除了上课积极回答问题以外，学生还有一个重要的任务，就是完成作业。在数学学科，我要求学生在完成作业的时候，要认真审题，将关键词、重点句进行审题、画批，再进行解答。如果在解决问题的过程中需要画图策略，要积极运用示意图的形式帮助自己有效解决问题。同时，在数学作业中，我注重实践作业的落实，尽量鼓励学生将自己的数学思维外化，让老师和其他同学都能够在你的作业中感受到你的数学思维能力和解决问题的能力。

5. 培养创造性思维的习惯

创造性思维能力是人的智力高度发展的表现，是创新能力的内核，是实现未来发展的关键。近些年我们越来越关注学生创造性思维的培养，激发好奇心和求知欲是培养创新意识、提高创造思维能力和掌握创造方法与策略的推动力。实验研究表明，一个好奇心强、求知欲旺盛的人，往往勤奋自信，善于钻研，勇于创新。发散思维和聚合思维，这是发展创造性思维能力的重要方面。在人的创造活动中，既要重视聚合思维的培养，更要重视发散思维的培养。后面的内容中我会以我执教的数学学科为例简单说一说如何培养学生的创新意识。

学生在班级学习和生活中养成了良好的习惯，会给自己的学习和生活都插上一双翅膀，会更加快速地成为更好的自己。每一个优秀的学生就会汇聚成一股力量，铸就更加优秀的班级，良好习惯培养促班级快速、正向发展。

第七节　培养课堂注意力促进学生成长

意大利的著名教育家蒙台梭利说："最好的学习方法就是让孩子聚精会神学习的方法。"俄罗斯教育家乌申斯基曾精辟地指出："'注意'是我们心灵的唯一门户，意识中的一切，必然都要经过它才能进来。"

注意从始至终贯穿于整个心理过程，只有先注意到一定事物，才可能进一步进行认识、记忆和思考等思维分析，并通过进一步加工而成为个体的经验，其目标、范围和持续时间取决于外部刺激的特点和人的主观因素。如果学习时学生注意力分散，心不在焉，就很难集中在一定的学习对象上，就会导致视而不见、听而不闻的现象发生，也就不能很好地感知和认识教材，进而影响学生的学习效果和学习成绩。所以，在教学过程中，我们应采取多种有效方法培养学生的注意力，努力提高课堂教学效率，形成好的学习风气，促进学生成长，促进班级整体进步。

一、注意力的定义

俗话说"知己知彼，方能百战不殆"，要提高学生的学习注意力，我们首先需要了解什么是"注意力"。注意力，是在一定时间内集中地反映、关注某事物的心理活动的能力。心理学认为当人对某一事物发生高度注意时，就会对这一事物反应得更迅速、更清楚、更深刻、更持久，"注意力"是人最重要的心理素质之一，注意力是人类有意识地自觉主动地获取信息、学习知识和技能的根本手段。

如果我们不集中精力，不注意听讲，不注意阅读，不注意记忆，不注意观察，不注意思考，那就什么也学不到，也就会一事无成。所谓集中注意力，也就是平常所说的专心。高度集中注意力，也就是专心致志，乃天才的重要素质。但这个素质是可以通过后天的训练来培养和提高的。

二、注意力的"年龄特征"

小学生的注意力具有年龄特征——从无意注意为主，逐步发展到以有意注意为主。一般来讲，学生刚刚入学的时候，热情很高，上课时往往能够集中注意力。但是，过不了几天，一部分学生就坐不住了，外面的风吹草动、同学的一举一动都能够引起他的注意，从而不能专心听讲。不过，随着年龄的增长、随着课堂上任课教师教育的加强，这部分学生也慢慢能够有意识地听老师讲解，想办法对自己进行约束，集中注意力进入有效学习。

前苏联著名的神经心理学家利亚的研究就曾经表明：额叶受伤的病人，甚至无法完成从屋里走出去的行为，因为在这个过程中，他们无法控制自己的有意注意。大量研究表明：大脑皮质中的额叶与有意注意有密切的关系，额叶受损的话，有意注意就会遭到破坏。所以小学生能否集中注意力也与小学生大脑的发育状况有密切的关系。学生们额叶的发展比大脑中的其他部分要晚，一直要到六七岁的时候，学生们的额叶才能开始加快发展。到十一二岁的时候，学生们的额叶可以达到基本的成熟。一般情况，5—6 岁学生们的注意力能达到 12—15 分钟，7—10 岁学生们的注意力能达到 20 分钟，10—12 岁学生们的注意力能达到 25 分钟，12 岁及以上学生们的注意力能达到 30 分钟以上，所以注意力的持久性随着学生年龄的增长而延长，小学生的年龄集中在 6—12 岁，注意力不能够达到 40 分钟，这是和学生自身发展相关联的。

三、提高学生课堂注意力的方法

"注意力是心灵的天窗。"只有打开这扇天窗，才能让智慧的阳光洒满心田。可是，小学生天性活泼好动，就像我们可以把一头牛拉到河边，但却无法强迫它低下头喝水一样，我们可以让学生在教室中安静地端坐，却无法让他们的注意力时刻停留在我们想让他们停留的地方，总会有或多或少的那么几分钟，学生的注意力会悄悄溜走，溜到更吸引他的某一个小的角落。我们要想让每一个学生都延长注意力时间，是要有一定的方法的。

（一）创造良好环境，排除多余干扰

为了使学生在学习过程中不受外部无关刺激的干扰，应该创造一个安静、整洁的教学环境，让学生不被多余的因素所干扰。教师应该注意教室外环境对课堂的干扰，冬天风雪大的时候应该关紧门窗，夏天日晒的时候要拉上窗帘，避免阳光晃到学生的眼睛，打开空调为学生营造一个舒适的环境。排除这些室外因素的干扰之后，目光要转向室内，教师要随时关注教室的地面、墙面、桌面是否干净、整齐，学生注意力集中的黑板是否干净，多媒体投影是否清晰。

同时，要在班级文化建设的时候就布置好班级环境建设，不仅要做到干净、整齐，还要充满班级文化，适当的班级文化布置会让学生感受到班级文化带给自己的一份学习的力量和督促。例如：我们班在墙上张贴了学生自己写的"做最好的自己"书法作品，每当学生们抬起头的时候，这句话就会在学生的眼中出现一次，长年累月，这种文化就会浸润在学生的心底，学生不自觉就会受到影响，在课堂上努力集中注意力，积极发言、比拼学习、不断向前。

（二）课前备好学生，调整教学计划

教师如果要使学生在听课、作业，以及活动中保持很好的有意注意，就必须充分考虑学生的知识水平、经验范围与接受能力。上面说到的学生额叶发展的数据就是提醒教师们，在课堂教学时要考虑到我们所教授的学生处在哪个年龄阶段，不同年龄层次的学生注意力的年龄特征不同，我们在教学设计上要有侧重点，在学生注意力最集中的时候设计本节课的重难点，进行有效的学习和突破。如果教学内容与学生的知识经验距离太大或过于简单，使学生无从理解或无需花大的精力去做，都不利于学生有意注意力的发展。我们在教学设计、问题情境创设等方面多花脑筋，充分利用学生的好奇心、好胜心，激发学生的学习兴趣，也可以延长其学习注意力的时间。

同时，要搜集各种资料，做好上课用的课件，重点突出，色彩适度，还要与时俱进，随着时代的变化，创设学生喜欢的生活情境，能够更好地抓住学生的注意力。根据教学任务的需要，还可以适当准备教具。例如：在学习测量的时候，我们要多为学生准备一些生活中常见的物品，学生在测量的过程中很快就会掌握不同单位应该用在什么样的物品上，尤其是克和千克的认识，很多学生是没有这个概念的。什么样的物品用克，什么样的物品用千克，我们在课上会让学生用实验室借来的天平自己动手称一称，这样记忆更加深刻。

培养学生注意力的过程需要教师在教学设计中的长期坚持和对学生的侧重训练，长此以往就会发现自己班级的学生注意力集中时间会超过平行班级，学习成绩也会有相应的提升。

（三）巧妙导入新课，激发学习兴趣

上课时，小学生的兴奋点有时还停留在上节课的内容或课间活动中，能否把学生的注意力由"课下"导入到"课上"，使他们全身心地投入到新课的学习中去，在相当程度上决定着一堂课的成败。教师可以结合小学生的好奇心强等特点，在导入新课时，通过巧妙地设疑提问，或者创设情境等方法，把学生的注意力紧紧吸引住，以最佳的精神状态迎接新课的到来。例如：在讲授"可能性"一课的时候，我将这个单元的例1和例2整合在一起教学，用摸球活动将两个例题串下来，知识点像一条项链上串下来的颗颗珍珠。事先我为学生准备了摸球的小袋子和彩色的小球，为了将这节课上得更有意思，我在开头设计了一个变魔术的小环节，将课件上漂亮的小珠子变到了老师手里的小袋子里，一个小的环节成功吸引了学生的注意力，每个学生都瞪大了眼睛。之后在各个环节中也都积极参与，积极思考，整节课效果很好。

（四）开展多种活动，调控好注意力

小学生活泼好动，有意注意持续时间短，自控能力比较差。教师要适当变换教学活动的内容与方式，让课堂变得丰富多彩，环环相扣，引人入胜，更好地吸引学生的注意力，保证课堂学习顺利有效的进行。小学的学习安排一节课是 40 分钟，一上午有 4 节课，每节课、每分钟都精力集中也是不太可能实现的。一般来说一节课大约 20—35 分钟之后集中注意力的能力就会减弱，所以教师就要把握好上课的前 20—30 分钟，重要的内容一定要在这个时间内完成。低年级的学生还要在重要环节中加入简短有效的课中活动，例如：拍手歌或者起来扭扭腰等，随时调控一下学生的注意力。剩下 10 分钟左右的时间就可以通过形式多样的练习来调动学生的积极性。最后还要让学生整体回忆一下每节课所学的内容，把每次学到的新知识融入自己的知识体系中。

（五）借助游戏，训练听觉注意力

一年级接班的时候，我会检测一下学生的听觉注意力，给学生一组数字（1—100 的数字随机选择一组），要匀速地念出来让学生听听这组数字当中哪些数字不见了，学生在听的过程中可以用笔记录不见的数字是几。有一个注意事项是：漏掉的这些个数字不要连续地超过三个，或者是三个以上，漏掉得太多了，学生在你快速地去进行念的这个过程里面他根本来不及反应，来不及记录就很容易产生挫败感，就会对这个游戏失去兴趣，导致直接放弃。我们最多连续地漏掉两个数字就了不得了，那最好是一个一个地漏掉。定期练习这个游戏，教师说的过程也可以由慢到快、由短到长，坚持一段时间，学生的听力注意力会有很大的改善。

教师要根据所教内容和孩子们的实际情况，灵活机动地使用或变换教学方式方法调动孩子们的积极性，以使他们的思想、注意力高度集中，养成良好的学习习惯，发展他们独立学、思、用的能力。总之，学生上课是否认真听讲直接影响着课堂的效率。培养小学生注意力的方法有很多，其具体实施方法也不尽相同，还需要我们在教学实践中不断探索、总结、实践，在实践中不断修改完善，使其日臻成熟。

第八节　培养责任心促进学生成长

托尔斯泰说过："一个人若没有热情，他将一事无成，而热情的基点正是责任心。有无责任心将决定生活、家庭、工作、学习成功与失败。"责任心已被人们普遍认为是个人素质的一个重要方面，是素质教育的重要内容。现在的学生多数都是独生子女，他们的生活条件越优越，越容易以自我为中心，缺少责任心。作为一名教育工作者，我深知培养学生的责任心，使学生清晰地知道自己应当承担的责任是非常重要的。

一、在学习习惯养成中培养责任心

课堂教育具有"滴水穿石"的作用，作为班主任我非常重视在每一堂课中抓学生学习习惯的培养，时刻让学生清楚"作为一名学生，有责任培养自己良好的学习品质，从小养成良好的学习习惯"。让学生学会课上认真听讲、积极回答问题、认真读书、写作业干净整齐的好习惯。培养学习做事的认真态度，教育学生面对知识不要单从兴趣出发，要磨炼自己学习的意志，在学习中能吃苦，说明学习的责任心就强，能够意识到认真学习是自己作为一名学生应有的责任，对待自己的学习态度要端正，要尽力保证自己的学习结果。在学习中付出和收获是成正比的，要想自己有大的收获，就要多付出。结合我校的七彩教育中的金色教育，我们班将黄色的花朵用来奖励有责任心、爱学习的学生，积攒够一定数量可以换取一枚七彩学习之星的勋章。希望能够从正面对学生进行引导，让每一个学生都能够承担起自己的学习责任。

二、从小事做起，培养学生责任心

在我们班要让尽可能多的学生参与到集体活动、班级管理中来，每个学生都有自己的职责，都有自己的岗位，让每个学生各司其职，从而充分利用学生的表现欲，调动他们的积极性，让每一个学生品尝到为集体、为他人尽责的辛苦和幸福。要寻找一把开启学生心灵的钥匙，让学生自己慢慢在班级活动中找到如何培养自己的责任心。根据每一位学生的性格特点、能力等，把他们安排在适当的岗位上去，例如：劳动小组长、早读领读、开关灯专员等，在具体的工作中让他们建立起与集体的真实联系，使他们感受到自己对他人是有用处的，从而产生自豪感和责任心。在集体生活中产生自信以后，这种自信会潜移默化地影响他的学习态度和成绩向着好的方向发展。

三、精心培养班干部的管理责任

在班级管理中，我精心挑选能够胜任的班干部，并教会班干部各司其职，承担自己的管理责任。班长需要负责全班的整体情况，班主任不在的时候需要协调班级发生的突发情况，等班主任回来后汇报情况经过和自己的解决过程，以及还有哪些需要班主任处理的事情。同时要随时关注各科任课的情况，有问题及时向班主任汇报，并做好任课教师的沟通工作，做好任课教师对班级的打分工作。

我放手让学习委员管理晨读时间、午间阅读时间的具体安排。每天早晨的晨读时间每周是固定的，学习委员需要根据每天的科目安排具体的晨读内容，并带领全班同学进行诵读。午间休息的时间要随时留意班中同学的自习情况，对没有进行学习和阅读的同学提出提醒，并督促其开始午间阅读。遇到需要请教问题的同学，学习委员要耐心进行讲解，实在解答不了的问题带领同学去请教相关任课教师，并做好楼道内纪律监督工作。

在班级第一次大扫除的时候，我会带着大家逐项做一遍，边做边讲解注意事项，如何扫地能够干净且快速，擦地时需要注意什么，讲台桌上物品应该如何摆放，怎么擦黑板能保证没有白色的痕迹……经过一段时间的培训后，卫生委员就可以独当一面了，两个卫生委员负责安排每天的值日生分组打扫，扫完后卫生委员检查。等到学校来检查时，如果值日检查是满分，全组成员都会得到相应的加分奖励。如果是被检查员扣了分，卫生委员会带领当天的值日生重新打扫。卫生委员还要负责督促学生们认真完成每天两次的眼操，做好相关记录。

体育委员需要负责监督学生们每天早晨的课间操、下午的课外活动以及体育课的排队上下楼情况。既要保证全班排队的快、静、齐，又要保证上下楼梯时全班同学的安全，责任也很重。我们的体育委员也是两人，一名体委前面带队，另一名体委负责在队伍最后面进行监督整体队伍行进情况。两人齐心协力，才能够保障班级的行进队伍是安静的、安全的。同时遇到体育赛事，体委还要充当教练的作用，对同学们加强训练，才保证了我们班每年在课间操比赛、8字绳比赛、运动会中的好成绩。

为了让更多的学生得到锻炼，我们实行值日班长制度。我每天都会确定一个小而具体的目标，用红笔写在黑板的右上角，时刻提醒学生注意。当天进步最大的学生，将成为第二天的值日班长。于是每天放学前评选出第二天的值日班长，成了学生最期盼的事。值日班长需要在自己值班第二天晨会的时候汇报自己值班当天的情况，对表现不佳的同学提出希望，对班级的发展提出建议。渐渐地，每个学生都特别想多承担一些对班级的责任。

四、班主任身教重于言教

孔子曰："其身正，不令而行；其身不正，虽令不从。"这就是说，班主任要用实际行动教育学生。班主任的一言一行，对学生的影响至关重要。马卡连柯说过："教师的威信首先建立在责任心上。"因此，要培养学生的责任心，班主任首先要在学生面前起到表率作用。

要求学生做到的，我一定要先做到。要求学生上课不迟到，在上课铃响之前我肯定会走进教室；要求学生每天按时完成作业，我保证当天及时批改作业并下发到学生的手中，并督促学生及时改正错误，今日事今日毕。在我们班，我和每个学生都有自己的卫生责任区，我负责教室讲台前的卫生，每天都坚持打扫，见到有纸屑等垃圾，随时捡起，随时清扫，随时保证自己批阅作业的桌面是干净整齐的，这一举动渐渐地对学生起着潜移默化的教育，每个学生都会自觉地将自己的卫生区打扫干净，让整间教室都干净整齐。从一年级到现在，我们班一直是学校卫生评比示范班。要求学生在冬季长跑的时候要坚持，我会一直陪着学生进行长跑，还会对学生进行鼓励，讲解坚持锻炼的好处，告知近期体育测试改革的相关政策，督促学生进行锻炼。

常言说得好，身教重于言教。一个有工作责任心的班主任，会给学生留下深刻的印象，自然会成为学生的楷模，学生的责任心会在教师潜移默化的影响下逐步增强。"润物细无声"是最好的教育，也是学生最愿意接受的教育。

五、学会对自己的过失负责

常言道："人非圣贤孰能无过。"小学生在学校犯点儿错很正常，但是要让学生对自己的过失负责，他才会逐渐减少犯错的次数，也会逐渐成长。记得宾夕法尼亚大学的心理学家莱顿曾经说过："承认过失，向孩子解释为什么你会犯这个过失，告诉他们，你下次将会怎样用不同的方法去避免重犯才是解决问题的最有效办法。"所以，在遇到学生犯错误的时候，我会让学生讲述自己这件事情的经过，和学生一起分析这件事情哪里做得不对，今后又该如何改正。

我们班今天就发生了一件不太好的事情：一个女生的水杯被扔到了女厕所的垃圾桶里。对于这件事情，我经过调查找到了相关的责任人，把她们叫到了办公室，然后让当事人自己先讲述一下自己的想法以及做这件事情的整个过程，然后帮助她寻找了解决这个问题的最佳方法。找到犯错的原因，打开犯错误的学生的心结，能够更有效地避免错误的再次发生。我们能够看得出来，这样的处理方式比批评更易于让学生接受，也更容易让学生意识到自己的错误，并勇于承担自己的过失责任。向自己伤害的同学道歉，联系该生家长，赔偿对方一个新的水杯，这是该生应该承担的责任。

同时，我也会让学生从犯错的痛苦中走出来，告诉她以后遇到类似的事情你应该选择什么样的处理方式，和同学发生矛盾有很多种解决的方法，不要把别人的东西扔掉。每个人都会犯错误，只要犯了错误以后勇于改正就是好学生，她一直是老师心目中的好学生。相信在老师的鼓励下，这个学生会吃一堑长一智，由此走向成熟，成为一个有责任感的学生。

让自己的每一个学生都成为有责任心的阳光好少年，是教育者的责任。我会一直走在探索的道路上，不断完善自己的教育方法，让自己和学生都成为有责任心的人，成为对社会有用的人！

第九节　在细微处进行价值观引领

说到价值观，首先让我想到的就是——社会主义核心价值观，这个让我们耳熟能详的名词。然后我就在思考：为什么一个社会要进行价值观引领？为什么我们在班级的建设中要进行价值观引领？我认为：一个班级中有 40 个学生，就会有 40 个不同的生命个体，这是 40 个个性鲜明的学生，在走进这个班集体之前，学生的价值观一定会有细微的差异性。在建设班级的时候，我们一个重要的方面就是需要对学生进行统一的价值观引领，只有价值观趋同之后，我们才会形成合力，向着同一个目标一起奋斗，这样才能够形成统一的班级价值观，形成班级的凝聚力。所以，大到管理一个社会，小到管理一个班级，价值观的引领都是必要的。

2014 年我接的班级情况比较特殊，由于种种原因，这届学生在两年内换了三个班主任，由于班主任更换频繁，班级几乎没有系统的管理，更谈不上有统一的价值观，所以班级比较混乱，学生自顾自的现象很严重，谁也不听谁的，大家各自为战。对待学校布置的任何任务，大家第一时间的反应就是往后退，没自信，不想参加，认为没有必要浪费时间……针对这样的情况，我首先是对班级的每一个学生都进行了仔细的观察和细致的分析，然后在观察的过程中开始梳理自己的管理策略和价值观引领的方向。

一、歌咏比赛风波——渗透"团结"

接班以后我们遇到的第一次大型活动就是学校为了庆祝国庆节而举办的"歌咏比赛"，要求每个班都要参加，开学初布置的，月底就要展示，时间紧任务重。作为年级组长，我当然希望自己的班级能够表现出色，成为全年级的榜样。于是兴高采烈地去班里和同学们进行商量，想着三年级的学生肯定会有很多的想法和点子，结果却让我大失所望。首先是没有人愿意参加，一个个面露难色，纷纷表示：我们不会唱、不想唱、不敢唱，连领唱的同学都挑不出来。这让我很是惊讶，按照常理来说，每次我遇到的都应该是很多人要求领唱，需要在展示后才能够决定谁来担任领唱的，这倒好，直接没人承担，把我晾在了那里。

我赶快转化了思路，那就先排队形吧，之后再慢慢练。排练队形时没有人配合，乱哄哄地在那儿打闹，根本没把这个当回事儿。我一看，这是皇帝不急太监急呀……着急、生气之后我开始逐渐冷静，这就是他们过去两年积累的真实状态，领导安排我接班就是为了改变这个局面的，我不能放弃、不能着急，需要在冷静中找寻对策。

于是我告诉大家，现在先不排队形了，大家先坐回去，我们聊会天儿。学生听我这么一说，有点愣住了，可能这是他们没想到的套路。看样子他们之前的套路是想把我气走，没想到遇到一个不按套路出牌的班主任。等学生们坐好以后，我先是分析了这次活动对学校的重要性，以及对我们三（1）班的重要性。告诉他们这是全年级的展示，学校的所有领导会到现场当评委，给每个班级打分，我们推翻以前那个"差班"的绝佳时机，那么如何抓住这个时机呢？让同学们随便发言。一阵沉默之后，几个男同学开始发言："老师说得对，总被别人说我们差，是挺憋屈的，我不想总这样。我们凭什么不行？凭什么比别人差？"于是我趁热打铁，启发学生想办法，立刻皮球踢回去，赶快问："那你们说说吧，咱们怎么翻身？你们有什么好主意？"毕竟是孩子，很快就被氛围感染，忘记了之前捣乱的想法，投入到积极思考中，动脑筋、想办法。

接下来让学生们小组讨论两个内容：1. 我们唱什么能够先声夺人？2. 怎么排队形可以更有新意？学生开始讨论之后，我在前面开始慢慢观察：先开始是几个人在想办法，慢慢地其他人开始加入，开始优化想法。过了很长时间，我才提醒大家停止讨论，开始汇报想法，再进行集体研讨，逐步形成最后的方案。并且商量好了具体的排练时间和具体负责人，大家欣然接受了。

在这件事的最后，我告诉同学们："你们刚才的表现就叫作团结，大家都为班级荣誉贡献了自己的一份力量，说明我们每个人都很爱这个集体，希望它越来越好，成为真正的 1 班，成为全年级第一名，对吗？"学生们重重地点头。

二、多种渠道培养"自信"

之后的排练过程中，班级出现的问题我都会慢慢地解决，能够看得出来学生们还是很努力的，排练的效果也还不错。真到了演出那天，我发现他们特别紧张，声音特别小，和平时排练的感觉大不一样，最终没有取得好名次。这让我很困惑，这是为什么呢？排练的时候他们明明已经唱得很好了。经过观察和走访之后，我找到了原因：这是他们长期不自信造成的，他们从没有想过自己能够成为优秀的集体和优秀的同学，因为他们经常被某些老师提醒：你们怎么这么差？你们和某某班差远了。所以站到舞台上，他们习惯性地低下了头，降低了声音，因为这是他们习惯的感觉……

引领学生们找回"自信"成为了我们班目前一件重要的事情，学生们的自信需要慢慢重塑，我愿意帮助他们，也必须帮助他们，这是我作为班主任的使命。第一是我把班里的职务进行了细化，让所有的学生都有事情做，都成为班级的主人。从班长到开关灯管理员、垃圾桶管理员，每个人都可以在自己的责任区管理别人，为班级贡献自己的一份力量。第二是设立值日班长，每人做一天值日班长，这一天里班级大小事务由值日班长全权负责。我们每天利用晨读的 5 分钟时间，安排值日班长对班级情况进行每日总结，表扬同学们做得好的地方，批评做得不好的地方。给每个学生站到讲台上发言的机会，逐渐培养每个学生的自信。第三是在每周的班会课上设立"读书分享"环节，邀请学生给大家介绍自己最近读的书目，增加学生上台展示的机会。一开始报名的学生很少，在看到其他同学的展示以后，逐渐也鼓起了勇气，站到了讲台上大方介绍自己的读书心得。在学期末我们会进行优秀读书分享评选，颁发奖状。第四是在我的数学课上增加小组汇报环节，鼓励学生上台展示，把自己小组的思路讲给所有人听。每节课都会评选优秀汇报小组，来激励学生的积极性。第五是学校的任何评选活动我们班都讲究公平、公正，需要学生自荐，准备演讲稿在全班拉票竞选，全班投票后产生。在准备竞选稿的时候，学生经过梳理会发现自己原来有这么多的优点，这个过程不仅能够帮助学生逐渐增强自信，还能够帮我快速筛选了有能力、有上进心的班干部人选，为班级的后续建设奠定了基础。

多种渠道并行，逐渐培养全班学生的自信，我经常和学生说的一句话就是："别怕，大胆地说，说错了有其他同学帮你，还有张老师呢，我肯定帮你，放心说。"时间长了，学生的自信心也慢慢增强了。到下半学期的运动会比赛时，我已经能听到："咱们班肯定能得第一，张老师你放心吧，有我们呢！"我的脸上露出了笑容，不为名次，为这么自信的话语高兴。

三、接力赛风波——渗透"不抛弃、不放弃"

说到运动会，学生们真的是潜力无限，我们连续两年都取得了接力赛第一名的好成绩。2016 年的田径运动会上，本以为稳拿接力比赛的三连冠了，赛前学生们就开始想着庆祝了。没想到在接力一开始，我们的头号种子选手由于发力过猛到对面没有刹住车，导致交接棒失误，落后下来，其他同学开始在后面说："完了，完了，这下肯定拿不到第一了。"我发现大家情绪不对，马上告诉大家："别着急，你们后面努把力，我们肯定能追回来，放心吧，你们有这个实力。"没想到的是后面又出现了一次掉棒的情况，这下大家又急了，在那大喊："这下肯定最后了，怎么办？"我安慰道："放心吧，你们有实力的都在后面，加油，加油，加油。"因为我也不知道该怎么办了，就一直给大家加油打气，慢慢地我们的差距缩小了，追回来了，最后取得了接力赛第二名。能够看得出来，最后几名同学真的是尽力了，但是对于第二名这个成绩学生们还是有点儿失落的。

回到班里，趁着大家休息的时间，我把今天的情况和大家讨论了一下，告诉大家："这就是人生，永远不可能一帆风顺，不到最后谁都不知道会发生什么，跌宕起伏很正常。不到最后一刻，你就有绝地反击的机会，今天大家不仅没有放弃，还最终取得了第二名，很厉害。所以，任何时候只要不放弃就有希望。我们是一个集体，不抛弃、不放弃，我们就会更加优秀、更加强大。"本以为我会批评他们，没想到得到了表扬，学生们都很惊喜，也明白了"不抛弃、不放弃"是我们班级的原则。

在班级管理的过程中，价值引领有很多种形式，我自己最喜欢的就是这种润物细无声的方式，在每次事情发生之后，在细微处引导学生自己有所悟，这样的引领更容易让学生接受，收效更佳。

第十节　多举措实现全员育人效果

我们学校的办学理念："让每一个学生在自信中成长，让每一位教师在阳光中工作"，其中我看到了"每一个"这个词语，就是要求我们要把最好的教育落实到每一个学生身上，让每一个学生都能够在自信中成长。正如著名心理学家武志红主编的一本书的名字写道："每个孩子都需要被看见"，作为班主任，我们要看得见班级里的每一个学生。通过理解学校"和合"文化理念、"七彩教育"内涵，结合学校十二年一体德育目标体系和本班实际情况，我挖掘凝练出符合本班特质的班级文化："做最好的自己"，就是希望我的每一个学生都能够都成为班级教育的主角。

一、细化任务全员参与

我们班通过班主任引领、任课教师监督、学生自我管理及各项活动评价健全"全员、全程、全方位育人"路径，形成良好的育德场域。施行"人人有事做，班级靠大家"的常规管理，任务细化到每个人，每学年我们都会将班级管理安排表根据学生的意愿进行调整，然后张贴在班级事务栏中，让每一个学生都能够清晰自己的工作和责任。在参与的过程中，所有学生都能体验到作为班级主人的责任，都能意识到自己是集体中不可缺少的一员，从管理者的角色中学会管理他人，学会自我管理。

班级内的卫生保持也需要靠每个学生一起努力，在参与劳动的过程中，他会感受到劳动的辛苦，也会体会到班级干净整洁来之不易，所以会更加珍惜。除了每天值日时责任分工清晰，到了大扫除的时候，班级内的每个学生都积极投入到劳动中来。在长期的锻炼中，我们还收获了一个责任分工明确、团结合作的团队，在每一次的学校大扫除中，学生都可以在卫生委员的带领下快速、出色完成任务，多次被评为七彩卫生示范班。在这个过程中，对学生的责任意识和劳动意识都是一个很好的锻炼。

二、提升全员学习能力

船要走得稳，舵就要把得准。水上行舟与人生进退中，必须有一个明确的方向，才能引导出坚定有力的步伐。班级的发展就需要班主任的引领示范，当好学生们的领头雁。我会精心设计每一节课，让学生们在课堂上能够有真正的获得，在数学学习中逐步提升自己的学习力和数学思维能力。同时，我会经常带领学生承担各级各类督导课和观摩课任务，督促自己要不断加强教学设计和课堂把控能力，同时锻炼学生在多名教师观摩的情况下，依然能够自信心十足地进行课堂学习和发言，提升全员学习能力。记得二年级的时候，我有机会带领学生们一起去参加"朝阳杯"课堂教学比赛，学生们虽然年龄小，但是在之前的锻炼之下，课堂表现很正常，能够主动思考、积极发言，顺利完成任务。在后续的这些年，每学期我们都会有各种展示课和观摩课任务，看着学生的成长，我真的很开心。在教学上全员育人，提升学生的学习能力，已经看到了教学成果。

三、借助班刊全员育人

根据我们班级文化建设的情况，到了四年级每个学生应该是"培养自己、完善自己"的阶段。但是我发现学校的各种活动、各种评比都是优等生在参与，其他学生没有什么展示的机会，久而久之他们也就没有要求上进的愿望了，随遇而安成为了他们的普遍想法，没有完善自己的意愿。这是我和家长不想看到的，我希望我的每一个学生都能够不断进步，家长更是希望自己的孩子不仅仅是坐在路边鼓掌的人。于是根据班级具体情况，我们班进行了班刊创编活动，班刊的主题是"小小的我，有大大的梦想"。

这次的班刊创编我先期选择的主角们都是班级中默默无闻的学生，给他们创造机会走到台前，通过介绍自己来突破自己、完善自己。利用班刊凸显每一个学生的闪光点，让他们成为更好的自己，同时也能够互相学习对方的优点，促进自身成长和班级发展。

四、家校协同全员育人

学校要求各班加强"家校育人共同体"建设，引导家长形成正确的育人观念，形成教育合力。我多次和班级家委会家长进行沟通，了解家长们对班级发展的建设性意见。同时积极挖掘家长资源，开展了"家长大讲堂"系列活动，鼓励家长参与学校的教育活动。在学雷锋日的时候，蒋启翼同学的妈妈给我们带来的《走进红十字》，讲解了红十字会的由来，讲解了"帮助"的含义，让学生们明白：不管谁遇到困难，我们都要伸出援助之手。我们在生活中要积极地去帮助他人，就像雷锋叔叔一样。在爱牙日的时候，刘哲溢同学的妈妈给大家带来了《儿童口腔保健知识》，给大家介绍了牙齿的结构、牙齿会出现的问题，还有如何正确刷牙才能够保护我们的牙齿。在航天日的时候，刘思瑞同学的爸爸给大家带来了《航天知识小讲座》，让学生们了解了很多有关航天的知识，了解了我们国家航天事业的发展历史，认识了许多为航天事业付出的航天人和航天精神。少年强则国强，希望学生们要奋起读书，为中国的航天事业增光添彩。家长每次的讲座丰富了学生书本以外的知识，激发了学生的学习兴趣和学习广度。很多内容和我们学校的"生涯教育"有契合的地方，为学生的将来职业规划奠定了基础。

同时学校还开展了"体验悦动课堂"活动，要请家长走进学生的课堂，观摩学生们在校学习的情况。让家长看到孩子们在学校认真的学习状态、干净整洁的教室环境，大大提升了家长对班级工作的满意度。每学期我们都会召开期中家长会和期末家长会，在家长会上向各位家长介绍班级育人的具体情况，增进家校融合效果。

后续我们还通过家长会上的"孩子写给爸爸妈妈的信"、元旦联欢会上"爸爸妈妈写给孩子的信"以及期末时"孩子们写给各位老师的信"这些互动交流，来凝聚老师、学生、家长三方的力量，让每一个学生享受到丰富的教育资源。

五、集体活动全员育人

我们班的集体活动丰富多彩，实现在活动中进行全员育人。四季更迭，是大自然送给我们的礼物。于是我们跟随大自然的脚步设计了一系列的活动。春分的时候全班一起开展"立蛋"活动；清明节的时候我会和学生们一起结合数学课学到的图形知识制作风筝、放风筝；秋天落叶时节，我们组成了捡树叶小分队，用捡到的树叶做成了一幅幅精美的图画；冬天的雪花飘下来，我们会带着学生们到操场上堆雪人、打雪仗。

借助每一次的节日，开展系列活动，进行全员育人。母亲节、父亲节的时候我们一起制作贺卡送给自己的父母。教师节的时候，全班会对每一位前来上课的任课教师说一句："老师，您辛苦了，谢谢您！"重阳节的时候会安排同学们回家为自己的爷爷奶奶、姥姥姥爷做一件力所能及的事情，或者打一个问候的电话。儿童节的时候要教会学生好好爱自己，送自己一份惊喜，过一个快乐的儿童节。

抓住每一次学校的文艺表演机会，动员班级所有人一起定内容，然后由文艺委员负责安排练习时间，电脑管理员负责利用碎片时间给大家播放参考视频和音乐，全员参与自己练习和集体合练，每一次的文艺表演大家都全力以赴，既是一次很好的美育机会，又是提升班级凝聚力和集体荣誉感的好机会。

六、午间故事会全员育人

我们班每天中午吃饭的半个小时变成了"午间故事会"时间，学生利用自己在各种班级评比中的加分可以挑选午间故事会的播放内容，这样大家就可以一边吃饭一边听故事。这样做既改善了午饭时间的纪律问题，又提升了学生的文化素养，可谓是一举两得。学生们也很喜欢这个活动，经常会午间结束了还在讨论中午的故事情节。例如：有一段时间一位同学为大家选定的故事是《三国演义》，很多同学觉得每天中午听一小段太不过瘾了，就自己买来书籍读起来，还会不断给其他同学剧透，男同学还凑在一起研究各种战役呢。这项班级活动不仅拓宽了学生的视野，还提高了学生的阅读兴趣，看着他们这劲头，班主任很开心。

只有心在学生身上，活动受到学生的喜爱，多举措并行才能够真正实现全员育人效果。只有全员得到一样的教育机会，共同进步，班级才能够不断成长为更加优秀的班集体。每一个学生都是一个家庭的希望，每一个学生也都是祖国的未来，实现教育公平，提升全员育人能力是我们每位教育者应该尽力去做的一件事情。

第十一节 "双减"背景下进行活动育人

2021年7月24日中共中央办公厅、国务院办公厅印发了《关于进一步减轻义务教育阶段学生作业负担和校外培训负担的意见》（以下简称"双减"），《意见》从全面压减作业总量和时长，减轻学生过重作业负担；提升学校课后服务水平，满足学生多样化需求等方面对"双减"做出了一系列的规定，条条款款表明"双减"落实势在必行，迫在眉睫。其中一条指出："科学利用课余时间。学校和家长要引导学生放学回家后完成剩余书面作业，进行必要的课业学习，从事力所能及的家务劳动，开展适宜的体育锻炼，开展阅读和文艺活动。个别学生经努力仍完不成书面作业的，也应按时就寝。引导学生合理使用电子产品，控制使用时长，保护视力健康，防止网络沉迷。"在此背景下，作为教育主阵地学校里的班主任，如何借力"双减"政策契机、探索新时代"双减"背景下班级学生德育工作方法，培养德智体美劳全面发展的社会主义建设者和接班人，是我们应该思考的问题。

在"双减"政策落实的过程中，突出了教育主阵地的作用，小学生在校的学习的时间其实是减少了的，加大了学生的课外活动和体育活动时间，在这样的情况下，作为班主任应该思考如何设计有效的有意义的活动，在活动中实现更高质量的育人功能。现在我们提倡的是五育并举的教育，具体是德育、智育、体育、美育、劳育。作为班主任我们要从这五个方面均衡着力，结合"双减"之后学校新的作息时间安排，尽量丰富学生们的在学校的活动，在活动中育人，让学生实现全面发展。

一、加强爱国教育力度

（一）航空航天精神的学习

2021年的9月1日既是学校的开学典礼也是学校的"科技月"启动仪式，在学校号召下，我们班级组织学生们聆听了中国航空航天大学航空航天博物馆馆长带来的《中国航天精神》的讲座，增长了学生们对航空航天知识以及我国航天事业的发展的了解，了解到如何在月球上进行种植，提升了学生们对航天精神的认识，激发了学生们对祖国更深层次的热爱。在9月中旬我们组织学生进行"东方红卫星""嫦娥一号"等卫星模型的了解和制作课程，学生在动手制作的过程中能够详细了解卫星的各部分组成情况，更能体会航天工作人员的辛苦。让学生进一步了解到中国航天工程是当今世界高新技术的集中体现，中国航天无人载人航天精神，推动和引领社会的进步。在多种活动的影响下，学生们对航空航天知识也有了更多的兴趣，部分学生会自主搜集一些有关航空航天的新闻，利用晨读时间、班会时间和大家进行分享：2021年2月10日，天问一号成功进入了火星轨道，成为中国第一颗人造火星卫星。2021年4月29日，海南文昌发射场，长征五号B遥二成功将天和核心舱发射入轨，拉开了为期两年的中国空间站建造帷幕。2021年5月15日中国"祝融"号火星车也成功降落在了火星乌托邦平原南部的预选着陆区域。2021年6月17日9点22分，神舟十二号载人飞船发射成功，将三名宇航员送上太空。2021年7月4日，在天和核心舱上的中国航天员进行了第一次出舱活动。航天员刘伯明、汤洪波成功出舱，而聂海胜则在舱内进行操作。2021年10月19日，由我国自主研制的目前世界上推力最大、可工程化应用的整体式固体火箭发动机在航天科技集团四院试车成功。在分享的过程中，我们一次次看到祖国的航天事业又有了新的进展，大家都很骄傲和自豪，相信未来在他们中间也会有人加入航天事业的。

（二）丰富活动强化爱国之情

在这丹桂飘香的季节，我们即将迎来祖国母亲72岁的生日，当我们每周升旗的时候，唱着雄壮激昂的国歌，目睹着五星红旗冉冉升起，不禁为身为中华儿女而感到自豪与骄傲。我们坚持利用每周的班会课进行"红领巾爱学习"的视频学习，了解中国共产党的发展历史。在长期的学习过程中，每一次的红色知识答题，同学们都能够很快说出正确答案，可见大家对我们党的历史有了很深入的了解。在国庆节到来之前，我们组织学生进行了"迎国庆、颂祖国"的诗朗诵活动，在准备的过程中，学生们搜集了大量的爱国诗歌在班级内分享，在大家的投票中选出我们参加朗诵比赛的内容《唐诗里的中国》，利用课余时间大家抓紧排练。在比赛中学生在朗诵的时候，感受到了中华文化的源远流长、博大精深，唐诗里的中国是那么的迷人，不由自主地呐喊：我爱唐诗、更爱中国。我相信这句话是大家发自肺腑呐喊出来的，爱国之情油然而生。在国庆节来临之际，我们组织学生观看了《我和我的祖国》这部影片，通过影片中的内容，让学生感受到祖国的发展离不开每一个行业、每一个人的努力奋斗和牺牲奉献。我们要珍惜这来之不易的美好生活，努力学习，将来加入到祖国的建设当中，为祖国的发展贡献自己的一份力量。金色的十月如诗如画，伟大的祖国气势蓬勃。十月份我们开展了以"歌颂祖国"为主题的"笔墨言志，丹青传情"书画作品创作活动，我们班全员参与，积极创作，学生在创作的过程中充分表达了对祖国母亲的热爱之情。

二、丰富体育活动内容

（一）认真锻炼身体好

每天上午的课间操时间是学生们进行体育锻炼的一个时间，但是高年级的学生容易出现不认真做操、偷懒的情况。作为班主任我会加强课间操的巡视，对于不认真的同学及时进行纠正和指导，起到督促作用，提升学生锻炼的效果。同时，利用班会课时间，带领学生观看课间操视频、进行重点动作的讲解。在班级内选择领操员，发挥榜样的引领示范作用，规范学生的课间操动作和力度。讲解每节课间操对应锻炼的身体的什么部位，引导学生意识到认真做好课间操的重要性。我认真对待学校的课间操比赛，带领学生利用课余时间、零散时间进行练习，提高班级在学校课间操比赛中的竞争力，要让大家意识到："只有全班同学都努力，才能够取得好成绩。"

到了冬季，我们的课间操时间会进行冬季长跑，首先是做好学生的冬季长跑动员，讲清楚冬季长跑的好处，首先跑步可以保护心脏。跑步锻炼可使冠动脉保持良好的血液循环。长期练习跑步的人，可以预防各种心脏病，加速血液循环，调整血液分布。跑步时加速了呼吸力量，加大呼吸深度，有效地增加肺的通气量，对呼吸系统有良好的影响，提高呼吸系统机能。跑步增强神经系统的功能，消除脑力劳动者的疲劳。跑步还可以调整大脑皮层的兴奋与抑制，也对调整人体内部平衡、调剂情绪、振作精神有一定的作用。同时讲清楚冬季长跑的注意事项，避免学生在跑步的过程中受伤。每次跑步之前体委会带领大家先做准备活动，再开始跑步，跑步结束之后，体委会带领大家做好拉伸和放松，再带队回班，保证学生在安全的前提下积极进行体育锻炼。

了解"双减"后续政策，及时向学生做出讲解和提醒，督促学生重视体育锻炼。12月9日上午，北京市人民政府新闻办公室举行北京市教育"双减"工作第四场新闻发布会，发布解读《北京市义务教育体育与健康考核评价方案》。义务教育体育与健康考核评价包括过程性考核与现场考试两部分，总分值70分。体质健康考核内容是目前运行多年的《国家学生体质健康标准（2014年修订）》，包括体重指数、肺活量、50米跑、坐位体前屈、1分钟跳绳、1分钟仰卧起坐等，考核时间是四年级、六年级、八年级第一学期，占分30分，每次10分。这项政策显示我们的学生会在六年级和八年级进行考核，我能做到的就是及时告知，让学生提前做好准备，并督促学生们加强锻炼。

（二）丰富学生下午的课间活动内容

"双减"政策中有一条指出："保证课后服务时间。学校要充分利用资源优势，有效实施各种课后育人活动，在校内满足学生多样化学习需求。"

学校根据相应政策调整了作息时间表，每天下午有 40 分钟体育活动的时间。"双减"政策实施以后，学生还是很开心的，作业量减少了，体育活动的时间增加了，那么这段时间怎么进行体育活动，成了我思考的问题。既要让学生动起来，还要有一定的吸引力，与上午的课间操有所区别。根据对学生的访谈，结合学生的年龄特点，以及学校的场地限制等因素，我们把课外活动的内容安排为：基础体育活动、跳大绳、打鸭子、打篮球这几项内容，内容轮换进行，在资源允许的前提下兼顾大部分学生的喜好。在集体活动之后，学生可以根据自己的喜好以及身体情况，选择一项适合自己的体育活动，参与其中，感受体育活动带来的快乐。

正是每天下午体育活动时间加长了，学生们有了更多的时间来练习跳大绳的技术和默契训练，我们班在这个学期的学校"8"字绳比赛中以绝对优势获得了第一名，全班欢呼雀跃，兴奋良久。能够看得出来，学生不仅在活动中获得了快乐，也提升了体育技能，同时运动还能够促进大脑皮层的活跃度，真是一举多得的好事情，说心里话，大家都很欢迎增加体育活动时间这项新政策。

三、加强劳动教育引导

"双减"政策指出要增强学生从事力所能及的家务劳动的能力，也就是要增强劳动教育。我们班在劳动教育这个内容上我们采取了劳动教育宣传、劳动技能指导、劳动实践展身手这样几个层次。首先是"双减"以后，有了劳动课程，学生们非常喜欢。在班里随处可见学生拿着彩绳在编自己喜欢的中国结，或者几个人在一起讨论设计自己的手链……作为班主任，在鼓励学生动手制作的同时，也加强了每天中午和下午的值日指导，班级学生全员值日，每个人都有自己的劳动岗位，在卫生委员的下面设立扫地、擦地、摆桌椅小组长，卫生委员培训小组长，小组长培训组员，这样大大提高了做卫生的实效性。每个周五下午是全校的大扫除时间，鼓励学生自觉参与、自愿动手，在卫生委员的指挥下我们可以实现快速、高质量完成大扫除任务。同时，每个月双周的周三定为"快乐生活日"，让学生能够有更多提升劳动技能的机会。目前我们班的学生除了掌握打扫卫生的劳动技能外，还掌握了洗衣服、晾衣服、叠被子，正确使用洗衣机、吸尘器等小家电，洗菜、摘菜、炒菜、垃圾分类、浇花、修理花草、施肥等家庭劳动技能。

在系列的育人活动中，学生在慢慢发生着变化，对国家以及中国共产党的发展有了更深层次的了解，在聊天的时候经常会讨论一些国家的大事小情，国家的强大让学生们感到自豪与骄傲。体育活动时间增加了，孩子们在自己喜欢的活动中奔跑、跳跃，得到了充分的锻炼，满头满脸都是汗水，喝水明显比以前多了，更有益学生的身心健康。在劳动教育方面学生的劳动习惯已经养成，每个学生看到班里有垃圾会随时打扫。动手能力增强了，带着自己亲手编的手链、吃着自己炒的菜……脸上洋溢着微笑。

"双减"政策刚刚颁布，作为一名班主任，在落实的过程中我们也是边摸索边实践，肯定还有很多不完善的地方，我们会继续探究并逐步改善，让自己的班主任工作能够跟上时代的步伐、与时俱进。例如：能否给学生开设更多的和劳动相关的课程或者兴趣班，提供更多的动手实践类的资源。每个学校能否有对应的手拉手的博物馆，可以让学生走进去学习和探究等，让学生能够在学校活动中不仅收获快乐，还能提高更多的能力。依托学校和班级的各种活动育人，还应该围绕某一个主题进行系列设计，这样可以让学生受到更加深入的教育。

第十二节　依托快乐生活日深耕劳动意识

劳动教育是使学生树立正确的劳动观点和劳动态度，热爱劳动和劳动人民，养成劳动习惯的教育，是人德智体美劳全面发展的主要内容之一。"十三五"期间，中共中央、国务院印发的《关于全面加强新时代大中小学劳动教育的意见》中要求我们面向全党全社会，立足国之大计、党之大计，提高劳动教育站位，把劳动教育摆在突出位置上，作为当前全面贯彻党的教育方针的重点工作。大力推进大中小学劳动教育，要求落实立德树人根本任务，培养广大青少年儿童社会责任感、创新精神和实践能力，中小学广泛组织学生参加家务劳动、校内外劳动。

家校协同教育是学校与家庭携手共同促进学生成长的一种教育行为，目的是营造互动、沟通、协调、一致的家校和谐关系。形成同向、同步的教育合力作用，以共同促进学生的道德品质，行为习惯等诸方面健康发展。根据上级的各项教育要求，加强对家长思想的影响，努力让家校形成合力，共同做好学生的教育工作，才能取得良好的效果。我积极落实学校家校协同教育理念，将学校的育人思想与学生家庭紧密结合，在校内我们会通过每天两次的值日还有每周五的大扫除来进行劳动技能的训练，除此以外我们每周三的快乐生活日也会涉及劳动的内容，依托快乐生活日活动，形成教育合力，深耕学生的劳动意识。

"小学教育的目的就是培养孩子良好的学习习惯"，良好的学习习惯的养成不仅依靠学校的力量，还要班级所有家长一起共同努力。家委会就是在培养孩子们健康成长的过程中，沟通学校、家长和孩子们的重要的桥梁和纽带，为了使孩子们健康快乐地学习、成长，家委会一定程度是老师的好帮手，学校教育、教学工作的好参谋。为了更好地巩固与家长的沟通和交流，班级从一年级成立了班级家委会，通过家委会家长信息全面覆盖性，我基本了解了班级家长在家接触孩子的情况，以及工作日家长陪同学生时间的情况。

为了更好地开展快乐生活日，我在"班级微信群"中提前一周进行了信息的铺垫工作，主要列举了快乐生活日开展的得益之处，其次呼吁家长们去感受同学们成长的变化，鼓励多问、多听、多沟通、多感受。在共情方面、基于父母对于子女的本来关注，我更强调了在情感交流的必要性，所以家长群反馈很好，纷纷对活动予以支持并表示充满期待。

然后根据学生的年龄特点，结合各项其他教育活动进行整合、调整、设计，我们班从一年级至今坚持着快乐生活日活动。可以分为以下几种系列活动：

美食系列活动：低年级的时候我们设计了"腊八蒜做起来""凉菜、水果沙拉拌起来"，高年级我们设计了"简单热菜炒起来""端午节粽子包起来""春节饺子包起来"等活动。孩子们在品尝到自己亲手参与制作的美食的时候，激动的心情溢于言表，不仅在班级群里分享了自己制作的图片，第二天在班里聊天的时候还在津津乐道自己做的菜有多好美味。五年来我们一直坚持参与家庭的美食制作，到现在为止我们班已经涌现出很多的

图 1-11　学生制作凉菜照片

小美食家了，春游的时候还会给大家带自己制作的寿司和烤饼干吃呢，大家一边分享美食，一边分享美食制作技巧。现如今因为新冠肺炎疫情的原因，我们只能在班级"微信群"里分享各自的美食制作了。

节气、节日系列活动：春分的时候我们进行了"竖蛋大比拼"活动，立夏的时候我们进行了"斗蛋、种豆子"活动，进入立秋以后，草木开始结果，到了收获的季节，带领学生体验各种瓜果收获的喜悦，进行水果采摘活动。深秋的时候，我们开展了"美丽的树叶画"制作活动，既了解了节气的知识，又参与了属于这个节气的小活动，让学生在劳动中获得更多的体验。学雷锋日的时候我们开展了"学雷锋行动有我"的活动，学生们拿着铲子、夹子、抹布，拎着水桶，走进小区，开展了有意义的大扫除活动，体会助人为乐的快乐。感恩母亲节，我组织学生给自己的妈妈制作了贺卡，还绘制了康乃馨花，在这一天的时候给妈妈"捶捶背、捏捏肩"的活动。感恩父亲节的时候，我带领学生一起制作了"爸爸你最棒"的贺

图1-12 学生在立夏节气种豆子

图 1-13　学生学雷锋行动有我

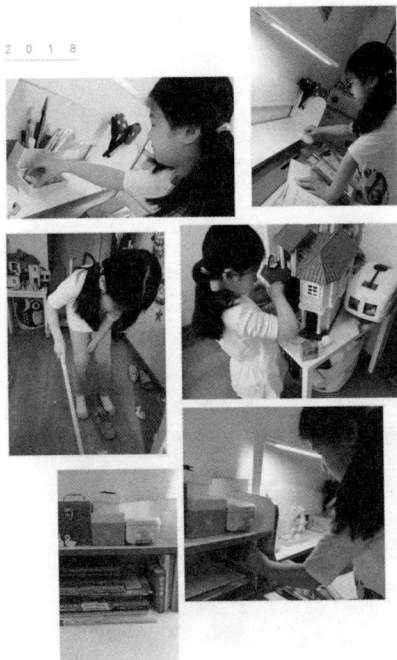

图 1-14　卧室整理我能行

卡，并且让学生在这一天回去和爸爸一起做一项亲子家庭劳动，增进亲子感情。重阳节的时候每个人都要给不在身边的长辈打个视频电话，背一首和重阳节有关的诗词给长辈听，条件允许的同学和爸爸妈妈一起回去看望长辈。

家务劳动系列：我们陆续开展了卧室整理我能行；打扫桌子我能行；扫地、拖地我能行；摘菜、洗菜我能行；洗衣、晾衣我能行；垃圾分类我能行；美丽窗花剪起来；漂亮的对联写起来；绿色植物种植记等活动……这几年我们班的快乐生活日的内容丰富多彩，学生在每一项家务劳动中既感受到了参与的快乐，又能够提高自己的家务劳动能力。记得在布置了几次劳动任务之后，就收到了家长的好评反馈，张同学妈妈这样说道："感谢老师每周三布置的家务劳动作业，上周洗完袜子孩子说以后不光脚满地跑了，袜子太脏搓得手疼。今天擦完地一个劲儿地说以后不能随便乱扔垃圾，拖地挺累的。"说明学生通过自身的劳动，体会到了家长平时做家务的辛苦，更懂得心疼家长了。

记得在一次绿色植物种植课上，学校为大家发放了两盆花和一袋营养土，还有花盆和花托等工具，学生在听完种植要求之后，特别认真仔细地开始自己的植物种植，并且会自觉注意到卫生的保持，种植的过程中小心翼翼，尽量不把营养土洒在外面，种植结束后自觉主动把班级内的卫生打扫干净。同学们把自己种植的植物带回家养护的时候很是认真仔细，定期拍照在班级群里分享，还会进行养护交流。能够感受到学生的劳动技能和劳动热情都被激发了出来，增强了劳动意识。

图 1-15　绿色植物种植

开展班级活动要具体、可操作，这样拓宽班级活动的教育功能，在一次次的具体活动中逐步树立学生的人生观和世界观，兼济修身心怀天下，树立一事可行坚持能成万事的信念，肯定自己，提出希望！"快乐生活日"活动充分将道理寓于实践，在实践过程中体悟道理。让学生成为学校劳动和家庭幸福度息息相关的参与者，从不可能到分步实施"我能行"再到主动参与其中、乐在其中的自信心培养。我们班"快乐生活日"活动前期准备和铺垫比较充分，开展活动主题鲜明，具有持续性，强调动手用心，让学生经历：有付出，有期待，有收获，有喜悦的这个劳动过程，让家长切实感受到学生参与和投入，感受学生的成长，以此来深耕学生的劳动意识。

第十三节　七彩活动浸润学生心田

我们学校以"七彩教育"为办学特色，在"七彩德育"内涵的引领下，突出建设阳光和谐的校园文化，同时，将阳光的七种颜色赋予不同的教育主题，形成了独具特色的七彩教育，即红色寓意：热爱祖国、热爱党、热爱人民、热爱集体；橙色寓意：吃苦耐劳、锻炼身体、乐观向上；黄色寓意：刻苦学习、热爱科学、勤奋好学；绿色寓意：热爱自然、保护环境、珍惜资源；青色寓意：自立自强、稳重大方、坚强勇敢；蓝色寓意：团结友爱、遵规守纪、讲究诚信；紫色寓意：文明礼貌、尊重他人、自尊自爱。七彩少年寓意学生们在七彩德育的教育中可以收获充满着健康、快乐、新奇、梦想的多彩的童年。结合学校每学期的德育计划，我们班开展了丰富多彩的实践活动，旨在通过丰富多彩的活动培养学生多彩的人生。活动是育人的载体，开展活动要有大局观念，要有整体意识，最好能够将活动系列化，让活动的形式多样化。只有精心设计的活动才能吸引学生的参与，学生在活动中才会有更多的收获。班主任在学校组织的活动中要善于挖掘潜在的育人契机，这样班级活动才会收到更好的实效。同时，班主任还要结合学校的德育计划和本班的实际情况，精心设计一些有特色的班级活动，展现班级文化，促进班级凝聚力。在七彩活动的浸润之下，学生会成长为多才多艺的七彩少年。

每一学年的《开学第一课》，我们班都会要求学生准时收看，第二天利用晨读时间进行观后感分享活动。2021年《开学第一课》以"理想照亮未来"为主题，用榜样的力量激励着广大青少年坚定理想、发愤图强。通过观看《开学第一课》，让同学们在感动中学会勇敢、学会担当，收获进步、收获成长，坚定信念、永不放弃。通过观看《开学第一课》，同学们受益匪浅。学校开展此次活动，不仅让学生经历了一次庄严的爱国洗礼，受到了深刻的爱国教育，产生了强烈的爱国情怀，而且使学生们认识到今天的幸福生活来之不易。同学们纷纷表示：新的学期，将带着初心，带着梦想，为实现中华民族伟大复兴的中国梦而努力奋斗！

为了让孩子们了解"一带一路"，了解各合作国家的风土人情。学校组织了"驾驶小车游世界科技文化趣味竞赛活动"。我们积极参加了"一带一路"花车设计、制作、表演、比赛等系列活动，在活动初期我们选择了"一带一路"中的捷克作为向全校展演的国家，制作小组的成员积极调动家长的力量加入其中，大家前期调查研究了解捷克的风土人情等信息，发挥创新能力和团队合作意识，利用学校下发的纸箱和自行购置的配套工具动手制作完成我们带有捷克风情的小车设计。宣传小组要负责花车游行时的展板制作，带大家走进美丽捷克，那里有举世闻名的布拉格广场，还有雄伟的查理大桥。同时宣传组还要制作美篇对我们班的各项进程进行及时宣传。表演组的同学在查阅资料后，自行排练了捷克特色的舞蹈《波尔卡》进行全校展演，随着《波尔卡》音乐的响起，表演组的同学们尽情地舞动起来。在表演的同时，解说的同学用中英双语对捷克进行了介绍，让全校师生对捷克有了更多的了解。负责推着小车竞赛的同学们通力配合，在小车竞速环节我们取得了第一名的好成绩。全班同学还亲手制作了琳琅满目的捷克纪念品参加广场售卖环节，制作了体现捷克人民热情的一面的美丽玫瑰花，制作了捷克动画片中的小鼹鼠，用贝壳绘制的美丽的布拉格广场，制作了穿着捷克民族服饰的女子。在"一带一路"贸易活动中，学生需要了解各个国家售卖的产品，以及各个国家收购的产品来进行交易，经过数次完美配合的交易，通力协作，最终赚取了293 和币！我们用这些纪念品换取了很多活动纪念币，同学们都非常开心。通过这次活动，学生们感受到了团结的力量。

图 1-16 "一带一路"花车巡游

为了庆祝建校 60 周年，我们开展了为学校设计吉祥物的活动。培养了学生们的创新能力，设计的吉祥物符合学校的教学理念和学生的发展愿景，同学们不仅自己亲手设计了吉祥物的形象，还撰写了吉祥物的设计理念和寓意等，班级评选出优秀的同学作为代表参加全校的评比。同时，还开展了学习学校历史的活动，为和一建校 60 周年送上祝福语活动，全校开展唱校歌比赛，提升学生们对学校的了解和热爱。

为了进一步传承红色基因，汲取奋进力量，助力党史教育入心入脑，落实立德树人根本任务。我们开展了"聆听红色故事""讲述红色故事""庆祝建党 100 周年主题书画展"，组织学生们观看庆祝中国共产党成立 100 周年大会实况转播等系列活动，营造庆祝中国共产党建党百年的浓厚氛围，促进学生们对党史的深入学习，激发学生对党的热爱之情。为纪念抗日战争胜利暨世界反法西斯战争胜利 76 周年，让学生牢记历史，深切缅怀抗战英烈，弘扬爱国主义精神和民族精神，深入推进社会主义核心价值观建设，我们开展了以"铭记历史·吾辈自强"为主题的爱国主义教育活动。为了让学生铭记历史，缅怀先烈，珍爱和平，激发学生爱国热情，增强学生民族意识和责任感，我们开展了以"勿忘国耻·吾辈自强"为主题的"九一八事变"90 周年纪念活动。

今年的冬奥会在北京举行，为了传播冬奥文化，弘扬奥运精神，在校园中营造热烈的迎接冬奥氛围，我们开展"喜迎冬奥会，一起向未来"冬奥文化宣传系列活动。举办了"七彩和一，相约冬奥"的艺术创作活动和冬奥歌曲《冰雪情怀》合唱比赛，还开展了"一起向未来"冬奥主题班

图 1-17　相约冬奥合唱比赛

会，让我们一起了解冬奥知识，学习冬奥文化，观看2022年冬季奥运会的开幕式和比赛，感受"更高、更快、更强、更团结"的奥运精神。为运动健儿们加油助威，感谢他们为祖国争夺的荣誉。鼓励学生们利用寒假实践，积极参加冰雪运动，体验冰雪运动的快乐，用时间行动为冬奥加油。

七彩的学校活动能够让学生在活动中提高思想觉悟，培养良好的道德品质，锻炼坚强的意志，寓教于乐培养学生养成良好的行为习惯，培养成多才多艺的新时代好少年。引导学生积极参加活动，是培养学生社会责任意识的有效途径，传承民族文化和民族精神，培养学生爱校、爱家、爱国的情怀，塑造学生健康向上的心灵。

第十四节　多元评价促进学生发展

《小学生综合素质评价手册》是学生们每个学期都要填写的内容，它包括：校训、班训、学年目标、自我介绍、思想道德评价、学业成就评价、综合实践活动评价、身体健康评价、心理健康评价、审美素养评价、个性发展、我的收获、我的进步、小伙伴对我说、班主任对我说、家长对我说和任课教师对我说这几部分内容。可以看得出来，手册引导我们要从不同角度对学生进行多元的评价，来促进学生的全面发展。

在《小学生综合素质评价手册》里还印有《中小学生守则》和《北京市中小学生日常行为规范》，每次新学期开学的时候我们会带领学生把这两项内容学习一遍。还要重温校训、班训、班规等内容，让学生心中有规则意识，要做一个遵守规则的小学生。每学期巩固一次，小学阶段最少是12次学习，在多次的学习当中也是对学生价值观巩固和提升的好机会。同时引导学生在总结上一学年得与失的情况下，制定自己新的学年目标，为自己树立一个可以实现的目标，让新的学年有更好的努力方向，也有奋斗的动力。

在学生完成思想道德评价、学业成就评价、综合实践活动评价、身体健康评价、心理健康评价、审美素养评价这些内容之前，我们会先逐项学习手册中的具体内容，让学生明确这一学期我需要知道哪些内容，需要做到哪些内容，并提醒自己落实到平时的学习中。如果学生在平时哪里做得不太好，在引导学生进行自我反思的时候，我会问学生一个问题："你觉得自己哪儿做得不对？《中小学生守则》和《北京市中小学生日常行为规范》中是怎么说的？你自己找一找，然后大声读出来。"学生会认真阅读并找到自己具体哪里做错了，并说明自己今后怎样改正。然后我会提醒该生一定要注意改正，在评价手册上相应的内容进行自我评价的时候要实事求是。我们不仅要关注学生的思想道德和学业评价，还要关注学生的身体健康和心理健康，积极引导学生在符合年龄特点的情况下进行体育锻炼，制订日常锻炼小计划，学校每学年会对学生进行体质健康测试，每次下发数据之后我都会提醒相关家长关注孩子的体育情况，帮助孩子调整锻炼计划。平时我也会提醒部分较胖的学生健康、合理饮食，控制体重，争取在下一次体质健康测试时能够有所提升。每学期班级会评选"体育小达人""护眼小标兵""跳绳小能手"等，对身体健康方面表现优秀的学生进行表彰。结合心理课程、心理班会课随时引导学生要拥有阳光向上的心态，学会积极的情绪面对学习和生活中的挫折。每学期一次的心理测试随时监控学生的心理动态，有情况及时请教心理老师帮助干预。在班级内树立积极向上的学生榜样，分享生活中、新闻中积极乐观的事例，用榜样的力量教会学生如何积极面对生活。

在综合实践活动的内容中，学生们需要记录印象深刻的活动的具体内容，为了让学生能够写得更加认真和具体，我会尽量在学生参加完学校组织的综合实践活动之后，第一时间在班级中组织学生进行综合实践活动的感受和反思交流活动，然后留出充足的时间给学生进行综合实践活动过程和自己活动体会的梳理和记录。这样学生对一次综合实践活动就形成了提前的预设、活动中的体验、活动后的总结和记录这样的闭环过程，让学生的每一次综合实践活动的收获都能够最大化。例如：有一次我们组织学生去中国电影博物馆，在出发之前我精心设计了《感受中国光影魅力》学习手册，让学生在出发之前可以先了解中国电影博物馆，通过参观博物馆内展品，了解中国电影百年发展历程、博览电影科技，了解电影制作技术，传播电影文化，培养学生的爱国主义情怀。在参观的过程中学生以小组为单位进行参观学习，完成学习手册的填写，有许多的题目是需要学生们在

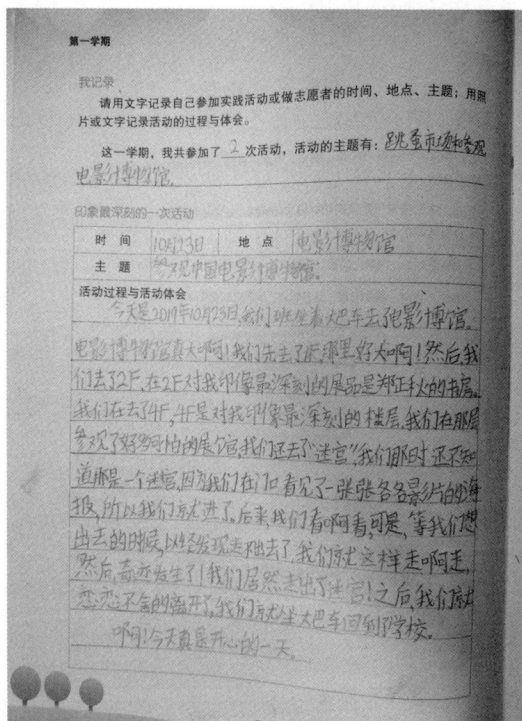

图1-18　评价手册记录

参观的过程中自己找到答案的。每次找到答案，大家都很开心，赶快拿出笔，把答案记录下来。在回到学校以后，组织学生谈一谈今天的收获，并及时记录在评价手册上。在参观的时候，许多老照片吸引了学生们的注意力，大家趴在展柜上认真地观看着，感受着拍摄电影的过程和背后的故事。原来拍摄电影是一件这么复杂的事情，需要很多人的努力，才能成功！同时也让学生感受

到了小组合作是需要团队意识的，每个人都有自己的想法，但是最后大家要统一行动，合理规划很重要。

《小学生综合素质评价手册》中的大部分内容都是需要学生进行自我评价的，这和我们班的班级文化可以很好地结合在一起，所以在每次填写的时候我都会更加侧重提醒学生要对自己进行客观的评价，这样自己才能够有准确的进步方向。我们班有一个小姑娘在一年级刚开学的时候，当着全班同学说话只张嘴不出声，到慢慢地能听见一点点声音，再到能够勇敢地到台上讲题、竞选，再到现在的讲故事给大家听，她用了两年半的时间，做到了突破自己。这个孩子素质很好，而且很倔强，不服输。在翻阅她的评价手册的时候就会发现：这个孩子对自己的认识很准确，并且有方法。说明在每次班级组织进行自我评价的时候，她都很用心地思考了。在一年级上学期的时候她给自己提出的希望是：声音还能更大。一年级下学期的时候对自己这个方面提出了表扬。然后对自己二年级上学期提出新的希望是：能够积极回答问题。到二年级下学期的时候她又对自己回答问题这方面进行了肯定。如今已经是五年级的大姑娘了，从三年级到现在一直是班里的学习委员，能够协助老师对全班同学在学习上加以指导，是所有同学学习的榜样。但是她对自己的要求很高，希望自己能够在学习上有更大的突破，在书写上可以写得更好。她的评价手册每次都会作为优秀的例子在班级内传阅，因为书写工整、书写认真、自我评价客观准确，成为了班级其他同学的榜样。

"小伙伴对我说""班主任对我说""家长对我说"和"任课教师对我说"这几个部分是每学期我最喜欢看的内容，这是我们教育的三方进行书面沟通的一个平台。作为班主任，我坚持为每一个学生手写"班主任对我说"这部分内容，是因为我一直对书信这种古老的方式有一种情怀，总觉得这样是最好的沟通方式。结合每个学生一学期的表现，写下对他 / 她的

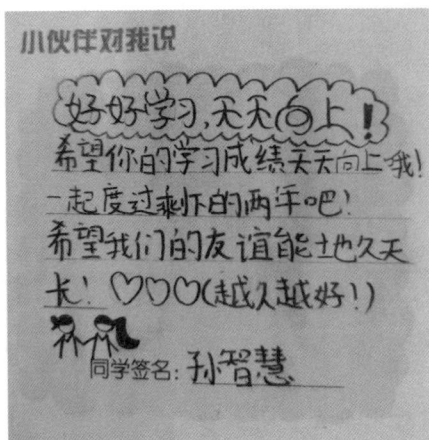

图1-19 小伙伴对我说

鼓励和期望，就像是给学生写下了一封短信，最后我都会署名"爱你的张老师"，希望学生能够通过我的文字感受到我对他/她的爱。我会仔细阅读"家长对我说"这个环节，了解家长对自己家孩子这一学期的表现是否满意，有哪些成长建议或者希望。我也会仔细阅读"小伙伴对我说"这个环节，感受学生之间的友情和中肯的建议，了解班级中学生交友的动态。随着学生的成长，毕业季的临近，他们之间的交流也会逐渐体现出离别前的不舍。

在每个学期结束前，帮助学生梳理这一学期的收获，用文字或者照片的形式体现在评价手册的"我的收获"这个部分，同时也为学期末班级评选"优秀班干部""最佳进步生"等奖项提供参考。依托评价手册，我们每个学期对学生的评价更加多元化，关注到了学生成长的方方面面，能够更好地促进学生健康成长。将班级的各项工作与评价手册中的内容进行紧密结合，也可以将班级工作更加有效的整合起来，提高班级工作的效率。

第十五节 多角度学科育德

"培养什么人，怎样培养人"是教育的根本问题和永恒主题。十八大报告指出："把立德树人作为教育的根本任务，培养德智体美全面发展的社会主义建设者和接班人。""立德树人"首次确立为教育的根本任务，指明了今后教育改革发展的方向。立德树人，即教育事业不仅要传授知识、培养能力，还要把社会主义核心价值体系融入国民教育体系之中，引导学生树立正确的世界观、人生观、价值观、荣辱观。所以，课程育德工作是新时期课程改革和德育工作的必然要求。学科育德，既是学科的，又是德育的，既不能用"德育"弱化"学科"，也不能因"学科"而忽视德育。

数学作为一门独立的自然学科，有固有的体系、规律和特点。因此，在数学教学中实施思想教育应紧紧把握学科特点，把思想品德教育与数学学科的特点有机结合，自然渗透。在小学数学教学过程中进行德育的渗透，还应该对学生的特点进行分析，包括性格以及思维方式，然后结合学生的年龄、个性，展开具体的德育渗透，强化学生的道德品格素养。老师还可以在教学中增加传统文化的内容，让学生加强文化自信，同时还要改革教学方式，创新教学内容，对于教材在德育方面进行深入挖掘，融入思想品德素质教育。在课堂教学中进行思想品德教育重点应把握教材的德育因素，结合知识的传授，结合学生的特点，三者有机结合之后，初步进行爱祖国、爱学校、节粮节水节电教育等学科育德。

聚焦到自己所任教的小学数学学科，相对于语文和道德与法治等人文社会科学学习领域，数学学科育德的切入点似乎不甚明显，总觉得无从下手，落实学科育德的目标有一定的难度，所以，如何更好地在小学数学学科进行学科育德？成为我近几年一直在思考的问题。下面是自己的一些浅显的看法。

一、认真梳理教学内容找寻德育渗透点

该学期我任教的是四年级下册，以本册教材为例，我们在前期备课的时候就应该对本册教材进行细致的梳理，看一看教材所呈现的内容有哪些是可以直接进行学科育德的切入点，提前进行梳理之后，我们可以做到心

中有数，在教学设计中提前设计好学科育德内容（表1-3）。

表1-3　第八册的育德切入点梳理

册数	教材内容	育德切入点
第八册	四则运算例1	结合拉萨铁路建设相关背景，激发民族自豪感
	四则运算例5	渗透节约意识
	运算定律例1—例3	渗透体育锻炼和环保意识
	运算定律例4	渗透读书的重要性
	运算定律例5—例7	渗透植树、绿化、保护环境
	观察物体	观察物体要全面，可以通过盲人摸象的故事引导学生观察物体要全面
	小数的意义和读写法例3	这枚嘉靖通宝是世界上最大的古钱币，激发民族自豪感
	小数的性质和大小比较例5	渗透体育锻炼的重要性
	小数点移动引起小数大小的变化例5	《西游记》是中国四大名著之一，是我们国家文学艺术的代表作之一
	图形的运动（二）轴对称例1	既可以让学生体验"对称"这一数学之美，也可以感受"剪纸"这一传统文化之美，还可以感受中国古代建筑的对称之美
	平均数与条形统计图 平均数例1	渗透节约意识和环保意识
	数学广角——鸡兔同笼	了解《孙子算经》中的名题"鸡兔同笼"，感受中国古代数学文化

二、创设新的教学情境要与时俱进

教材的编写一是要符合全国各地的需求，另一个就是年代会久远一些。所以有的教学情境是可以进行重新创设的。我们在创设新的教学情境的时候一定要与时俱进，在能够体现数学核心素养和学科本质的前提下，结合地域特点和时事新闻等进行创新，能够更好地落实立德树人的根本任务。

以四年级上册的第七单元"条形统计图"这一课为例，教材上呈现的是 2012 年 8 月北京市的天气情况，而我们的学生是 2010—2011 年出生的孩子，2012 年的天气情况对于他们来说就比较遥远了，于是我对教学情境进行了重新的设计。

通过出示：许多人在朋友圈里晒北京蓝天的图片这一话题，引导学生思考怎样才能够说明北京 2020 年的空气质量很好呢？我们通过整节课的各个环节收集了北京 2020 年 1—11 月的空气质量情况（本节课在 2020 年 12 月初讲授），从而分析出北京这一年 11 个月的空气质量达到良和优的天数在 246 天，说明北京这一年的空气质量确实变好了。接着出示相关新闻资料：2018 年 6 月国家发布了"打赢蓝天保卫战三年行动计划"，2020 年是收官之年，也就是完成计划的最后一年，

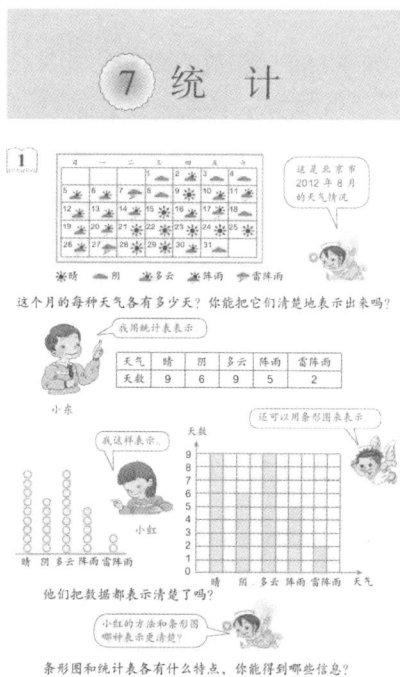

图 1-20　统计例 1

在这三年中国家为保卫蓝天做出了很多举措（出示图片）：大力推进车辆电动化、加快淘汰老旧车、降低机动车使用强度。使用新能源，施工扬尘治理、工业污染深度治理。通过创新教学情境，让学生在学习数学核心知识的同时，了解到国家的相关政策，知道了蓝天越来越多的原因，切实体现了学科育德。

再例如，在四年级下册的第二单元的学习是"观察物体"，我们可以引用学生很熟悉的盲人摸象的故事，引导学生明白观察物体的时候要全

面，要从上面、左面和正面进行观察，信息汇总后才能够知道我们观察的物体具体是几号物体。近期由于新冠肺炎疫情原因，学生都需要每天戴口罩出门，我们还可以结合学生的生活，让学生观察一下自己戴的口罩，正面是什么颜色？反面是什么颜色？上面和下面又有什么区别？通过观察，帮助学生以后不会把口罩戴反了。我们要为学生营造一个开放的、多层次的学习生态，构成一个使儿童身心、知识和日常镶嵌于其中的真实的学习情境，促进学科育德的落地。

三、深入挖掘教材，多角度学科育德

德育不仅仅是教给学生应该做什么，不应该做什么，还要从客观事实入手，让学生了解更多德育教育的原因，了解我们的国家，掌握我们的发展历史，形成一种民族自豪感，从而发自内心地去考量自己的行为。实际上在教材当中，本身就有很多德育的材料，可以供任课教师去挖掘。如果你认真观察、深入挖掘教材，你会发现数学的内容中也会有些内容是可以多角度学科育德的。

例如四年级下学期要学习的第七单元"图形运动（二）轴对称例1"这一课，我们可以让学生欣赏各种轴对称图形，感悟这些图形之美，美在哪里，让学生在理解什么是轴对称图形的同时，感受对称之美。也可以为学生提供动手操作的机会，尝试自己制作轴对称图形，感受剪纸这一传统文化的魅力。同样是"轴对称"图形这一内容，可以把育德点选在体验"对称"这一数学之美，也可以把育德点选在感受"剪纸"这一传统文化上。还可以将内容拓展到中国古代的传统建筑上，在首都北京有着许多美丽的古代建筑都是轴对称的，学生也可以欣赏建筑的轴对称之美，将体会对称之美和感受传统文化有机融合。这两个育德点是殊途同归的，都有利于学生理解"轴对称"图形的特征，即沿着对称轴两边能完全叠合的图形

是轴对称图形。

再例如：小学数学当中有关于硬币的知识，老师可以借这一部分内容，分析硬币上的图画，以及每一个元素所代表的深刻含义，从而了解到我们国家的发展历史和国家精神，培养学生的爱国思想，在小学生的头脑里印刻国家的观念。四年级下册中的"小数的意义和读写法例3"中就出现了一枚特别的嘉靖通宝，它高 0.58 米，厚 3.5 厘米，重 41.47 千克，它是云南省会泽县在明代嘉靖年间铸造的巨型古钱币"嘉靖通宝"，为世界上最大的古钱币。据鉴定，该币为明代嘉靖年间东川府（会泽原为东川府）铸钱局开业纪念币。通过对这枚嘉靖通宝的介绍，既可以激发学生的民族自豪感，也可以体会到古代劳动人民的智慧。

图 1-21　小数的意义和读写法例 3

在数学教学中教师应根据学科特点，积极对学生实施思想品德教育和智育培养，使学生具备良好的品质和学习习惯，促进学生的全面发展。在小学数学当中开展德育渗透，就应该把德育的思想落实到日常的教学当中，充分挖掘教材知识，把学科知识性的学习和德育连接起来。相信我们在不断的教学研究的过程中，会有越来越多的经验，为更好地落实立德树人的根本任务奠定基础。

第十六节　努力提升职业幸福感

　　班主任是学校中全面负责一个班学生的思想、学习、健康和生活等工作的教师。是一个班的组织者、领导者和教育者，也是一个班中全体任课教师教学、教育工作的协调者。在班主任的肩头，有着这么多的担子，众多的压力集于一身，使班主任的压力越来越大。随着工作量的不断增加，外部因素增多，班主任在身体、心理上均会出现或大或小的问题，导致班主任幸福指数越来越低。如果班主任在工作中找不到快乐，得不到幸福，首先受到影响的肯定就是学生。因为，只有班主任感受到职业的幸福，才能促进学生的心灵健康的发展。

　　有这样一句话："一个学校可以一天没有校长，但不能没有班主任。"虽然这说法有点夸张，但足以证明班主任在学校工作中起着至关重要的作用。都说班主任最受学生喜欢，最受家长信任，但谁又能理解当班主任的各种辛酸呢？大家常把老师比作人类灵魂的工程师、辛勤的园丁、吐丝的春蚕、泪干的蜡烛，这似乎给了我们班主任无限的权力和荣誉，但真实情况又是怎样的呢？

　　做过班主任的教师都知道其中的辛苦。当今的社会不懂教育的人对学校指手画脚，不良媒体一直宣传学校中的"负能量"，让社会上的人都用审视、批判的眼光看学校的教育，给班主任带来了巨大的压力。班主任是最小的"主任"，教育教学两手抓还要两手硬，活动要经常搞，推门课要随时听。班中细事、杂事每天都需要处理，从早晨进班你就需要关注一大堆的事情。晨检和午检的报表需要及时上交，午餐费要督促家长及时上交，退饭费得按时上报，新冠肺炎疫情期间更是表格满天飞，最害怕学生请假，更害怕接到家长说："疾控中心通知……"班级卫生有没有做干净，班级纪律有没有被扣分，科任课学生表现是否良好。每天还有无数的表格等待填写，班主任就像八爪鱼，需要眼观六路耳听八方火力全开，才能够完成所有任务。常规工作已经多到忙不过来，更怕班级出现突发情况，谁把谁打了，谁说谁坏话了，甚至学生自己绊了一跤，都需要班主任去处理，到了高年级还要关注学生青春期的变化，及时疏导学生的心理，保证学生不出现意外。最怕看见的新闻就是某某学校的学生发生了什么事情，我的心脏都受不了。现如今我和学生说得最多的一句话就是："没有什么比我们都健康快乐地活着更重要！"深耕生命教育这条线，让学生意识到生命的重要性。

班主任不仅属于学校，属于学生，还属于自己的家庭。老人的身体、孩子的学习都是我们需要操心的事情。在学校处理了一大堆事情，回家接着"上班"。如今进入"双减"时代，我们需要把更多的时间放在学校，家里照顾得就更少了。

正是由于班主任工作中的这些问题造成了大家工作幸福指数的下降，所以也导致了一些问题的产生，例如，职业倦怠：工作热情丧失了，和学生距离远了，安于现状，甚至有了放弃教师职业的消极想法。心理问题：存在焦虑、愤怒、抑郁等不良情绪，而教师几乎没有时间和精力做出心理调节。身体问题：慢性咽喉炎、静脉曲张、颈椎病、腰椎病等。哪个班主任没点儿职业病，那都是奇迹。

班主任的工作总要有人做，只要我们在这个岗位上，就要把它做好。因为班主任是引领学生发展的重要因素，我们是学生成长中的一座灯塔，照亮学生现阶段的学习生活，引领他们走向正确的人生航向。我们只有不断地调整自己的心态、转变自己的观念、运用自己的智慧，才能发现、创造属于我们班主任的幸福。太大的幸福有时候是可遇而不可求的，不是每个人都能轻易拥有的。但是这些"大幸福"是可以通过"细微的小幸福"

积累出来的。我们在工作中可以抓住那微小而确实的幸福，来提高我们的幸福指数。只有幸福的教师才能培养出幸福的学生，所以我们只有努力提升自己的职业幸福感，才能成为一名阳光的班主任，成为学生发展的指路明灯。

最近我发现心理学是一门很实用的学科，走进心理学的世界，可以帮助我们很好地认识目前所处的困境应该如何化解，可以引导我们形成积极的心理情绪，让自己对待工作和生活能够更加的平和，缓解自己的焦虑，对待身边的人和事都能够更加的豁达和从容。

正确认识学生的心理特点，学会控制自己的情绪。对于低年级的小学生，他们有很多时候犯一些错误并不是他自己的主观意愿，学生受年龄和认知的限制，可能他自己觉得某些事情是对的，但是放在学校这个大环境中就变成了错误的。这样的情况下，作为管理者我们要控制好自己的情绪，明白他犯错误不是故意，然后细致地进行讲解这件事情为什么错了，错在哪儿了，今后应该怎样改正……我相信只要我们耐下心来给学生讲解，他们都会用心记住，然后慢慢改正的。年龄小的学生可能在改正的时候需要的时间比较长，我们要耐心地等待，并且不断地鼓励他们。

构建民主平等和谐的师生关系，把管理过程看作交流、沟通的过程。如果作为班主任，我们可以和学生保持亦师亦友的关系，切实成为班级中的一员，将自己放在与全班同学平等的地位：班主任在工作中要弯下腰去倾听学生的心声，从学生的角度看问题，用"心"与学生沟通，把管理过程看成是交流的过程。当学生犯了错误的时候，不是简单粗暴地批评他，而是和他一起去面对，一起分析原因，然后找到改正错误的方法。摆事实讲道理，增强学生对老师的信任感。通过组织各种活动，增强班级凝聚力。

转换心态，把不良情绪引向崇高境界。现在的工作压力很大，确实每个老师身上的担子都很重，班主任身上就有两副这样沉重的担子，所以，在平时的管理中遇到烦心的事情是难免的。但是，我们要调整好自己的心态，尽量不要把自己的情绪带到平时的管理工作中，我们要保持一颗平常心，远离浮躁，摒弃功利的束缚，撑起一片充满温暖的晴空。多和正能量的同事聊天，你会受到他的感染，心中也逐渐充满阳光。我们办公室的李老师就是一个非常乐观的人，你经常能听见她说："淡定，这都不是事儿，没问题，放心吧……"脸上总是带着笑容，每天激情四射，走路都带着风。和李老师在一起聊天总能让你感受到快乐，忽然间头顶的乌云就被吹跑了，阳光洒满全身，心里暖洋洋的。每次特别疲累的时候，我总会去找李老师聊上几句，缓解自己马上要出现的负面小情绪。有这样一个充满正能量的工作伙伴，真的是一种幸福！

多发现学生的优点，你会更多地感到自己教育的成功。每个人都不是完美的，我们都有自己的优点和缺点，多关注学生的优点，发现学生的闪光点，多表扬学生的进步，这样班级的氛围会比较和谐。低年级的时候班主任和学生之间更像是亲子关系，我们需要照顾学生的学习和生活，对学生的关怀更加细致。到了高年级班主任和学生之间的关系更像是朋友关系，班级出现任何问题我们一起讨论、商量解决的办法，一起努力去化解这些问题。

希望我们在日常的工作中，能够时刻提醒自己，缓解自己的不良情绪，做一个快乐的教育工作者。我们快乐工作，就会把自己的快乐情绪传递给班里的学生，这样学生也会感受到快乐，每一天的快乐累积起来，每个学生都会成为一个比较容易快乐的人。

第二章
家校沟通有策略

2021 年 10 月 23 日，我们国家公布了《中华人民共和国家庭教育促进法》，自 2022 年 1 月 1 日起施行。《中华人民共和国家庭教育促进法》是为了发扬中华民族重视家庭教育的优良传统，引导全社会注重家庭、家教和家风，增进家庭幸福与社会和谐，培养德智体美劳全面发展的社会主义建设者和接班人而制定的法律。这部法律的颁布和实施，足以证明家庭教育的重要性。

著名教育学家苏霍姆林斯基曾说过："两个教育者——学校和家庭，不仅要一致行动，要向孩子提出同样的要求，而且要志同道合，抱着一致的信念，始终从同一原则出发，无论在教育的目的上、过程上，还是手段上，都不要发生分歧！"德国教育家福禄贝尔也曾说："学校必须与家长取得联系。学校生活、家庭生活和学生生活的一致，是完善教育的首要和不可少的条件。因此教师要非常重视与家长的沟通、交流与合作，以取得教育的最佳效果。"

学生教育是一个系统整体，学校教育和家庭教育在这个整体中相互依赖、相互作用，分别发挥着不可替代的作用。学校教育只有取得家庭教育的配合、支持，才能保证良好的教育成效。班主任是学校与家庭、社会沟通的桥梁，班主任与家长之间加强沟通、合作，对学生教育成效具有至关重要的意义。作为班主任，要具备相应的沟通技巧和沟通策略，保证和家长之间的沟通能够顺畅进行，这样才能引导家长树立正确的家庭教育观念，掌握科学的家庭教育方法，提升家庭教育的实效性。家长作为家庭教育的主体，要充分发挥家庭教育的作用，提升自己的家庭教育指导能力，同时要主动和班主任进行有效沟通，做到和学校教育目标一致，有助于自家孩子的健康成长。只有班主任、家长明确做好分工，统一认识，协同步调，加强合作，家校对每一个学生的教育和合一致，才能保证最佳的教育效果，促进每一个学生健康成长。

第一节　良好的沟通技巧提升"家校"合作力

苏联著名教育家苏霍姆林斯基在《给教师的一百条建议中》说："最完备的教育是学校与家庭的结合。"学校和家庭就像两个"教育者"，在对孩子进行教育的时候，这两个"教育者"要志同道合、行动一致，要对孩子有统一的要求，这样才能让孩子得到全面且健康的成长。而要达到这样的效果，必须让学校和家庭相互合作，这就需要促进学校和家庭之间的沟通，也就是班主任与家长之间的沟通。家校联系沟通是班级日常管理工作的重要组成部分。

沟通是人与人之间、人与群体之间思想与感情的传递和反馈的过程，以求思想达成一致和感情的通畅。首先要明确的就是尊重，我们都是成年人，是平等的公民，所以我们要彼此互相尊重。沟通是需要技巧的，和不同的人群沟通需要不同的技巧。今年我新接的班级是小学一年级，家长都是第一次接触，正好有机会深入研究一下和家长的沟通技巧，为后面的班主任工作总结经验。

一、要了解双方情况

在这项工作中的两个主体，一个是班主任本人，另一个就是我新接班所面临的大于76位的家长。（因为部分家庭还有爷爷奶奶、姥姥姥爷这一代参与学生的接送问题和教育问题，所以家长的具体人数肯定是要大于76这个数字的）明晰主体之后，我们需要对双方进行深入的分析和了解。

（一）了解班主任自己

每一位班主任都会有自己的性格特点、语言表达方式，也会有自己的处理问题的习惯性方法。我自己就是一个看似温柔实则比较严厉的类型，我和家长说话的时候喜欢先扬后抑的手法，先肯定孩子的一些优点，让家长易于接受，在交流中过渡自然，不留痕迹地切换到学生近期有什么问题，需要家长配合改善的话题上来，最后会给孩子一个好的发展预期，告诉家长如果您帮助孩子改正了上述问题，孩子肯定在班里会表现得更好的。在谈话的过程中我会多用一些"希望、建议"等语言，这样谈话会更加顺畅。因为自己也是母亲，所以在谈话中还可以和家长聊一些自家孩子教育中的问题或者我的想法等话题，拉近距离。在教师和家长的关系以及家长和家长的关系之间切换自主，就像是两个家长在聊自己家孩子的事情一样，氛围会更加轻松愉快。

同时，我也会有一个性格短板，如果今天需要处理的事情增多，或者有突发事件扰乱了我的计划，很容易影响我的情绪，随着情绪波动，我的语气就会逐渐变得严厉，让别人听着不那么舒服。所以，为了克服我的这个问题，在和家长约时间的时候，我会尽力挑选自己工作不太忙、不太容易有突发情况的时间段，好给自己预留出调整情绪、进行表情管理的时间。这样在家长到来的时候，我们能够在一个愉悦的氛围内进行沟通。

我们首先要了解自我，提升自我，才能够给家长一些有建设性的教育意见。这就是我们作为专业教育者的要求。在工作的时候，作为专业人，我们要有一定的专业修养，理论知识和专业技能缺一不可，要有一定的理论支撑，走近专业文本，掌握我们任教年龄段学生的心理、行为等特点，知道什么情况是学生的正常年龄特点，什么情况是需要我们和家长进行沟通的，这样就不会出现苛责学生的情况。还要能够控制自己的情绪，带班过程中的突发事件是不可能预测和避免的，平时我也会多学习心理学知识，让自己的心态更加成熟，尽快调整自己的短板，逐渐完善自己，这样才能够泰然面对突发事件。

（二）了解家长群体

每位家长有着不同的性格特点和处事方法，所以在找家长之前，我们要先做好前期的调研工作。首先我们要知道家长的工作情况，挑选比较适合家长的时间和方法进行沟通。例如：有的家长工作比较轻松，弹性时间多，可以约到学校见面聊一聊孩子的具体情况。有的家长从事医生等工作，每天都很忙，没有时间请假，也不方便随时接听电话，这样的家长就比较适合用"微信留言"的方式，等家长有时间的时候听到语音再回复过来，再进行相应的沟通。还要了解家长的教育理念是否和学校的一致，如果一致的沟通起来会很顺畅；如果不一致的需要多搜集一些教育理念方面的资料来引导家长向学校教育靠拢，从不排斥到积极配合肯定是需要时间的，需要有耐心。另外，还要了解孩子的家庭构成，是家长自己带孩子？还是老人带孩子？如果是家长自己带孩子，是爸爸善于沟通？还是妈妈善于沟通？如果是老人带孩子的，还要了解一下老人的教育理念和水平，一般老人带的孩子行为习惯都会差一些，比较溺爱，这些都需要班主任在接班初期进行了解和掌握。

班主任在家校沟通的时候会遇到各种类型的家长，有的家长不配合，有的家长袒护自己的孩子，有的家长望子成龙心切，有的家长容易情绪激动、言辞激烈……我们要了解家长的类型，不同类型的家长要有不同的沟通技巧。

有的家长是权威型的家长，这是一种理性且民主的教养方式。这种高控制且在情感上偏于接纳和温暖的教养方式，对儿童的心理发展有许多积极影响。这种教养方式下的儿童独立性较强，善于自我控制地解决问题，自尊感和自信心较强，喜欢与人交往，对人友好。和这个类型的家长沟通的时候，班主任要如实反映学生在学校的情况，虚心听取家长的看法即可。家长会很重视自己孩子身上的问题，也会积极想办法，班主任不用参与过多，不然学生的压力会很大。

有的家长属于放纵型的家长，这类父母和权威型父母一样对儿童抱以积极肯定的情感，但缺乏控制。这样教养方式下的儿童大多很不成熟，他们随意发挥自己，往往具有较强的冲动性和攻击性，而且缺乏责任感，合作性差，很少为别人考虑，自信心不足。和这个类型的家长沟通的时候，班主任要多做沟通，并指导家长一些切实可行的教育方法。

有的家长属于专断型的家长，专断型父母则要求孩子绝对地服从自己，希望子女按照他们为其设计的发展蓝图去成长，希望对孩子的所有行为都加以保护监督。这种教养方式下的学前期儿童常常表现出焦虑、退缩和不快乐。他们在与同伴交往中遇到挫折时，易产生敌对反应。面对这个类型的家长，我们要想办法和家长增进情感，提供一些家庭教育的建议，希望能够对家长的态度有所转变，为学生缓解一下内心的焦虑，可以适当给家长和孩子都减减压。

有的家长属于忽视型的家长，这类父母对孩子既缺乏爱的情感和积极反应，又缺少行为方面的要求和控制，因此亲子间的互动很少。这种教养方式下的儿童与放纵型教养方式下的儿童一样，具有较强攻击性，很少替别人考虑，对人缺乏热情与关心，这类孩子在青少年时期更有可能出现不良行为问题。面对这个类型的家长，我们要鼓励家长加强亲子交流，增进亲子情感，分一些精力在孩子身上，让孩子有更多的安全感。关注孩子身上的不良行为习惯，及时纠正，以免导致更严重的后果。

当然，我们的班级中也会或多或少存在特殊型的家长，或者是家庭结构特殊，或者是待人处事方法特殊，这就需要班主任对这部分家长给予更多关照，满足家长的需求，及时沟通反馈，让家长感觉到温暖。

二、沟通的语言技巧

对于家长主动来找我们沟通的时候，有的家长说得特别笼统，没有具体的事情。我们可以进行"下切"式沟通方式，将沟通的问题具体化。例如：孩子最近的积极性不高有哪些具体的表现？孩子进入青春期后不听话有什么具体的表现？也有的家长就是语言表达比较分散，洋洋洒洒说了很多，没有具体的表达重点。这个时候我们就可以进行"下切"式沟通方式，概括总结主要内容。例如：今天您来找我到底是希望解决什么问题呢？有的家长可能在交流的过程就比较激动，比较较真儿，为了缓和氛围，我们也可以进行"平移"式沟通方式，先不否定，再给建议。例如：您看要不要换个方法试试没准儿会更好呢？您想不想了解一下孩子的其他表现？等家长情绪稳定了，我们再返回来解决刚才的事情。

三、根据问题类型选择处理方式

我们在和家长沟通的时候，需要沟通的事情根据内容大致分为这样两种情况：一类是班主任主动沟通类，学习方面、纪律方面、突发事件。另一类是家长主动沟通类，生活方面、对班级管理不满意等内容。不同的内容沟通起来技巧肯定也有所不同，如果是班主任主动进行的沟通，那么一定要事先做好充足的把握，会让沟通的效果更好。

（一）学生自己的学习、行为习惯等问题

如果是学生自身的学习、行为习惯等问题，例如：某生在上课的时候有咬手指的习惯、某生和老师交流的时候会不停地眨眼睛，某生在班内有说脏话的情况……班主任需要在一段时间的观察、记录之后进行归纳整理，找到该学生最需要解决的问题是什么，做到心中有数，并提前梳理好相应的解决策略，在沟通的过程中提出来，供家长参考。这样既显示了自己教育的专业性，又不会太强势，不会导致家长的反感和抵触情绪。家长会觉得班主任是真的为了我们家孩子好，全班这么多的学生，班主任能够如此细致地留心自家孩子身上的问题，并及时告知，我可以试一试班主任说的方法，看看孩子是不是可以有所改善。

（二）学生之间发生矛盾

如果学生之间发生矛盾，一般都是突发事件，需要班主任快速做出反应，找到解决问题的方法。普通矛盾，可以在放学的时候将发生矛盾的双方家长留下，进行沟通和协调，让双方家长清楚事情的整个经过以及每个孩子的问题是什么，希望家长回去各自进行引导和教育。意外伤害的矛盾，就需要立刻给双方家长打电话，说清楚事情的经过以及每个学生目前所处的状态，是头部流血还是胳膊皮外伤……描述得越仔细，越能帮助家长对孩子的状态做出判断，家长是否需要立刻到校接孩子去医院进行检查。

在沟通双方的责任归属，以及药费的支付问题的时候，需要班主任了解详细的情况，这样才能够做好协调工作，避免家长之间再发生二次矛盾。同时一定要提醒家长：孩子年龄小，无论发生什么样的矛盾，都应该是无意的，是可以被原谅的，所以要引导家长互相理解和包容，给孩子们做好的榜样，今后孩子之间还是会成为好朋友的。

四、家校沟通要有原则

我们和家长进行沟通的原则是：

（一）家校沟通要有界限

不该说的不说，不该做的不做，保护自己，严守界限。我们要明确自己的身份是班主任，能够干预的就是学生学习、发展的事情，超出这个范围的，例如：学生家庭矛盾等事情，我们不要干预，言多必失。

（二）假话都不说，真话不全说

和家长的沟通是为了解决学生身上存在的真问题，所以肯定不能说假话，这样就违背了我们进行家校沟通的初衷。但是真话不全说，是要提醒班主任，尤其是家长主动来进行沟通的时候，在自己没有完全弄清楚情况，自己还没有准备好的时候，话不能说得太满，要留有余地。

（三）班主任永远是沟通关系中的主导者

班主任一定要掌握谈话中的主导权，做沟通关系中的主导者。尤其是家长因为对班级管理不满意等主动和班主任进行沟通的情况，了解情况要清楚，分析问题要全面。班主任要在了解情况以后，化被动为主动，把自己对整件事情的看法和建议有条不紊地说给家长听。同时要给家长留面子，让家长在沟通的过程中既能够充分表达自己的看法，也能够了解到班主任的带班育人理念、具体的教育过程等情况，打消家长的顾虑。如果一次不行，可以多和相关家长沟通几次，直到达成共识为止。

五、沟通时要营造良好的氛围

当该生问题比较严重，需要较长时间才能够说清楚的时候，需要教师提前准备好沟通的场所。如果是其他学生上课时间，教师最好带家长到比较安静的专用接待室，既不要影响办公室同事工作，也不要让家长觉得孩子的情况会被其他老师听到而有所顾虑。如果是放学以后，可以安排在本班教室，首先让家长可以观察学生们的学习环境，让家长感到班主任的真实工作情况，看到整洁干净的教室、用心的班级环境布置，让家长从心里产生理解和感谢的情绪。

其次，就是要营造宽松的谈话氛围，让家长在放松的状态下进行有效的沟通。还是那句话，我们接触的是6—12岁的孩子，他们犯的错误不会有多严重，作为班主任，作为成年人，我们一定要对学生成长中出现的任何问题有心理承受能力，这样在沟通的时候就事论事，沟通的目的是双方达成教育合力帮助孩子克服现有的问题就可以了。不要因为自己言辞过于犀利，把自己的同盟军变成了阻力，那就得不偿失了。

六、找好沟通媒介创造沟通便利

除了个别生的沟通以外，我们肯定还需要进行全员沟通。良好的沟通媒介可以使我们的班主任工作淋漓尽致地展现在家长面前，得到家长更大程度的认可和配合。随着时代的发展，"微信"成为了我们每个人都熟悉的一个新媒体平台。在很大程度上，这个新媒体是可以帮助我们进行家校沟通的。班里或者学校有学生活动的时候，我都会给学生随时拍一些过程性的照片，然后配上文字说明，发到朋友圈里，这样家长在闲暇时就可以看一看孩子们今天在学校里发生了哪些事情。这样有两个好处：一是让家长更进一步地了解学校和班主任的工作，体会到学校和班主任为丰富学生的学习生活所做的努力。二是可以为家长和孩子之间进行亲子对话提供素材，放学的时候就可以针对学校的活动进行亲子对话，增进亲子感情。

在新冠肺炎疫情期间，我们借助全国、北京市、朝阳区三级学习平台上的学习资源进行了学习，借助钉钉软件进行直播上课，借助腾讯会议软件开展线上班会课，借助多个方便的作业批改小程序进行实时作业批改，大家集思广益，利用各种新媒体设备，也顺利完成了线上教学任务以及家校沟通任务。

班主任要借助家长会、线上线下家访、个别谈话等机会多与家长沟通，在沟通中，一定要让家长感受到班主任是一位有爱心、耐心、有文化、有素养、善沟通、有办法、平易近人又不失尊严的班主任，得到家长的信服。让班主任成为圆心，家长成为这个圆上的点。这样我们才能够把这个班集体建设成为一个和谐、圆满、有凝聚力的团队，作用力一致，班级进步的速度会加快。

作为班主任，我们与家长经常沟通，相互交流，这有利于促进自己班级的日常管理。沟通的时候只要能够实现双方的信息进行交换，沟通就是要增进彼此的了解和理解，增进家长和我们之间的感情，就算是良好的沟通了。好的沟通就是信息的增加和情感的增进，家校沟通方式和技巧繁多，需要家长和教师共同的智慧去维系和经营。只有不断尝试、推陈出新，才能找到最适合本班实际情况的家校沟通合作方式，才能够促进本班的长远发展。

第二节　建设良好家风促进班级成长

家风，一般指一种由父母或祖辈提倡并能身体力行和言传身教，用以约束和规范家庭成员的风尚和作风。家风是一个家庭长期培育形成的一种文化和道德氛围，有一种强大的感染力量，是家庭伦理和家庭美德的集中体现。家风作为一种精神力量，它既能在思想道德上约束其成员，又能促使家庭成员在一种文明、和谐、健康、向上的氛围中不断发展。

《中华人民共和国家庭教育促进法》第一章第一条指出："为了发扬中华民族重视家庭教育的优良传统，引导全社会注重家庭、家教、家风，增进家庭幸福与社会和谐，培养德智体美劳全面发展的社会主义建设者和接班人，制定本法。"也提到了要注重家风建设。

家庭是人生的第一个课堂，父母是孩子的第一任老师，家风对孩子的成才与未来人生具有不可替代的重要作用。良好的家风有利于塑造孩子的高尚人格，对家族的传承，民族的发展都起到重要影响。作为班主任，我也一直在思考如何引导家长进行家风建设，因为在好的家风下成长起来的学生会更加利于班级培养，促进班级整体发展。

在历史的长河中，我们很多家庭本身就已经形成了属于自己家庭的家风，有特别好的传统习俗和文化传承，那么家长只需要继续将这些好的家风习惯传承给孩子就可以了，在传承的过程中还可以有一些随着时代变迁的改良和完善。也有一些家庭以前可能没有认真思考过家风这件事，那么现在可以借此契机进行思考，在自己的打拼之下，为孩子营造了一个生活水平有保障的家庭，那么我们后续想要建设什么样的家风呢？从我们这一代慢慢营造起来，慢慢传承下去，也不晚。任何时候开始建设良好的家风，都对后代是一件好事情，文化在于传承，家风在于传承。

在思考的过程中，我读到了《曾国藩家书》，它是曾国藩的书信集，记录了曾国藩在清道光三十年至同治十年前后达21年的翰苑和从武生涯，近1500封家书。这本书所涉及的内容极为广泛，是曾国藩一生的主要活动和其治政、治家、治学之道的生动反映。曾氏家书行文从容镇定，形式自由，随想而到，挥笔自如，在平淡家常中孕育真知良言，具有极强的说服力和感召力，对曾氏后人起到很大的影响。可见，家书是建设家风的一个很有效的手段。借助家书建设家风的思路就此形成，于是我们班开展了

"一封家书话家风"活动，希望家长能够静心思考，构建属于自己家庭的家风。并能够将自己的教育理念、家风建设的想法等通过书信的形式和孩子进行沟通，让孩子能够更加深入地了解自己家的家风是什么，自己应该向着什么方向去努力。家长认真为自家孩子写下的家书，字字承载着家长对孩子的期望与成长路上的建议，会对孩子形成一定的影响。

考虑到通过家书的形式来传承家风，还有一个因素就是学生的年龄特点。我们班目前处在小学五年级，学生的阅读理解能力足以支撑读懂家长的家书内容。同时，现在这个阶段的学生正处于青春期的开端，很多时候不喜欢家长在自己的耳边不停地说一些事情，他们认为自己已经很厉害了，什么都懂，洞悉一切的那种，听不进更多的来自家长的话语。家风建设是一个长久的事情，不可能三言两语就说清楚，写成家书的形式更容易让学生接受。有可能读第一遍的时候没有太多感触，但是家书仍在，可以在学生遇到挫折的时候拿出来再读一读，夜深人静思绪多的时候再读一读，成年以后还可以拿出来给自己的孩子再读一读……这种纸质媒介的书信更便于保存与传承。

我们可能不会像曾国藩一样写下传世的家书，但是可以用自己的真情实感写就属于自己这个小家庭的建议和设想，在梳理和记录的过程中也是对自己家风建设的又一次构建和总结，在未来的岁月中可以不断建设自己的家风，让自己的孩子在良好的家风中变得更加优秀，能够接过家风建设的接力棒，更好地传承下去。如果我的班级里每一名学生都有属于自己的良好家风的影响，一定会更加知书达理，乖巧懂事，这样懂事儿的学生们构建的班集体，在班级建设中一定会事半功倍，班级的发展也会更加快速，向好。（下面附班级家长写的家书两封）

【班级家书第一封】

读书不觉已春深

五年级 6 班　李言希妈妈梁玉华

亲爱的孩子：

今年你十岁了，从一个小小婴儿长成了活泼好动的少年。时间就从一日日陪伴你、注视你的时候悄悄溜走，只有从你忽然蹿高的个头、我头上新长出的一两根白发，才猛然惊觉时间的流逝。

前两天在整理照片时，翻到了一个你小时候读书的视频。那时你刚刚两岁半，看的是《我想去看海》（《不一样的卡梅拉》系列之一）。从封面开始，你一边翻书，一边用稚嫩的声音读给我听。那时你还不会识字，竟然一字不差地讲完了整个故事。要知道，《我想去看海》这本书的文字量可不少。记得大概从三岁开始，你就开始自己一个人读书了。从《小熊绘本》到《青蛙弗洛格的成长故事》，从《小兔汤姆》到《托马斯和他的朋友们》……不到四岁，你已经自主阅读了几十册书。令人惊讶的是，你能准确拼读绝大部分的字。天知道，你是怎么认识那么多字的！一直到现在，你都特别喜欢读书，家里书架上摆满了各类书籍。即使外出，你也常常带上一两本书。不管在超市、餐厅、商场，还是在剧院，只要有空，你就捧起书来读。就在前不久，语文老师让写一篇关于自己心爱之物的作文，你写的就是书，可见你对书多么热爱啊！

我小时候也极喜欢读书，但没有你这样的识字天赋，记得是上了一年级之后才开始读课外书的。小时候家境不太好，但家里有很多书，我爷爷和父亲都爱读书。印象最深的是，一天劳作结束后，爷爷就叼上一杆长烟斗，悠悠地吸着烟，惬意地坐在藤椅上，诵读那些发黄古旧的书。说是"读"其实不太准确，爷爷应该是在"唱"，他念每个字都是一咏三叹，每一句都悠长而富有韵味。每逢此时，我们这群小孩子就不由自主地安静下来，围坐在爷爷旁边静静聆听。爷爷的书都是线装书，颜色发黄，上面的字都是毛笔写成，一列一列竖排着，每个字都端正、优美。

我的父亲也爱读书，作为那个时代的高中生，他已经算是一个文化人了。他的书架上摆满了一本本的大厚书，从《三国演义》《岳飞传》，再到《镜花缘》《古诗词鉴赏》，种类繁多。父亲鼓励我们多读书，让我们随便翻阅他的藏书，有时候也给我们讲讲他读书的体会和感想。我们把家里的书看完了，提出要订阅一些报刊和杂志，他都是满口答应。他这种做派在当时的农村是极少见的，那时候家家户户很少有闲钱，而父亲把家里不多的积蓄几乎都用在了购书、订报上。他虽然没对我们说过"书中自有黄金屋"这样的话，但我们耳濡目染他对书籍的热爱、对知识的推崇与敬畏，自然而然地对阅读产生了浓厚的兴趣，并一直持续到今天。

孩子，很欣慰你也这么喜爱阅读。从小时候到现在，你最喜欢看的是科学类书籍，只要是讲述数学、宇宙、生物、化学等内容的书，你都看得津津有味。甚至一本写满代码、在我们眼里极其枯燥的编程书，你也看得很入迷，还由此自学了如何编程。科学类书籍让你更深入地了解自然界，但有时也限制了你的思维方式。记得你五六岁时，听到那首《种太阳》的儿歌："我有一个美丽的愿望，长大以后能播种太阳……一个送给南极，一个送给北冰洋……"已经了解太阳系的你说："这太荒谬了！怎么可能播种太阳呢。"后来，你懂得了更多天空和宇宙的知识。当我指着蓝天上的白云惊喜地说："看，好美啊！"你认真地回答："妈妈，那是卷云！"唉，一瞬间我就觉得天空不那么美丽了……

孩子，我想对你说，读自己喜欢的书无可厚非，但拓宽阅读领域也非常必要，不同种类的书籍能帮助你更全面地了解这个世界，更深刻地理解人类与社会。你前不久看过的《蛤蟆先生去看心理医生》，这本书是不是帮你打开了一扇认识自身、了解心理咨询的大门呢？历史书让你知晓国家的更替与变迁，惊讶曾经的灿烂文化和文明；文学书让你感叹世界的丰富多彩，感动于人类深沉的情感；艺术书籍让你感悟世界多种多样的美，提升自身的审美意识……孩子，我希望你看待世间万物，不仅仅是从严谨的、理性的、科学的角度去观察和分析，还要从感性的、温柔的、人文的角度去理解和欣赏。

亲爱的孩子，愿你脚踏实地、心中有诗、眼望远方！

爱你的妈妈

2021 年 9 月 24 日

【班级家书第二封】

女儿，我想对你说

五年级 6 班　孙智慧妈妈李霄

亲爱的女儿智慧：

你好，见字如面，第一次以书信的方式与你沟通，感觉既熟悉又陌生，因为已经许久没有写信了。借着这封家书来谈一谈"家风"，"家风"一词对我来说是陌生的，初识"家风"二字，脑海中联想到的是种种严厉的家规，是被罗列在纸上的条条框框。我特意上网查了"家风"的解释，说"家风"又称"门风"是指一个家庭或家族的传统风尚或作风，几番思索，我方才发现，家风其实很简单，顾名思义，家风是一个家庭的风气，是一个家庭代代相传的规矩，无需罗列或背诵，而是用实际行动一点一滴做出来的。

思绪把我拉到了我的孩童时代，那时候我跟着外婆一起生活，外婆经常帮即将迈入婚姻殿堂的新人剪纸，经常看到她那双布满老茧和皱纹的手拿着一把缠着红线的剪刀剪着栩栩如生的"百鸟朝凤",还有大大的繁体字"喜",我当时很好奇,因为外婆不识字,为何能剪这么好呢,外婆道:"只要经常练习,不急不躁,自然而然就会了。"外婆这句话,我一直记到现在,刻在了我的心板上,它伴随着我成长,也使我养成了不轻易放弃的性格。同样它也是我经常与你说的"熟能生巧,要坚持把一件事做好"。

还记得你第一次弹久石让的《那个夏天》吗?你很喜欢那首曲子,于是,兴起想要学着弹,可是还没有弹多久,你就失去了耐心,撅着嘴巴,忍着泪水,觉得太难了,想要放弃,当时,我坐在你旁边,抚摸着你的头发慢慢地跟你解释到,琴谱犹如剥茧抽丝,认真地对待每一个音符,才能体会到它的美妙,弹琴犹如人生,如果碰到一点点稍微难做的事情,就想放弃,那么以后你肯定会在很多事上轻易说放弃。你擦干了眼泪,认真地在琴谱上画了起来,把曲子分成了几个小部分,每天持之以恒地练习,最终把它弹了下来,看到你手指在琴键上飞舞并且陶醉的样子,我知道你已经战胜了自己,深刻体会到"熟能生巧,坚持到底"这句话的含义了。

家风不仅是条条框框,它还体现在生活中的方方面面,润物细无声地渗透在生活和学习中的点点滴滴,如:尊敬师长,团结同学,乐于助人,不嫉妒,不自夸,不张狂,不求自己的益处,不轻易发怒……相信你在以后的漫长岁月中,有家风的相伴,生命的旅途必将充满光明,不再孤单。

永远爱你的父母

2021 年 9 月 23 日

第三节　家长应该具备健康的心理素质

心理健康是指心理的各个方面及活动过程处于一种良好或正常的状态。心理健康的理想状态是保持性格完好、智力正常、认知正确、情感适当、意志合理、态度积极、行为恰当、适应良好的状态。心理健康突出在社交、生产、生活上能与其他人保持较好的沟通或配合，能良好地处理生活中发生的各种情况。

心理健康的人都能够善待自己，善待他人，适应环境，情绪正常，人格和谐。心理健康的人并非没有痛苦和烦恼，而是他们能适时地从痛苦和烦恼中解脱出来，积极地寻求改变不利现状的新途径。他们能够深切领悟人生冲突的严峻性和不可回避性，也能深刻体察人性的善恶。他们是能够自由、适度地表达，展现自己个性的人，并且与周围的环境和谐相处。他们善于不断地学习，调整自己的心理健康状态。利用各种资源，不断地充实自己的内心世界。他们也会享受美好人生，同时也明白知足常乐的道理。他们不会去钻牛角尖，而是善于从不同角度看待问题。心理健康的人都拥有一个美好的生活，也会对自己的家庭有积极的影响。

家长要掌握心理学的相关知识。现如今科学技术越来越发达，我们获取知识的途径越来越多了。如果说在我们上学的那个年代，还在为自己家没有钱买一本像样的课外书而发愁的话，现如今无论是遍布各地的图书馆里的纸质书，还是网络上各大平台的电子书，都大大提升了我们获取知识的速度和精准度，打破了知识壁垒。只要我们需要的知识，在网络上检索一下，很快就可以获得。所以，当家长发现自己的心理波动比较大的时候，可以自学一些心理学的知识，听一些心理学专家的讲座，让自己在专家的开导之下尽快调整自己的心理状态，将自己的负面情绪化解于无声处，不被孩子觉察，不影响孩子的成长。

家长要自觉减轻心理压力。造成一个成年人心理压力的因素，有很多种。其中，面对孩子教育产生的心理压力很大。面对如今内卷严重的社会现实，孩子的成长不可复制，没有第二次重来的机会，许多家长在教育子女成人、成才这方面给自己的心理压力很大，很焦虑。现如今的各种课外辅导班会让家长总是看到很多别人家的孩子比自己家的孩子优秀，不自觉就会进入一个比较的模式，不自觉地说："你看×××，她的舞蹈跳得真好，你也好好跳啊。你看×××，她的书法写得真好，你也认真写。你看×××，她的钢琴都已经八级了，你的长笛才考二级，咱们也抓紧练习哈……"说这些话的时候，一种焦虑的情绪已经慢慢爬上了家长的心头，久而久之，就会越积越多，焦虑越来越重，孩子的某一个不听话的瞬间可能就会点燃家长内心的火药桶，对着孩子一顿狂轰乱炸。这些焦虑作为成年人的家长必须要自己消化掉，减轻心理压力，端正教育思想，从孩子自身的实际出发，形成宽容的家庭心理环境。循循善诱，引导孩子在原有基础上奋发上进，超越昨天的自己就是成功，成长需要一步一个脚印，急不得。每个孩子都是独一无二的，他们都有自己的优点和缺点，家长要守住本心，不要对自家的孩子有过多的要求，更不要和别的孩子进行比较，抓住自己家孩子的闪光点，不断鼓励孩子努力，这样家长的心理压力自然就会得到缓解。

家长要有自己的兴趣爱好。有一天，班里的一位学生对我说："老师，您知道吗？我爸我妈什么都不会，他们就会看电视、看手机、打游戏……"我当时看着这位同学的表情，听着这段话，一时间不知道该怎么回答，有一种兔死狐悲的悲凉之情涌上心头。因为我自己也有孩子，我当时就在想：我的孩子是不是也这样看我的？相信我们每个家长都不希望听到自己的孩子这样评价自己，我们的辛苦付出就变成了"就会看电视、看手机、打游戏"。可是很多时候家长在家里的这个时间就是这样做的，孩子只是把看在眼里的事情说出来，他们好像也没有错，那么问题出在哪儿了呢？许多家长习惯了下班后开始买菜、做饭、检查孩子作业、陪孩子上兴趣班，这样日复一日地生活。家长好像确实没有特别明显的兴趣爱好，因为感觉自己没有多余的精力，也没有多余的时间，除了自己的工作剩下的所有时间都留给了自己的孩子。晚上顶多看两眼电视剧、玩会儿手机，这一天就结束了，疲惫中眼皮儿已经不自觉地合上了，再睁开眼睛就是第二天闹钟响起的时候。不管自己愿不愿意，都必须起床，因为一家人的一天生活又开始了……在家长会上我把这件事情委婉地说了说，建议家长朋友们可以有一点儿自己的兴趣爱好，用以提高自己的生活质量，愉悦自己的心情，让家长和孩子之间有一个安全距离，一个喘息的空间，不要一直围着孩子转，也不要丢掉了自己。比如说：养花、养鱼、看书、写字、打球、跑步等，让孩子们在边上欣赏一下开心快乐的家长，发现自己的家长也是多才多艺的。家长兴趣爱好的提升对孩子是一种潜移默化的影响，孩子自然不甘心落后，会自动向家长看齐，积极培养自己的兴趣爱好。至少家长打算让孩子学什么的时候，自己要先了解和接触一下，今后和孩子也会有更多的共同话题，同时也更有利于监督和辅导孩子练习，不然他会说："你都不懂，你别指挥我……"要想让孩子优秀，先要让自己优秀。想让孩子兴趣广泛，先让自己兴趣广泛。

家长要具有坚强的意志，做事情要有坚持性。一个好家长做任何有益的事情，都应该有决心、有恒心、有毅力，不怕困难，勇于战胜困难，这才能为孩子树立一个好榜样，使孩子明白这个道理："做任何事情都要付出巨大的努力，没有辛勤的付出，就没有成功后的喜悦。"例如：学习书法这件事情，我一直要求孩子要认真练习书写，但是她总不能很好地坚持。于是我以身作则，每天睡觉前我都会在书桌那儿写一会儿书法，周末也会坚持写。这样女儿就会凑到我的旁边，坐下跟着写上一会儿。两个人一起写，互相点评一下对方的字哪儿写得好，哪儿写得不好。久而久之，每天写一会儿书法就成为了我们的固定内容。言传身教，对孩子的成长真的很重要。

这种坚强的意志，也应该表现家长在对子女的教育上，教好孩子不是一朝一夕的事，正所谓"十年树木，百年树人"。不同的年龄阶段，孩子会出现各种不同的状况，家长要随时关注才能够让孩子成长得更好。许多家长的真实状况是：孩子刚上学的时候比较紧张，关注得较多，教育得也比较多，这种教育的热情可以持续到二、三年级。三年级以后，家长觉得孩子能够独自面对学校的学习和生活了，家长的教育热情逐渐退却，大撒把不管了，美其名曰"锻炼孩子的能力"。很多时候，等孩子长大后，家长在回忆的过程中，孩子成长期在家长的印象中是一段空白，孩子什么时候身体发育了，什么时候有自己的小秘密了，家长都没发现。直到孩子叛逆了，才忽然间意识到问题的严重性，再干预、纠正的时候，就会比较费劲儿。就像李玫瑾教授说的："孩子的青春期是家长最应该关注的。"所以，从班主任的这个角度而言，我们希望家长能够随时关注孩子的身心发展，出现问题及时疏导，不要让小毛病积累成大问题。家长要持之以恒地关注孩子的成长，发现问题及时寻找策略，陪伴孩子，引导孩子，对孩子的成长是最好的。同时，到了高年级我会随时关注班级内学生的变化，及时和家长做好交流沟通，争取在家校合力的作用下，让学生平稳地接受自己青春期的到来，不会慌乱和紧张。班主任对学生的持久教育和家长的持久沟通，也会促进家长教育孩子的坚强意志。

家长要有乐观豁达的生活态度。每一个家庭都不可能是一帆风顺的，面对生活给我们带来的考验，无论大小，我们都应该乐观面对。今年的北京电视台春节联欢晚会上，有一个环节就是邀请了刘岩老师和邰丽华老师，她们两个人的出现勾起了我们很多的回忆，同时也给我们很多的鼓舞，让我们有更多的勇气去面对生活中的磨难，笑对人生，生活就会回赠你更多的美好。无论我们曾经经历了什么，只要自己不放弃，坚强面对，就会拥有属于自己的未来。家长面对自己的生活不抱怨、不放弃，总是乐观、豁达，自然会把自己的态度传递给孩子，让孩子有面对困难的勇气。新闻中总是能够看到小学生因为压力而轻生的报道，让人痛心。我们要让孩子懂得生命的重要，更要拥有面对挫折的勇气，还要不断提高自己改变命运的能力。

家长心理是否健康，直接影响着家庭教育的质量。心理健康受到遗传和环境的双重影响，尤其是幼年时期原生家庭的教养方式，对心理健康的发展影响甚大。所以，家长提高心理素质，使自己具备健康的心理，是对自己负责任，也是对孩子负责任，相信每一个家长都希望孩子拥有健康的心理，开心、快乐地成长，那就要从家长拥有一个健康的心理开始。

第四节　家长要学会控制自己的情绪

情绪是一种内部的主观体验，但在情绪发生时，又总是伴随着某种外部表现。这种外部表现也就是可以观察到的某些行为特征，怒、哀、恐、喜是四种基本情绪。情绪总是能被我们感受到，它可能会来势凶猛，让人猝不及防。我们可能会完全被愉快或不愉快的情绪带走，也可能会深陷情绪之中。更中性的感受，比如平静和深思，尽管不像愤怒和恐惧那么容易觉察到，但它们就像听不见的背景音乐一样存在着，并以微妙的方式影响着我们的心境。一旦情绪被我们感受到了，它就会与我们头脑中的想法纠缠在一起。

控制情绪对我们每个人来说都是很重要的，从心理角度上来说，情绪牵涉到我们心智的成熟，身心的健康，做好情绪管理，对我们的身心都有好处。情绪管理是指通过研究个体和群体对自身情绪和他人情绪的认识、协调、引导、互动和控制，充分挖掘和培植个体和群体的情绪智商、培养驾驭情绪的能力，从而确保个体和群体保持良好的情绪状态，并由此产生良好的管理效果。

心理学发现积极正面的情绪能提升我们免疫系统，因为情绪发生时，神经递质和荷尔蒙被释放，能对免疫细胞产生作用。比如开怀大笑100次相当于15分钟踩单车的有氧运动量。笑声能使人卸去多余的压力，保护血管内壁，从而减轻心脏病发作的概率。当人哈哈大笑时，需要调动身体内超过400块肌肉，因而还能有效消耗热量。每天笑一笑，能够促进我们的身心健康。积极情绪能帮助我们减轻压力，缓解焦虑症等积极情绪是个人的某种需要被满足时产生的伴有愉悦感受的情绪，这种积极情绪状态会给个体强大的力量，推动个体克服自身的缺陷、惰性，再一次去改变自我的需求，实现自身的突破。中医说："心不定则气不顺，血不畅则百病生。"这意味着心情不好就会导致各种慢性疾病发生。如果我们不加以控制情绪，坏情绪泛滥具有强大的破坏力，发泄情绪最终让我们得不偿失。

家长要具有稳定的情绪状态和健康的情感。家长的情绪不仅关系到自身的心理健康，而且也会影响到教育子女的态度和行为方式。作为家长，一定要善于用理智来驾驭自己的情感，努力培养自己的健康情感，保持情绪的稳定，避免大起大落，喜怒无常。要想家庭有个愉快的氛围，家长从调整好自己的心情开始。家长心情舒畅，情绪愉快，可以给家庭创造一个祥和欢乐的心理氛围。在这种情况下，孩子会感到亲切愉快，乐于完成家长所交给的任务，学习也会更加专注，会更有安全感。家长的情绪稳定，孩子才会有一个好的性格。

有一天放学的时候，我亲眼看到一个高年级的家长歇斯底里地冲着她的女儿吼叫，然后把这个女孩儿的美术课工具箱摔得粉碎，旁边的家长见状赶忙上去劝阻，这个家长又冲劝她的家长大喊："我管我女儿呢，有你什么事儿……"事后我从侧面了解了一下情况，这个女孩子确实存在着很多的问题，面对问题众多的女儿，这个家长的内心实在崩溃，完全控制不住自己的情绪，就在大庭广众之下爆发了。今天这件事情成为了压死骆驼的最后一根稻草，一个成年人能崩溃成这样，也确实说明压力挺大的。也同时说明了这个家长的情绪管理最终还是失败了，冲动是魔鬼，可想而知那个女孩子当时的心理阴影面积一定很大。最重要的是家长这样的发泄，只能给自己带来短暂的释放。过后自己就会发现对孩子的问题解决没有任何帮助。心理学研究发现，情绪平和是决策最有效果的时候，而冷漠与过激的情绪都会降低我们的理性水平。

有一天，我们班的一位妈妈连续给我发了三条很长的语音，打开一听，就是生气了。为什么生气呢？是因为孩子没有把老师发的作业带回家，周末要做作业了，发现作业没有带回来，于是家长很生气啊，就决定惩罚孩子，惩罚的措施就是：让孩子把这个卷子写 3 张。给我发语音的目的是让我配合她这种做法，周一给孩子发 3 张卷子，让孩子在学校写完。很显然这个家长是在气头上发的语音给我，完全没控制住自己的情绪。

那我们就来分析一下：没有把作业带回去这件事情孩子确实有错，但是家长对孩子这个错误的解决方法恐怕也不正确，孩子在周一完成当天任务的同时，哪有时间再完成 3 张卷子，这是一个不现实、也不科学的做法，我不可能认同家长的做法。发现这件事情的时间是周日中午，家长完全可以让孩子到学校取回卷子，然后利用下午的时间做完，一点不耽误周一上交作业。或者到小区门口给孩子打印一份，拿回去做了，也是可以的。至于没有带作业回家的真实原因，家长应该想办法弄清楚，孩子是一着急忘了带，还是压根儿不想带回来。根据不同的原因，采取相应的措施，避免今后出现类似的问题即可。所以，家长要控制自己的情绪，改变自己的思维方式，不要孩子一犯错误就发脾气、惩罚孩子。遇事要冷静分析，找到对应的方法解决问题，才能够促进孩子成长。不然给孩子留下的印象就是："我爸我妈就会发脾气，什么也不懂……"

家长的情绪对于孩子来说意义重大，会直接影响孩子的心理发育。越小的孩子越不了解成人，容易将所有的错归咎在自己身上，而且会想："爸爸妈妈是不是不爱我了，他们为什么发脾气……"每当这种时候，家长们应该怎样控制突如其来的情绪呢？

在冲动的时候，冷静下来只需 10 秒，遇事冲动时，心中默数 10 下，就能彻底冷静下来。其实并不是 10 秒的威力有多大，而是你主动有意识地控制冲动了，这点很重要！控制情绪可以说是心智成熟的人与心智不成熟的人典型的区别，懂得控制情绪的人他们懂得观察自我情绪，了解情绪的来龙去脉，而不懂得控制情绪的人，则是完全停留在自我本能。当然不是说我们控制了，情绪就一定稳定，就像说到的这个家长，我们又怎么知道她不曾控制自己的情绪呢，有可能我们努力了很多次，只是最终没有成功罢了。我想说的是，控制了就比任由情绪肆意发展好很多，逐渐让情绪在自己的可控范围内，这需要长期的修炼，急不得。

当发现对孩子的行为"忍无可忍"的时候，要确认一下，是孩子的行为确实糟糕，还是自己忍耐的限度定得太低？ 会让大人发怒，是因为在大人眼中，孩子的行为出现了偏差。但是其实孩子有一些行为其实是正常的，只是不符合父母的要求而已，那么我们应该调整自己，试着去理解和接纳孩子的这种行为。这就是家长自己忍耐的限度太低，要调整自己的认知，不要对孩子要求过高，尤其不要用大人的标准去套在孩子身上。如果是孩子的行为确实很糟糕，在理解孩子的前提下，予以耐心的引导，让孩子明白怎样做是对的，你的行为中哪些是错误的。孩子行为出现问题，父母可能难辞其咎，这时，家长针对孩子出现的问题进行自省是很有必要的。

很多时候家长讲太多的道理，会激起孩子强烈的反抗情绪，起不到应有的效果，且会适得其反。爸爸妈妈试着说一些简单易懂的话，做一个适当的引导，比说一堆的道理强得多。那天，我家孩子的班主任给我看了一张照片，她的课桌被涂得面目全非，因为是同事，班主任也没好说什么就走了。我当时也挺生气的，好在孩子去社团活动了，没在身边，给了我一个缓解情绪的时间。等情绪稳定以后，孩子回来了，我说："走，咱俩去你们班做回卫生吧，妈妈也当一回好家长。"她一头雾水，不知道什么情况，就跟着我去了教室。到了班里，我说："你看，这个小朋友的桌子有点脏，你帮他擦擦吧。"她好像忽然间明白了，也没说话，就把班里比较脏的桌面都擦了，包括她自己的。我们又帮班里扫了地，倒了垃圾，就开开心心地回去了。回来的路上，她说："妈妈，我的桌子之前也特别脏，以后我得尽量改正，班里的桌子都干干净净的，是挺好看的。"

家长要改掉动不动就责备、兴师问罪的坏习惯。孩子做任何事情都是有孩子自己的想法在里面，虽然有些事情是错误的。当我们来解决这些问题的时候，不能上来就把孩子定性为"犯错者"，而是先听一听孩子对这件事情怎么说，然后再给出自己的判断。一开始就毫无根据地责备，不仅不会解决问题，还会使问题变得复杂化，失去了与孩子沟通的良好机会，这是不可取的。

情绪管理的四个方法分别是发现情绪、接纳情绪、表达情绪、宣泄情绪，掌握了这四种方法更有利于管理自己的情绪。家长要学会借助外在的手段，缓解自己的情绪，比如说：听听轻音乐，冥想，学习一些相关的课程等，都可以让我们变得更加平静，自己的情绪就会更好把控。周末的时候，妈妈可以和闺蜜聊聊天，爸爸可以和哥们儿小聚一下，释放一下工作和生活中给自己带来的压力和负面情绪，面对孩子的时候情绪稳定，这样才能够让孩子养成良好的情绪。能够照顾好自己的人才能够照顾好家人，家长首先要调整好自己的情绪，让自己变得充实且淡定，才能够照顾好自己的孩子，和自己的孩子和谐相处。作为有阅历的父母，要让自己拥有云淡风轻掌控全局的能力，用智慧解决孩子成长中所出现的所有问题，让整个家庭温馨和睦，才是孩子成长最需要的。

第五节　家长要重视孩子性格的培养

著名心理专家郝滨先生认为："性格可界定为个体思想、情绪、价值观、信念、感知、行为与态度之总称，它确定了我们如何审视自己以及周围的环境。它是不断进化和改变的，是人从降生开始，生活中所经历的一切总和。"性格是在后天社会环境中逐渐形成的，它是人的核心的人格差异。一经形成便比较稳定，它会在不同的时间和不同的地点表现出来。但是，性格具有稳定性并不是说他是一成不变的，而是可塑的。性格在一个人的生活中形成后，生活环境的重大变化一定会带来他性格特征的显著变化。既然是可以改变的，可塑的，那么我们肯定是希望孩子的性格会越来越好，作为家长要为孩子形成好的性格付出努力。

爱因斯坦有句名言："一个人取得的成绩往往取决于性格上的伟大。"正所谓："播下一种性格，收获一种命运。"孩子如果拥有一个好的性格，就会结交到更多的朋友，将来的学习、生活、工作都会更加顺畅。因为拥有良好性格的人在社会交往的过程当中会让他们具备更多的优势。性格好的人会懂得如何去调节和周边人的人际关系，在工作的过程当中会营造一个轻松的氛围，让大家一起把工作完成好。性格良好的人在职场中更容易被其他人所接受，自然也会更容易收获上司的赏识，在工作当中也会有更多上升的空间。

家长良好的示范对好的性格养成有直接的作用。作为孩子的第一任老师，家长要时刻注意提高自身修养，树立良好的性格典范，给孩子做一个榜样，在潜移默化中影响孩子性格的健康发展。处在成长期的孩子都有很强的模仿能力，家长的一言一行都对孩子的性格养成有着直接的作用，所以这就需要建立一个良好的示范环境来影响孩子的性格，良好的性格培养需要良好的家庭环境作为依托。这个很容易理解，一个公平、民主、宽松的家庭环境不仅能让孩子拥有健康快乐的童年，更能让孩子养成活泼开朗、性情直率、端庄稳重的性格。相反的，如果一个家庭每天充斥打骂、争吵的声音，让孩子养成暴躁乖张、孤僻怕生、没有自信、缺乏安全感、自私自大等相对不好的性格。一个儒雅的家庭很难培养出一个性格暴躁的孩子，同样，一个每天鸡飞狗跳的家庭培养出文雅的孩子的概率也相对较低，所以，建造一个和谐进取、积极向上的家庭环境就显得尤为重要，这直接决定了孩子的命运走向。

孩子初期性格的形成和家长密切相关，生活中父母的教育态度对孩子的性格起着非常重要的作用。性格的好与坏，只是相对的认识，这与遗传有一定的关系，但更重要的是后期的培养。有利的环境、优秀的示范、恰当的方法，这些都是培养孩子良好性格所不可缺少的。在孩子的一生中，由于家庭的养育方式不同，会导致孩子的性格迥异，一般的孩子在六岁以前就在与父母的互动中形成了较稳固的人际交往的模式，形成了自己的性格。在我们的班级里有几十个学生，他们来自不同的家庭。你仔细观察，就会发现每个学生的性格各有不同，就是因为家长的性格各有不同，他们的成长环境各不相同。有的学生遇事沉稳、不慌不忙，有条不紊处理好所有事情；有的学生就是遇事大喊大叫、风风火火、毛毛躁躁的；有的学生特别内向，什么都不说、也什么都不做，默默坐在那里等待老师发布命令。要让孩子形成良好的性格，父母要在孩子小时候就加以注意，最好是一开始就让孩子形成较好的性格，这对孩子后续的学业发展、事业发展都非常重要。

随着孩子的成长，性格特点逐渐显现，培养良好的性格也要紧跟孩子成长的步伐，一步一个脚印地前进，家长要随时关注孩子的性格特点，并适时进行引导和调整。在孩子刚一出生，一直到六个月，这段时间不要以为孩子什么都不知道，只要给孩子吃饱就行了，这个时间开始孩子的性格就已经开始在培养中了。家长在这个时期要亲自带孩子，特别是妈妈，无条件满足孩子正当的需要，建立孩子良好的安全感，这对孩子优良性格的形成至关重要。在孩子小时候，家长多抚摸孩子，建立和孩子间的亲情，多与孩子交流和对话，孩子慢慢会建立语言和行为之间的联系，建立和家长之间稳定的依恋关系，养成比较开朗的性格。在孩子渐渐长大后，家长要带着孩子走出去，到外面多接触家人以外的其他人，让孩子学会与他人打招呼，学会与他人交往，提高孩子的社交能力，养成善于言谈的性格。很多性格内向的孩子都是在小的时候家长工作忙，没有过多的时间和孩子交流，也没有时间带孩子出去玩儿，久而久之形成的。等到上小学以后，他们需要通过班主任的多次鼓励和引导，才有可能慢慢找到自己的好朋友，一起聊天和玩耍。我们班有一个小女生，就属于这个情况。我和她聊了很多次之后，才发现她能够在课外活动的时候找一个性格相近的小朋友去聊天儿。

良好性格的养成也需要加入一定的社会因素，毕竟孩子早晚都要步入社会，一个人去闯荡的。不同的年龄段要有不一样的培养方案，孩子大一些之后，父母可以经常带孩子去参加一些社区活动、公益活动、志愿活动，培养孩子的感恩与责任。可以带孩子去野外探险，带领孩子坚持长跑，培养孩子的坚强与勇敢；鼓励他们经常与小伙伴一起玩耍，培养孩子的人际沟通能力。在孩子长大后，能力渐渐增强时，父母就应该慢慢学会放手，退到孩子身后，让孩子慢慢学会与家长的分离，分离得越彻底，孩子的心理就越健康，性格就越好。尤其是性格比较内向的孩子，家长节假日尽可能带孩子多外出活动，因为让孩子多接触是调整孩子性格最有效的方法。一开始孩子可能出于胆怯的心理，不太想参加集体活动，随着时间的推移，他通过观察周围的人和事物，进行环境熟悉之后就会想试一试。在家长的鼓励下，孩子总会勇敢地迈出第一步，有了一次成功的体验之后，再出去玩儿，孩子会很自然地融入集体活动，感受集体活动带来的快乐。

培养良好的性格需要恰当的方法。我们疼爱自己的孩子，要爱而不娇，同时要有性别概念，不同性别的孩子培养的性格是不一样。我们班有个小男孩儿，性格特别内向，从来不说话，默默地坐在那儿干自己的事情，所有事情都完成得很好，就是不爱说话，也不爱动。如果谁大声和他说句话，他的眼圈就红了。这就是家里把孩子养得太娇气了，家长没有意识到男孩子在教养的过程中，应该具备的性格和女孩子应该有所不同，可以鼓励孩子多表达多运动，要勇敢地结识新朋友，更要有承受批评的能力。有的家庭过于放手让孩子自由地翱翔，放纵过度会导致另外的情况出现。班里的另一个男孩子，性格明显不同，四处乱跑，坐不住，一年级来了以后，他和我说："老师，您只要不让我一直坐在座位上，让我干什么都行，我可以帮班里扫地……"通过观察发现，他已经7岁了，却不能坚持40分钟坐在座位上，一会儿就出溜到地上，爬在座位底下玩起来。这个家庭是老人带孩子，隔辈亲，就一个要求：只要不哭，怎么着都行。在上学之前没有任何的训练，认为孩子这么小，想怎么样就怎么样，所以导致上了小学状况百出。你和他说什么，他都说："我知道，但是我不想这样做，我不高兴。"类似这样的家庭要想让孩子的性格得到很好的发展，一定少不了规矩的存在，让他们知道什么样的场合应该做什么样的事情，而不是做什么事情都以自我为中心。家长一定要掌握合适恰当的育儿方法，才能让孩子养成一个良好的性格。

未来是属于孩子的，未来的路总是要让他们自己走过，美好的生活需要他们自己去创造。一个人有什么样的性格，就会吸引什么样的朋友，有相同的爱好和话题、有相似的志向的人会相聚在一起，这就是人以群分的道理。你的这些朋友将来极有可能会帮助你成就不同的事业，这就是性格决定命运的道理。所以拥有一个坚定、乐观、勇敢、充满爱的良好性格，则会让他们更加健康全面地发展自己，最终实现自我的人生价值。

第六节　家长要营造良好的家庭氛围

《中华人民共和国家庭教育促进法》第二章家庭责任，第十五条指出："未成年人的父母或者其他监护人及其他家庭成员应当注重家庭建设，培育积极健康的家庭文化，树立和传承优良家风，弘扬中华民族家庭美德，共同构建文明、和睦的家庭关系，为未成年人健康成长营造良好的家庭环境。"可见，良好的家庭环境对孩子健康成长的重要性。

家庭氛围，是指家庭中长期积累的精神状态和情意倾向，是一种潜移默化的潜在教育因素，也是家庭成员生活及成长的重要环境因素。它包括家长的文化素养、行为习惯、生活态度、思想境界以及性格气质等。主观因素的综合作用会形成有共振性和弥散性的家庭氛围，将会对家庭中的每一个人——特别是孩子产生无形的影响，使其产生某种心理评价，形成某种心理状态，家庭氛围是每个家庭所特有的气氛和情调。

当孩子一生下来所处的环境状态就是父母为自己营造与构建的家庭环境，这个环境的氛围是否温馨和睦，孩子是可以感觉到的。父母对孩子的情感，父母与他人的情感，都直接影响着孩子的成长。对儿童来说，家庭是其成长的首要环境因素，因此家庭氛围对儿童的成长起着至关重要的作用，很大程度上决定着儿童的心理品质及人格发展。一个家庭的氛围越好，孩子的成长环境越好，越能够健康成长。良好的家庭氛围可以促进孩子心智的发展，促进家庭教育的成功。

一般来说，家庭氛围可以分为以下几种：鼓励型、严厉型、放任型、宽松型。我比较推荐的是鼓励型，在鼓励型家庭中，孩子往往能更好地发挥自己的聪明才智，在学习和生活中发展得更好一些。这种类型的家庭中，家长会经常鼓励孩子，遇到任何事情都对孩子给予信任，孩子感受到来自父母的爱，这对孩子同他人建立信任的关系是至关重要的，孩子也更愿意对家长敞开心扉。让孩子知道被爱的感觉，学会爱，在有爱的家庭环境中长大的孩子，心智才会更加健康。

有一天上小学一年级的女儿哭丧着小脸儿对我说："妈妈，对不起，我的语文没有考好，你会不会很生气？会不会不爱我了？"我告诉她："无论什么时候，妈妈都是最爱你的，这次没考好，咱们下次努力，我相信你下一次肯定能考好。卷子上的错题，你都弄会了吗？不会我给你再讲讲。"她听完以后如释重负地出了口气，立刻欢蹦乱跳地去玩儿了。这次的成绩已经这样了，你再批评她，也改变不了这个事实了，不如鼓励她，争取下次考好就可以了。对待我的学生和家长，我还是这个观点。希望更多的家长能够将自己的家庭氛围变成"鼓励型"，让孩子们能够在鼓励声中逐渐完善自己，逐渐成为更好的自己。

在家庭教育中，家长要以身作则，俗话说：欲教子者先正其身。您要留意自己的心理健康，并重视自己与他人之间的关系，包括朋友和家人的关系，为人处世温和的家长，会给孩子营造一个心理舒适的安全的家庭氛围，有利于孩子心智的健康发展，做出一个正面的表率，为孩子的身心健全奠定基础。孩子会模仿行为，家长爱笑，孩子就爱笑；家长眉头深锁，孩子也会愁眉不展。所以，家长们要多微笑，微笑着待人接物，给孩子树立一个好的榜样。同时，我们要学会欣赏他人，在言谈举止中要多一些对他人的赞扬和肯定，引导孩子学会学习他人身上的优点，古语云："闲谈莫论人非"，我们在家里的时候聊天更加应该注意，更不要当着孩子面去说别人是非。如果遇到自己比较抵触的事情，要巧妙地拒绝，尽量不与他人发生冲突，更不要和家人争吵，如果有什么矛盾，不要当着孩子的面解决，夫妻双方悄悄去说。

我们班有一个外表特别温和的小姑娘，但是在班里却没有朋友，我很奇怪。于是留心观察了这个孩子的语言和神态，她一说话就特别尖酸刻薄，孩子们都不喜欢她这样说话，大家都感觉她特别不友好，导致没有同学愿意和她玩儿。那么她是从哪里学来的呢？很明显是原生家庭中的妈妈在评论别人的时候没有注意到自己的语言是否恰当，孩子每天和妈妈生活在一起，自然就学会了。而孩子不知道当着别人面把这些话说出来会伤害别人，因为妈妈经常说啊，所以我也可以这么说。家长一定要注意自己的言行，尤其是在孩子们在场的情况下，要格外注意为孩子营造一个文明的语言环境，这个时候言传很重要，一不留神孩子不好的也学会了。

要制定家规，为孩子营造和谐、平等的家庭氛围。没有规矩，不成方圆。一个家庭也必需拥有属于自己的家规。一个平等、和谐的家庭氛围将对孩子的自尊心、自制性的形成与发展起到良好的作用。在家里，孩子和我们是平等的，所以在制定家规的时候，要充分听取孩子的意见，达成一致意见之后，再整理成最终的家规版本。然后每一位家庭成员要在上面签字，以凸显家规签订的正式性。要用家规约束家里的每一个成员，而不是只约束孩子。鼓励孩子监督父母，当孩子发现父母很守规矩的时候，孩子自然就会遵守家规了。

家长要耐心倾听来自孩子内心的真实的声音，为孩子营造民主的家庭氛围。孩子是一个独立的人格，同样需要被尊重，她们也有自己的想法，并渴望按照自己的主张办事，而不是什么事情都是家长说了算，现在的孩子都特别有主见，有的时候，家长觉得对孩子好的，不一定是孩子需要的。我们班一个小姑娘，悄悄拿了别的同学一个漂亮的日记本，在和家长沟通的时候，家长表示：在家里所有人都很疼她，什么都给她买，很不理解她为什么这么做。于是我问了一个问题："您每次带孩子去逛文具店的时候，有问过孩子想买什么吗？"家长想了想，发现还真没有，每次都是家长从网上买回来给孩子的。所以，家长朋友们不妨多听听孩子的想法，现在的孩子个人喜好和我们有很大的不同。

家庭教育的本质是学习。家长要为孩子营造浓厚的学习氛围，家里除了可以有书柜，还可以将任何闲置的空间都布置上书籍，尽量给孩子提供更大的与书籍接触的空间，让孩子觉得书籍是我们生活中的一件必需品，随手翻阅书籍是一件像吃饭、喝水一样平常的事情。阅读书籍越多，会让孩子的思想更加成熟，看待问题更加全面。在孩子学习的时候，安静的氛围是必要的，家长必须给孩子创设静思的空间。同时，家长也应该有不断学习的习惯，在学习的时候身教比言传更重要。孩子看到努力学习的爸爸妈妈，自己也会更加努力地学习。我仔细观察过班级内的学生，如果家长有较高学历，孩子在班级里学习的状态都很不错，这一部分孩子很少需要老师反复强调学习的重要性，每个人都在安安静静做着自己该做的事情，会学习、会思考、会互相交流学习中的收获与困惑。

我们还应该给孩子一个相对的物质安全的家庭氛围，给孩子一个物质保障也是必要的。很长一段时间，为了避免孩子养成浪费的习惯，我对她的要求都是节俭为主，而且每次买什么东西，我都会有意无意地计算一下每件东西的价钱，看看怎么购买更加划算，想让孩子养成合理消费的习惯。突然有一天，闺女对我说："妈妈，如果你能够帮我攒一些钱的话，我想去……如果家里实在困难，就算了。"我愣住了，为什么孩子会认为家里已经到了要攒钱去做一件事情的程度呢？就是自己平时太强调节俭了，让孩子以为我们家很困难。通过这件事也提醒了我，给孩子一个相对物质安全的家庭氛围很重要，这样才不会让孩子有自卑心理。借着这个机会，我给孩子介绍了一下爸爸妈妈的工作性质和收入大概情况，让她感受到家庭的正常生活是可以保证的。正常的家庭开销没有任何问题，我们只是不要过度浪费就好，该节省的还是要节省的。听到这些，我看到了孩子如释重负的表情。

营造良好的家庭氛围，是孩子教育的一个核心部分，可以促进孩子的心智成长，可以让孩子养成良好的性格，可以促进家庭的和谐度，可以提升家庭的幸福指数。

第七节　家长的言传身教很重要

言传身教是指：既用言语来教导，又用行动来示范。指用言行影响、教导别人。出自《庄子·天道》："语之所贵者意也，意有所随。意之所随者，不可以言传也。"

诗人惠特曼说："你看见什么，就成为了什么。"是因为父母是孩子的第一任老师，家长的言行举止都是孩子来到人世后第一个模仿的对象，这种影响是深刻的，近乎无法避免的。家长的一言一行都听在孩子的耳朵里，看在孩子的眼睛里，自然而然模仿到孩子的言行中，所以父母言传身教对孩子来说是非常重要的。

郑渊洁说："你是什么人，你的孩子就是什么人。"是的，尽管许多人不愿意承认，尽管许多人曾经都默默发誓要做个与父母截然相反的人，但家庭教育的潜移默化却很难避免，很多时候，孩子与父母的关系就是——长大后我就成了你。所以要想让自己的孩子优秀，父母首先应该努力让自己变得更好。孩子在成长的过程中从父母身上学到良好的品质，自然也会更加优秀，站在巨人的肩膀上成长的人总比一切从头开始的人看得更远，成长得更快。有远见的父母，才能教育出优质的孩子，父母的言行关系着孩子将来的幸福。

第一要传递美德。小时候看的一个公益广告，我至今记忆犹新：广告里累了一天的妈妈为婆婆洗脚，儿子在门后悄悄看着。等妈妈给婆婆洗完脚，拖着疲惫的身体回到房间时却发现儿子不在屋里，正当她要寻找时，就见孩子小小的身子，路都走不稳，手里却捧着洗脚盆向妈妈走来，嘴里说着："妈妈，洗脚。"孩子是会模仿父母行为的，当你是个孝顺老人的家长时，孩子也会变成懂事乖巧的模样，学着你孝顺老人的样子来孝顺你。作为年轻的父母终有一天会老去，对于孩子孝敬父母做表率也是为自己考虑，这样孩子长大了才会孝敬父母。当然好的品行还有很多，比如：善良、诚实、乐于助人……要求孩子诚实，父母必须诚实。诚实是一种美好的品质，父母诚实，孩子才不爱说谎。家长只有把自己的一些好的品性，好的教养，潜移默化地传给孩子，家庭教育中，父母言传身教首先要传递的就是美德，德育先行很重要。

第二要传递好的习惯。巴菲特曾经到华盛顿大学做一个分享活动，活动上他谈到年轻人应该怎样提升自己，给大家的建议很简单："找一个你崇拜或者最想成为的偶像，找出他身上你最欣赏的特质，然后开始学习和模仿他，把这些特质变成你自己的习惯。"好习惯养成得越多，个人的能力就越强，拥有好习惯的人就一定会取得好成绩，这些习惯就会让你变成人生赢家，好习惯成就大未来。父母要想让孩子具备一定的好习惯，首先家长必须具备良好的习惯，把好习惯延续，争取在家庭教育中，呈现给孩子。

家长要有终身学习的习惯，"活到老，学到老"。在自己的工作方面，我们要追求知识永远没有止境，只有我们不断坚持努力学习，不断更新知识，才能适应和跟上社会的发展。在不断的学习与检验中，完善自我，走向出色，成为孩子引以为傲的榜样。同样，在家庭教育方面，我们也要不断学习，订阅一些家庭教育方面的期刊杂志，积极参加家长学校的学习，多掌握一些家庭教育的专业知识，这样有助于引领您教育孩子的方向。还要和孩子同步学习一下孩子的书本知识，能够和孩子有共同的语言，给孩子一种：我爸我妈什么都会的感觉。亲子之间需要共同学习，相互学习，有的时候，我们也可以从孩子身上学到很多，现在的孩子获取知识的渠道很多，知识也很丰富，经常听孩子说一说，也会让我们豁然开朗。

家长要有认真倾听的习惯。我常常说："认真倾听是对别人的尊重，你尊重别人，别人也会尊重你。会认真倾听是有修养的表现，打断别人说话是一种非常不礼貌的行为。"作为家长要先养成倾听的习惯，每次孩子和您说话的时候，不要打断他，认真听孩子想说什么，和孩子进行真诚的对话。在这个过程中，您就会让孩子感受到以后别人说话的时候，他该怎么做。青春期以后，家长和孩子说话的时候，孩子才会有耐心听我们说完，而不是戴着耳机假装没听见。

家长要有反思的习惯。作为一个班主任，班里每个孩子出现状况，我都会首先反思一下是不是自己在班级管理上有什么不到位的地方？作为一名教师，每次的课程结束后，我都要反思一下这节课上得成功和不成功的地方在哪里。也许是职业的需要，让我养成了很好的反思习惯。后来，我发现在家庭教育中，反思同样重要。无论是夫妻关系、还是亲子关系出现矛盾的时候，都需要我们冷静地反思，在反思中寻找问题的根源，再找到解决的办法，这样会让我们的家庭关系更和谐，家庭教育向着好的方向发展。

家长要有做计划的习惯。培养做事有计划的好习惯，我们才能更好地利用时间快速地达成所愿。成功的人，肯定会有效地掌握时间，善于安排和运用时间，并在有序的安排和分配时间中，抓住重点和要点，在合理的规划下有条不紊地去做事。现在社会节奏很快，大家都很忙，家长就更忙。不仅要忙自己的工作，还要忙孩子，所以养成做计划的好习惯很重要。每天把工作上的事情和家里的事情都列到计划里，做好衔接，既不耽误工作，也不要忽略孩子。我每天还会把自己的时间计划告知孩子，让她清楚在她放学的时候我在开会，她需要自己安排写完作业，去操场上跳绳，或者看书，这样她就不会在放学后找不到我而紧张，对孩子合理安排时间也是一个很好的培养。

第三要传递良好的情绪。在之前的文章中已经谈到了家长具有良好情绪的重要性，家长是快乐的，孩子就是快乐的；家长是消极的，孩子就是消极的；家长是礼貌的，孩子就是礼貌的；家长是暴躁的，孩子也往往难以管理自己的情绪。家长永远不知道孩子将会在您身上学到些什么，但是我们都希望孩子在我们身上学到的是好的，积极向上的，正能量的。所以，家长自己本身就要每天充满正能量，元气满满，积极乐观，将良好的情绪传递给孩子，相信孩子将来控制情绪的能力也不会差。

第四要传递文明的语言。对孩子最好的教育就是言传身教，家长的一言一行，都会给孩子带来深远的影响，有时，家长一句粗糙的话语，孩子就会听到，学到，然后和同学间就会有言语上的过激行为。我们年级有一个男孩儿，骂同学、打同学、还骂老师，班主任和家长沟通多次，家长都不以为然，觉得老师太小题大做。这种极端的情况，就属于言传身教都有失偏颇的类型。一个不文明的家长，又如何教导自己的孩子成为一个文明人呢？我们想要让孩子成为一个文明的人，您首先要做个文明的人。

言传和身教都是培养孩子的重要方法。所谓言传，就是说平时应该灌输给孩子好的思想和辨别是非的准则，比如哪些行为是有礼貌的，哪些行为是粗鲁的，没有教养的。在孩子做出错误的行为时，应该立刻指出，并加以纠正。相对于"言传"来说，"身教"具有更大的效果。父母的一举一动直接影响他们的言行。从自我做起，自身做一件实实在在的符合道德规范的事要比对孩子苦口婆心说教十句、百句更有意义，更有说服力。我们每天早上出门上班时，都会和老人说一声再见，时间长了，孩子也自然而然地学会了进出家门主动和长辈打声招呼，并且还形成了习惯，根本无需我们的教导。

大部分家长都能够做到言传，每天也在不停地嘱咐孩子各种事情，"上课好好听讲啊，放学别总看电视，别玩儿游戏……"有的家长经常和我抱怨："老师，您都不知道我说了他多少回了，他就是不改，气死我了，我也没有办法了，您多费费心吧。"孩子立刻就会反驳道："你都没有做到，凭什么要求我？我妈天天在那儿玩手机，根本都不管我。"看到了吧，这就是言传到位，身教没跟上。时间长了，孩子不可能听你的了，因为孩子发现我妈只是说说，她自己都不信。

我们班有一个小男孩，每天课间的时候都活跃在各种游戏场景中，自己配音加动作，特别专业，一看就是在家经常玩游戏的那种。把他叫过来，了解一下情况，爸爸妈妈都是网络游戏公司的，家里玩游戏既是娱乐也是工作，爸爸经常打游戏打到很晚，估计孩子天天看也看成高手了。家长打游戏的这个行为，让孩子看在眼里，模仿在手上，记在脑海里，在课间自然流露出来的行为是真实的行为。

我们经常会看到别人家的孩子彬彬有礼，别人家的孩子成绩好，殊不知这一切的成绩，都和他们的父母有关，家庭教育对于一个孩子的成长，起了决定性的作用，一般有什么样的父母，就会有什么样的孩子。给孩子最好的教育就是家长的言传身教，家长每天晚上都读书到深夜，孩子也不可能沉迷于游戏。家长整日为了家庭的幸福忙碌，孩子也不会变得无所事事，没有上进。所以说，好的家长一定给孩子带来好的榜样，只有把自己做好了，孩子才会做得更好！

第八节　家长要建立良好的亲子关系

亲子关系是指：父母与其亲生子女、养子女或继子女间的关系。亲子关系是儿童最早建立起来的人际关系。父母的人品，对子女的教养、抚养、教育方式以及态度等，都在这种关系中直接对孩子的身心发展产生影响，也将影响儿童今后的人际交往关系。亲子关系是个体和社会生活中重要的一部分，在幼儿期，它几乎是个体全部情感的依赖所在。

良好的亲子关系是亲子教育的基础，只有在关系和谐的状态下，孩子才更容易尊重父母，接受父母的教育。建立良好的亲子关系，一方面是为了营造一个良好的家庭氛围，让孩子当下生活更加幸福愉快。另一方面，亲子关系好了，孩子会愿意与父母合作，在成长的过程中遇到任何问题更愿意听取父母的建议。至少不会和父母对抗，青春期会更加平稳顺利地度过。如果亲子关系不好，靠打骂、命令，孩子暂时也会听家长的，但时间久了容易逆反，到严重的时候父母想改善亲子关系会很困难，孩子会拒绝来自家长的帮助，他会觉得自己的朋友要比父母更可信，如果遇到坏的朋友，很容易走上弯路。在亲子关系良好的家庭里，孩子更具有安全感，情绪稳定，这样才有利于孩子的各方面成长。

父母在养育孩子时，形成良好的亲子关系对孩子的终身发展起着非常重要的作用。在家庭中，夫妻关系是第一位的，夫妻关系和谐幸福，才会为良好的亲子关系营造健康的氛围，夫妻和孩子之间最好形成等边三角形的关系，爸爸既爱妈妈也爱孩子，妈妈既爱爸爸也爱孩子，孩子既爱爸爸又爱妈妈，让孩子从和谐的夫妻关系中感受爱，学会爱，孩子在享受来自父母的爱的同时，也学着去爱父母，这样的爱是相互的，也是相等的，亲子关系就会比较和谐，比较亲密。

既然要爱孩子，那么无论孩子优秀与否、健康与否、漂亮与否、听话与否，父母都要全身心地接纳孩子，让孩子感受到父母自始至终是关心他，爱护他的，不要因为他的不优秀而减少对孩子的爱，全接纳，接纳孩子的优点与缺点。父母爱孩子不能溺爱，要做到严而不苛、爱而有度。爱孩子要适度，在孩子取得成绩，希望得到父母的认可时，父母要及时给予孩子正面的回应和反馈，及时表扬孩子，这样才能让孩子真正获得自信，得到父母爱的滋养；批评孩子也要适度，孩子犯了错误，家长客观、公正、及时地给孩子指出来，不带任何负面情绪，要批评引导，不必过分苛责。太过于苛责，会对孩子造成很多压力，导致孩子的性格优柔寡断，做什么事情都会畏首畏尾，不够果断，因为害怕被批评。我们班有一个小男孩儿，他总会不停地说话，很多时候都是自言自语那种，他和别的同学一发生矛盾就会打同学，如果犯了错误，他会在老师还没有开始问的时候，就已经开始解释："老师，不是我的错，是他先招惹我的……"我能够感觉他特别紧张，语速特别快，急于说明自己是无辜的那种感觉。如果我不经意间有个肢体动作，比如抬下手，他会下意识地缩头躲避，很明显能够感觉到他在家里一定是经常被打的孩子，才导致了孩子现在的种种表现。所以，给各位家长的一个建议就是：遇到任何问题，我们都要善待孩子，不要过分苛责孩子，更不能动手打孩子。不幸的童年需要用一生去治愈，而幸福的童年治愈一生，所以在小的时候，孩子拥有良好的亲子关系至关重要。

有的家庭是溺爱过多，出现另一种问题。这样的家庭是父母长辈都围绕着孩子转，将孩子视为家庭的中心，什么都听孩子的，这样容易让孩子目无尊长，养成自私、傲慢等不好的性格。如果在孩子成长的过程中父母包办代替得太多，孩子就会出状况，例如：我们每年新一年级接班的时候，都会遇到这样的情况，孩子让家长帮着背书包、拿东西，如果没带什么学具，第一句话就是："都怪我妈妈，她没给我带，气死我了……"完全没有意识到准备好学具是自己的责任。为什么会出现这样的情况呢？就是因为家长太溺爱孩子了，什么事情都替孩子办了，孩子自己没有得到相应的锻炼，认为这些都是家长该帮我做的，一出问题就怪父母，把责任都推到父母身上，这是孩子在上学以前的六年里养成的习惯式思维，在班主任的反复强调和监督之下会有好转，但是如果家庭内部的亲子关系不发生变化，这种万事靠父母的情况就会延续一生，所以我们在新闻报道中会有"啃老族"出现。

父母要尊重孩子，不能以为孩子是自己生养的，自己就有权利控制、支配他们，要将孩子视为一个有独立个性的生命体，从心底里去尊重他们，在早期父母可以影响他们，让他们形成正确的三观，但对他们的爱好、选择都要给予尊重。尤其是现在每个孩子都会选择一些兴趣班，希望在选择兴趣班的时候，孩子有一定的发言权和选择权，而不是家长觉得哪个可以加分，哪个有利于升学，就要求孩子去选择哪个兴趣班。不要把自己的孩子和别人家的孩子进行对比，因为无论是哪一个学科或者艺术门类，都需要付出很多才可能看到结果，很多家庭的孩子在选择兴趣班的时候并没有太多的科学依据，所以家长抱着试试看的心态会更好一些，如果孩子有兴趣顺着这条路一直走下去最好，如果坚持一段时间之后发现孩子很痛苦，也确实学不会，那不如放弃，再尝试一下别的兴趣爱好。以前的很多艺术大家也不是一下就发现自己的兴趣爱好的，也是在不断探索的道路上逐渐发现自己在某一领域有天赋，并坚持下来的。所以家长不要短期内看不到效果就批评孩子不努力，导致亲子关系渐行渐远，就得不偿失了。在电视剧《小舍得》中就曾出现这样的片段：许多兴趣班就是抓住了家长的这个心理，会想尽一切办法让家长在短期内看到效果，并充值缴费，达到培训机构盈利的效果，家长看到的短期突击出来的效果有可能就是昙花一现，所以家长一定要冷静对待孩子的兴趣培养问题。

记得之前看过一部电影《银河补习班》，故事发生在 20 世纪八九十年代，讲述了一对父子跨越漫长时光收获爱与成长的亲情故事。剧中的这个父亲用自己独特的教育方法和满满的爱给予孩子自由成长的空间，教会孩子独立思考的能力和面对困难的勇气。当孩子面临学业问题，尽管在学校看来孩子没有可塑之处，但父亲从未放弃，鼓励孩子找到心中的梦想并为之努力。用自己的方法帮助孩子提高成绩，向学校证明他的孩子不是不可救药的学生，"学渣"也是可造之才。父母培养孩子良好的安全感和存在感、价值感，孩子会拥有良好的自尊和自信，不抛弃、不放弃才是良好亲子关系形成的营养剂。

在多种亲子关系中，"我好，你也好"的亲子关系是最好的一种状态，父母向上与积极，孩子自由与独立，达成一个家庭的双赢。作为"我好"的父母，并非是用物质条件、名气条件来衡量的，而是家长的精神状态非常好，对孩子的影响是向好的。父母可以是普通的职员，是勤劳朴实的农民、清洁工，屡次创业失败但从未放弃保持乐观的企业家，关键的是，这些家庭的父母都很自信，对孩子也常常鼓励和赞美，对待生活是积极乐观的态度。孩子最开心、最想要的是每天家长能够接送自己上、下学，能够和自己聊聊学校发生的事情。父母每天开心地做自己喜欢的事，回家不抱怨老板和工作，能够全心全意地陪伴孩子，鼓励孩子的每一个成就。父母经常和孩子一起共进晚餐，一起聊天，一起玩耍，一起运动，一心一意地陪伴，有利于亲子关系的改善。父母的好，是努力做事情，享受自己的生活；孩子的好，是开心地上学和回家，是被父母尊重与赞赏。

生活本来就不是完美的，生活是需要家庭的每一个成员去担当的，无论是顺境还是逆境，父母都有把生活塑造得尽量美好的心态和能力。父母和孩子，都有自己的人生，我们可以把对方的好作为自己幸福的来源，但终其一生需要我们自己努力经营，才会更加幸福和美好。"我好，你也好"的关系，是最理想的亲子关系，希望可以伴随我们每个父母和孩子的一生。

第九节　家长要进行高质量的亲子陪伴

亲子陪伴主要包含两个层面的内容："陪"是指父母跟随孩子，陪同孩子做适合孩子年龄发展需求的事情；"伴"是指父母和孩子在一起，不仅需要为孩子的发展提供支持，也能通过与孩子互动，不断反观自己，实现父母的自我成长。陪伴是这个世界上最重要的事情之一，对父母和孩子来说，都是。

根据《2017 中国家庭亲子陪伴白皮书》显示，工作日中国家长平均每天陪孩子的时间为 3.7 小时，周末为 9.3 小时。55.8% 的家庭中，陪孩子的都是妈妈，隐形爸爸是普遍现象。爸爸陪孩子较多或爸妈一样多的家庭仅占 12.6% 和 16.5%。爸爸在工作日陪孩子时间为 2.9 小时，周末为 7.7 小时，远低于妈妈的 4.6 小时与 10.9 小时。47.6% 的父母会在做家务的同时陪孩子说话、聊天，而不是全身心投入地陪孩子玩耍；38.4% 的父母会玩手机；49% 的父母在陪孩子时从不参与孩子正在做的事，而是选择旁观或忙自己的事，父母陪伴孩子只是一种形式。《中华人民共和国家庭教育促进法》第二章家庭责任的第十七条提到了家长要："亲自养育，加强亲子陪伴；共同参与，发挥父母双方的作用……"亲子陪伴成为了法律法规的一部分，更应该引起家长的重视。

在家长心里，孩子是最重要的存在，每位家长都希望一天二十四小时都能陪伴自己的孩子，享受亲子之间的温馨。但是现在社会生活压力比较大，因为工作的原因，家长每天陪伴孩子的时间被一再压缩，也许只剩下可怜的几个小时。陪伴是一个效率问题，而不是时间问题，所以父母要实现高质量的亲子陪伴。尤其是孩子年幼的时期，通过父母的陪伴，孩子才逐渐构建起对自己的认知，实现自我人格的形成与完善。父母高效有质量地陪伴孩子，关乎孩子的未来，只有高质量的陪伴，孩子才能更好地成长，家长与孩子们的关系才能越来越紧密。如何在有限的时间里给孩子高质量的陪伴成了家长应该认真学习的课题。那么，家长如何给孩子高质量的陪伴呢？

陪伴就是参与，共同参与做活动，强调的是感同身受。当忙完自己的工作之后，陪伴孩子的时间到来时，家长要放下工作和生活中的杂事，放下手机等其他电子设备，全心全意地陪伴孩子一个时间段，让亲子时间的每一分钟都属于孩子。在陪伴孩子的时候，千万不要一边看手机一边陪孩子，这样会不知不觉被手机中的内容给吸引，连孩子跟你讲什么话都不知道，孩子会认为你的陪伴态度是敷衍的，感情也会疏远起来，认为爸爸妈妈更爱手机而不爱我。

父母应该对孩子表现出尊重。当孩子向父母倾诉时，父母要一听二问三说建议，把看法、建议放到后面，而更多的是把孩子的需求、对孩子的理解尊重放在第一位。尊重孩子的意愿，先问问孩子想做些什么，在表达的过程中能够很好地观察到孩子的想法和对待事情的态度，家长给出建议的时候能够更加有针对性。如果孩子也没有什么主意，不知道如何表达自己的观点，家长可以根据事情本身帮助孩子进行分析，慢慢引导孩子想到解决问题的办法。也可以跟孩子进行情景剧表演，"那我们现在玩这个游戏怎么样？"在游戏的过程中让孩子通过爸爸妈妈的表演来寻找解决问题的办法。让孩子感受到自己受到家长的尊重和爱意，增进了亲子感情，也提高了孩子的独立思考能力。

父母的陪伴能够让孩子将自己的兴趣坚持下去。年龄小的孩子需要家长陪伴的时间比较多集中在玩游戏、讲故事这些事情上，尽量陪伴方式多样化，多做不同的亲子游戏。家长可以在网上或者书籍里学习一些有趣的亲子游戏，和孩子一起玩，促进孩子的动手和动脑能力。比如可以和孩子比赛拼图，然后让爸爸做裁判，看谁拼得快、拼得好，有趣又温馨。到了学龄期以后，家长更多的陪伴会是在前往兴趣班的路上，家长要提前对孩子的兴趣班内容多了解，这样更能够进行有效的亲子对话，并对孩子的兴趣练习提供建议。同时，加强亲子关系的一个好的方式就是亲子体育类活动，比如：跳绳、跑步、打球、游泳、爬山等，在锻炼身体的同时进行亲子建设，一举两得。

家长在陪伴孩子的时候注意配合亲密的肢体语言。低龄的孩子，最好的陪伴就是抱在怀里。年龄大一些之后，最好的交流与陪伴方式就可以改成拥抱。家长在陪伴孩子的时候，不要总是板着脸，让孩子不想亲近。应该多和孩子说话，注意配合一些亲密的肢体语言，这样可以给孩子足够的安全感。等孩子再大一些，就变成目光的交流，就是一种良好的陪伴。不管有多忙，应该抽空跟孩子谈天说地，让孩子依偎在你的怀里，说说他们心中有趣的事情，尽情地享受温情一刻。比如"一二一"活动，就是一个孩子拉着两个大人的手，共同做一项体育活动，可以增加亲子间的快乐感和亲密度。到了青春期以后，就需要进行深入的交流思想，让孩子把自己的想法说出来，不要否定孩子的想法，而是提供相应的建议供孩子参考，对孩子尊重是顺利度过青春期的前提。不同的年龄阶段，需要不同的陪伴方式，家长要不断学习和调整，保证高质量的亲子陪伴，让亲子关系一直和谐发展。

家长陪伴孩子的时候一定要保持良好平稳的情绪，不能高兴的时候就兴高采烈地和孩子玩，工作上累了或者生活上不顺心，陪伴孩子的时候就非常的不耐烦甚至频繁地发脾气，这样会让孩子不知所措，对孩子的性格培养会有影响。如果家长自身状态确实很不好，应该提前和孩子讲明白，孩子一定可以理解，自己玩一会儿是没有问题的。糟糕的陪伴不如让孩子自己单独玩耍更有利于孩子的健康成长。同时，陪伴的时候千万不要过于功利，切忌今天带孩子出去玩儿，就让孩子回来写个日记或者写个作文，这样一下子就会让孩子在玩耍的时候有心理负担，不能全情投入，导致亲子陪伴的效果大打折扣。

最良好的陪伴应该是情感上的陪伴，如果家长特别忙，没办法随时陪伴在孩子身边，那么就需要在孩子的生活中留下足够多的情感纽带。我们要经常用情绪唤醒孩子的记忆，让孩子感觉到父母一直在身边，就像是叶壮老师讲到的父亲的故事，或者是袁泉收到的妈妈寄来的信，现在就更方便了，家长因为工作出差在外可以和孩子用微信进行视频通话，进行实时沟通。每个家庭的情况不同，各位家长擅长的也不相同，工作性质也不同，家长要研究属于自己和孩子之间的情绪纽带。

鲁格·肇嘉说：孩子成长的方方面面都需要家长的陪伴，同时孩子也可以陪伴父母去参与一下工作上的事情，让孩子也能够进入父母的世界，这对于亲子关系的发展也是相当有好处的。孩子可以了解父母的工作环境，感受父母工作辛苦，找到父母早出晚归陪伴自己时间少的原因，化解自己心中对父母的抱怨和不满。很多时候，不需要家长过多的解释，就能够拉近亲子之间的关系。陪伴是双向的，孩子年幼的时候需要我们的陪伴。我们年迈之后，同样需要孩子们的陪伴。孩子年幼的时候，父母忙碌，需要获得孩子的理解与支持。父母年迈之后，孩子们会比较忙碌，需要父母的理解与支持。多一分理解，我们的亲子关系会更好地发展。多一份付出，就能实现高质量的亲子陪伴。

第十节　家长要定期组织亲子旅行

旅行是在行走的途中发现人生真谛，找到心灵的归属。是通过不同的风景、风土人情和生活体验，去看到更加真实的世界，体验最真实的生活。俗话说：读万卷书不如行万里路，行万里路不如阅人无数。这句话告诉我们读书和旅行都很重要，但旅行绝不仅仅属于大人，它还属于孩子，属于家庭。亲子旅行的过程中会增进亲子关系，提升亲子陪伴时间和陪伴质量，带领孩子走入大千世界，感受一路的风景，体验一路的欢歌笑语。

一、共同选定旅行目的地

既然选择出发，那一定需要一个目的地，家长要和孩子一起讨论旅行的目的地。在制订计划的时候，要让孩子一起加入讨论。首先要选定目的地，可以是孩子最近课本里学到的地方，让孩子身临其境，加深对文章的理解。中央电视台有一部非常好的纪录片，叫《跟着书本去旅行》，利用课余时间我和孩子一起观看了这部纪录片，给我们很多旅行的启发。家长也可以效仿，每次出发之前先翻一翻孩子最近学的内容，很有可能就找到了想要去的目的地。可以是孩子的同学曾经介绍过的地方，孩子一直很向往去的地方。现在基本上每个学期开学的时候，我们都会有分享会，孩子们会把自己假期的见闻做成演示文稿在班内分享。同龄的孩子们，兴趣点是相近的，所以其他同学的旅行地可以作为咱家孩子的参照。还可以是您根据目前的教育大方向，有意引导的目的地，例如红色革命根据地一定是要带孩子去看看的。无论去哪儿，一定是全家一起讨论的结果，最终达成统一意见，还没有出发，亲子关系已经在进步了。

二、出发前做好旅行攻略

确定旅行的目的地之后，要鼓励孩子去查一些关于目的地的资料。我们要了解当地的气温、风土人情等，让孩子对目的地有一些初步的了解，这样孩子就会更有安全感，不是去一个完全陌生的地方。同时，也能增强孩子在旅行中的自信，如果可以给爸爸妈妈当小导游，孩子会更兴奋。父母也一样，有了了解以后再去实地参观，您看到的内容和理解的内容也会更加深刻。

以前班级内有一个家长让我特别佩服，她每次在制订旅行计划之后，都会去图书馆借阅几本和目的地相关的书籍，和孩子一起看，然后设计出具体的孩子感兴趣的旅行路线，在旅行的过程中鼓励孩子写游记，分享每天的见闻。她的旅行日记内容丰富，记录翔实，引经据典，而且能够看出她的旅行攻略很实用。每每看到她的朋友圈，我都会耐着性子读完，因为我知道里面的记录一定会让我有所收获。读着她的游记，就仿佛我也和他们一起去旅行了一趟似的。这个家长的孩子是个男孩儿，在小学阶段就对各种军事题材的地方感兴趣，家长就会为孩子在图书馆借阅很多和甲午海战等军事内容相关的书籍，假期陪孩子去他感兴趣的地方参观，经常去参观各地的军事博物馆、炮塔遗址等。最近因为新冠肺炎疫情的原因，不能出北京，我看她的朋友圈，基本上带着孩子转遍了北京的各个历史名人故居，鼓励孩子边读名人传记，边走进名人故居去寻访历史。

三、合理安排旅行路上的时间

无论旅行的目的地在哪儿，我们都需要时间到达，如果合理安排路上的时间，也会有很好的效果。年龄小的孩子，出发的时候可以带上画笔和图画本，一路写写画画，时间会过得很快。用画画的形式记录旅行中的见闻也符合年龄较小的孩子的能力特点。年龄大一些的孩子，可以带自己感兴趣的书籍，在旅途中有书的陪伴会让孩子沉浸其中，路上的时间就不会寂寞。同时，也就不会出现孩子大吵大闹的现象，为旅行中的其他人营造一个好的环境。不要小看旅行路上的时间，如果每一次的时间都有书为伴，长此以往养成一种习惯，是对孩子一生受益的事情。也可以带一些方便进行亲子游戏的设备，在旅途中增进亲子感情。

四、旅行的过程中关注实际获得

在每学期开学初进行的"班级见闻分享"过程中，我发现同龄的孩子在见闻描述上差别很大，也就是家长对孩子在旅行中的实际获得关注点不同。有的家长关心的是：孩子照片照得漂不漂亮，有没有用滤镜，孩子分享的时候就以美图为主；有的家长关心的是：孩子吃得怎么样，孩子分享的时候以美食为主；有的家长关心的是：和目的地相关的人文知识，孩子分享的时候就会给大家讲一讲当地的故事，一些典故的由来。比如说，最近游故宫特别火爆，很多家长都带着孩子去了，从朋友圈就能看出每个家庭的关注点不一样。有的家庭是为了"网红打卡地"去的，照片中全是摆拍。有的家庭是为了参观展品去的，照片里都是自己喜欢的展品，以及展品介绍。有的家庭是为了陪孩子寻找"故宫里的大怪兽"去的，照片里全是故宫的各种屋脊和介绍。家长的关注点不同，孩子的实际获得一定是不一样的，久而久之差别就会越来越大。

（一）旅行带给孩子的是实地体验

虽然有人说，"旅行就是从你待腻了的地方到别人待腻了的地方去"，但是不体验怎么能知道世间还有不一样的风景呢？年幼的孩子可能记不住当地的景点，也理解不了那些文化情怀，但是他只要体验过了，就会在自己的记忆中留有痕迹，知道什么是小桥流水，知道什么是奔腾入海，知道什么是大漠孤烟。如果孩子学了《岳阳楼记》，带孩子登上岳阳楼，亲眼看一看，体验一下，有助于理解："衔远山，吞长江，浩浩汤汤，横无际涯。"所描述的情景。如果学习了《凉州词》，就带着孩子一起去寻访河西走廊，站在玉门关下，吟诵这首诗："黄河远上白云间，一片孤城万仞山。羌笛何须怨杨柳，春风不度玉门关。"更能体会作者当时的心境。走入情境中，体验意境之下的古诗词之美，让孩子与大自然对话，穿越时空与古人对话，对文本会有更深入的体会。所以，一定要给孩子创造实地体验的机会。

（二）旅行增长孩子的见识

"实践出真知"，确实如此，让孩子走出去，去感知大自然，每到一处，孩子会接触到各地的风土人情，实实在在的地理风貌，各式各样的风俗习惯，这些远比书本上的知识来得更加真实。旅行可以增加孩子对事物的见识，提高孩子的综合能力，是学习的好机会。近些年，各种平台都会推出亲子游学活动，设计的路线既要让家长和孩子有兴趣，还要在旅途中增加知识获得感，寓教于乐的游学受到了广大家庭的欢迎。

记得有一年高考题是《"老腔"何以让人震撼》，相信许多学生面对这个题目，无处下笔，因为"老腔"离他们太远了，没有接触过。但是如果您的孩子和我们学校的学生一样在高考之前刚好旅行、游学的时候去了陕西，在那里听到了"老腔"的表演，感受就会不一样，下笔成文也会更深刻，自然也会获得相对更高的一个分数。

我给孩子买了一套书叫《大中华寻宝记》系列丛书，里面包含了中国的各个省份的知识，每本书里都会介绍当地的特产、历史、文化、出土文物等内容，是图文结合的形式，孩子很感兴趣。每次去旅行的时候，孩子就会翻出当地介绍的这本书给我们做介绍，还会带着书到当地去寻找相关的介绍。《故宫里的大怪兽》介绍了故宫里的宫殿屋脊上的各个怪兽，我们就会走进故宫，一起对着书上的介绍去寻找，这样的旅行增长了孩子很多的知识。

（三）旅行增进亲子感情

现在社会节奏的加快，家长工作压力大，家庭的成员之间都属于各忙各的，早晨孩子去上学的时候，父母可能还没有起，晚上都快睡觉了，父母还没有回来，家长基本都没什么时间去关心孩子的生活和学习，如果是经常出差的，可能几天都见不到孩子或没时间陪孩子。彼此之间交流得很少。适当地计划一下全家的旅行，给家人一个可以全身心在一起相处的机会，是增进亲子感情的好方法。通过出游，孩子同父母日夜相处，直接感受到父母的关心、父母与孩子无拘无束地交谈，无形中使孩子对父母更加亲近，更乐意接受父母的教育。

（四）旅行增强孩子的体质

带着孩子外出旅行，与大自然亲密接触，呼吸清新的空气，愉悦身心，增强体质。在旅行中的登山爬坡、步行游览，能促进血液循环，加大肺活量，活动关节，锻炼肌肉，增进健康。一家人在一起，一边聊天，一边爬山或者走路，就不会觉得那么累，锻炼的时间会逐渐拉长，对孩子的锻炼也会更加持久。孩子陶醉于大自然中，身心都获得了欢娱和休息，感受山河的壮美的同时让孩子的心胸更加开阔。现在的孩子面对电子产品的时间太长，视力严重受到影响，走进大自然，满眼都是绿色，对孩子的眼睛也是一种保护。

（五）旅行增强孩子的美感

一开始带孩子去旅行的时候，我发现孩子可能是因为年龄比较小，她更多的是对美食和玩具感兴趣。在景区内，她显得特别焦虑，就想快点儿到吃饭的地方或者玩具店。后来再去旅行的时候，我给她带一个美术本和画笔，鼓励她把看到的感兴趣的画下来。孩子再大一些后，我会给孩子带一个自己的小照相机，鼓励她把自己感兴趣的内容拍下来，回去分享给爷爷奶奶和姥姥姥爷们看。在这个过程中，她会认真去观察旅行中的风景，感受风景中的美，并有选择性地记录下来，回来分享的时候也越来越有意思。看着她拍的照片，很多还真的挺好的，这也是对孩子美育陪养的一个方面吧。

旅行不只是享受，更重要的是陪伴孩子成长，在这个过程中让孩子自己去选择、去计划、去发现、去体验、去感受……身为父母，要让孩子学会利用身边的资源，解决遇到的问题。别让出行时的种种不便，限制了孩子走出家门，看世界的脚步。唯有让孩子行走在路上，才能够让他们深刻知晓生命的可贵之处。那些亲眼看到、亲耳听到的事情，以及和外界接触时带来的眼神、内心的交流，是无法在家中体会到的。如果说陪伴是父母给孩子最好的爱，那么亲子旅行就是孩子塑造自身修养、扩宽眼界的最佳途径。家长朋友们，趁着自己有空闲的时候，带着孩子一起出发吧！

第十一节　家长要培养孩子阅读习惯

温儒敏先生曾说：在中小学阶段，读书是获取精神和智力成长的主要营养源。这个阶段如果注重阅读，将为孩子的一生打好基底，如果孩子在这个阶段建立起兴趣，将会形成自己的生活方式，受益一生。在培养孩子养成阅读习惯的时候，我们可以这样做：

一、在家里营造阅读的氛围

首先，家长要有阅读的习惯。每天忙完自己的工作，作为家长，也要有自己的阅读习惯，言传身教很重要。如果说家长每天看电视、看手机，却要求孩子读书看报，相信孩子会质问你："为什么我不可以看电视？为什么你不喜欢看书，却让我看？"如果家长每天有阅读的习惯，孩子也会受到影响，从此爱上阅读。

我们的家里不仅可以有自己的书柜、孩子的书柜，还可以将家里任何闲置的空间都布置上书籍，尽量给家人提供更大的与书籍接触的空间，餐桌旁，沙发旁，卫生间都可以考虑能放些孩子感兴趣的书。让孩子觉得书籍是我们生活中的一件必需品，随手翻阅书籍是一件像吃饭、喝水一样平常的事情，孩子就会每天很自然地翻阅书籍，进行阅读了。小学二年级的孩子是开始阅读的初级阶段，家长在这个阶段就要特别注意多给孩子创造阅读的空间和氛围。无论多忙，我都会给自己留一会儿看书的时间。

哲学家波普尔的父母非常注重环境对孩子的影响。在波普尔的家里，除了餐厅外，其他地方几乎全是书。在那间特大的藏书室里，放满了弗洛伊德、柏拉图、培根、笛卡尔、斯宾诺莎、康德和叔本华等名家的上万册著作。波普尔后来回忆说："在我还未能读懂父亲的这些藏书前，它们就已经成了我生活的一部分。"这些藏书为他成为一名哲学家奠定了坚实的基础，父母如能为孩子提供一个良好的阅读环境，对孩子爱上读书无疑能起到事半功倍的作用。

二、阅读的内容可以很丰富

小学二年级的孩子已经具备了阅读书籍的能力，并且初步有了评判一本书、一个故事是否适合自己的判断力。在给孩子选取阅读的书目时，不要只局限于某一类图书，我个人认为：只要是积极正面健康的书籍，都可以给孩子看。孩子接触的内容越丰富，才能够在不断的阅读中获取全面的知识，也为孩子后面的兴趣发展奠定基础。

选好孩子"爱看"的书，使孩子对书产生好感。孩子爱不爱看书，与父母的培养技巧很有关系。在孩子学习阅读的初期，父母一定要对提供给孩子的书刊进行精心的挑选，尽量给孩子提供一些印刷美观漂亮、内容丰富有趣、情节发展符合儿童想象和思维特点的图画书，如动物画册、彩图课。也可以经常带着孩子一起去书店选购图书，听取孩子的意见，一起补充家里的藏书量。孩子喜欢看的内容，就会读得认真，不仅加快了阅读速度，还可以加深阅读理解能力，记得女儿经常会把自己喜欢看的书翻过来调过去地看很多遍，很多话都能够脱口而出。

三、要有亲子阅读的时间

除了家庭环境的布置，还需要做家长的正确引导。每天忙完自己的工作，作为家长，我们也要有自己的阅读习惯，言传身教很重要。家长还要尽可能抽出一个时间来和孩子进行亲子阅读。从孩子出生到现在，每天晚上睡前，爸爸都会坚持给孩子读书半个小时，这件事情已经坚持了很多年，家里的每一个成员都是受益者。我们二年级学生已经有一定的识字量了，所以亲子阅读的方式可以多一些，例如：我读你听、你读我听、每人一句接读……每天不同的阅读形式，也让孩子更加期待每天的亲子阅读时间。"陪伴阅读"，通常是孩子爱上读书的一条捷径。在亲子阅读的过程中我们可以了解到孩子最近阅读的书籍是什么内容，做到心中有数。除此之外，我会经常带孩子去图书馆，在安静的图书馆里，各自阅读，是一件非常幸福的事情，既提升了自己，又培养了孩子。每次从图书馆回来的时候，还会借几本喜欢的书籍回家阅读，因为借的书有归还期限，正好督促了我们阅读的速度。

四、多种形式促进阅读

定期了解孩子阅读的内容，在平时聊天的时候，就有了更多的共同话题。每次不经意间聊一聊关于这本书的内容，也会增加孩子看这本书的兴趣。还可以试着一起给故事改编、续编等，既可以增加聊天的趣味性，也可以帮助孩子开拓思路，为今后的作文奠定基础。

家里还可以定期举办一些朗诵比赛、读书分享、古诗词大会、家庭故事会等活动，进行一些正面的小激励，增加阅读的趣味性，也比较适合孩子的需求。我一般在家里送孩子的礼物，首选就是书籍。比如说快过生日了，我就会问孩子："最近有什么喜欢的书吗？"她会告诉我："最近班里同学都在看《杜小默》，我很喜欢。"我就立刻去买，等到生日那天送给孩子。每年孩子的生日我都会挑选一套书送给她作为礼物，久而久之，孩子就会养成一种思维习惯，相信将来她自己想庆祝一下的时候，首先想到的也是送自己一本什么样的书籍。将阅读变成孩子终生必做的一件事情，帮助孩子养成持续学习的能力和思维习惯，对她今后的成长会有很大的帮助。把学会学习的方法留给孩子，是留给她最宝贵的财富。

无论用什么样的方法，核心词语就是"坚持"，要想让我们的孩子坚持阅读，家长就要坚持阅读，跟上孩子的步伐，做孩子阅读的领航人，这样孩子才能在书海遨游得更远，获取更多的知识，成为更加优秀的自己，拥有更加美好的人生。

第十二节　家庭教育也要因材施教

因材施教是指针对学习的人的能力、性格、志趣等具体情况施行不同的教育。它是中国古代思想家、教育家孔子教育实践的产物，有成语典故为证。其出处是《论语·先进篇》——子路问："闻斯行诸？"子曰："有父兄在，如之何其闻斯行之？"冉有问："闻斯行诸？"子曰："闻斯行之。"公西华曰："由也问闻斯行诸，子曰，'有父兄在'；求也问闻斯行诸，子曰，'闻斯行之'。赤也惑，敢问。"子曰："求也退，故进之；由也兼人，故退之。"子路和冉有两个人的问题相同，而孔子的答复却相反，这是因材施教的典型案例。后来人们把这种因人而异的教育方法称为因材施教的教育方法，并逐渐形成教育的基本原则。应该说，正常的教育，无论是学校教育、家庭教育还是社会教育，都应该遵循这条原则和方法。

因材施教可以最大限度地发挥孩子的潜能，让孩子可以集中精力做自己擅长的事情。台湾作家三毛，小时候数学就学得一塌糊涂，几乎是一窍不通，可是她却成为了著名的作家。世界发明大师爱迪生，上小学的时候就被学校开除，没有进过中学，没有上过大学，不影响他成为发明家。像这样的例子有很多，包括我们身边的人，谁都有自己擅长和不擅长的事情，因为世间没有完美的人，终其一生我们把自己擅长的事情做好就可以了。家长对孩子的教育如果实行因材施教，孩子只要发挥自己的强项，坚持下去，无论干哪一行，都能取得不俗的成绩。

因材施教能让孩子的身心健康成长。每天朝夕相处的陪伴，家长要了解孩子的人格特征和智能特点，不强求孩子做自己能力范围以外的事情，避免给孩子造成不必要的伤害。家长的因材施教能让孩子的情绪稳定，开心快乐地成长。如果我们花大量的时间让孩子练习自己不擅长的事情，既耽误了他原本应该用在擅长事情上的时间，也增加了孩子的困扰，长期的挫败感和被批评会导致孩子的性格出现问题。

因材施教可以促进良好的亲子关系。兴趣、爱好和志向是可以被引导或纠正的，父母实行因材施教，遇到孩子的智能弱项，家长要有更多的耐心，降低对他的期望值，给孩子更大的空间，鼓励、承认和欣赏孩子，让他们自由地成长。遇到孩子的强项，我们就多花心思去研究，给孩子搭建最好的平台，让孩子在自己擅长的事情上能走多远就走多远。孩子按照自己的优势去选择学习的内容，学习兴趣会增强，学习效率会提高，自信心也会增加。听到家长的肯定和表扬，孩子会更加有动力。孩子的成绩好，家长也会更高兴，亲子关系会得到很大的提升，进入良性的循环。

优秀的父母必备的两大条件是：重视教育和懂得教育，因材施教对家长具有非常重要的意义，家长在因材施教的过程中应该扮演一个主要的角色，孩子的教育问题任重而道远，家长要真正懂得因材施教，做一个有责任心的，有爱心的，懂得欣赏的父母。家长如何做到因材施教呢？

家长要因性别施教。男生和女生在生理、心理上的确存在着差异，女生在生理发展上比男生一般早熟两年左右，在小学和初中低年级时，女生的语言能力和机械识记能力一般优于男生，再加上学习的内容中抽象思维的成分比较少，所以此时女生的学习成绩普遍高于男生，但随着年级的升高，学习内容机械识记成分减少，相应的抽象思维的要求越来越高，男生的优势就开始显现，成绩也越来越好。所以，作为父母，您要了解自己家孩子在这个年龄段的性别优势是什么，千万不要着急，因势利导，帮助孩子保持和发展自己的优势，孩子只要发展稳定就可以了。家长在给孩子选择兴趣班的时候，也要考虑孩子的性别问题，男孩子和女孩子适合学习的内容也会有不同。比如说：女孩子可能选择唱歌、舞蹈、乐器等会多一些，男孩子可能选择武术、羽毛球、篮球等会多一些。

家长要因性格施教。不同性格的孩子对于学习的方式和内容的敏感度不一样，感兴趣的内容不同，实际获得就会不同，擅长的领域也就不尽相同。在孩子的性格养成上，我们之前的话题中也谈到了，家长关注孩子的性格，并有针对性地进行引导，但是不要强求。记得我实习的时候，带我的老师告诉我这样一段话：班里孩子的性格不同，你不要强求每一个孩子都愿意表达，有的孩子就不喜欢说，但是他们心里都明白，这样就可以了。做家长也一样，如果您发现孩子特别内向，可以多带孩子参加一些活动，引导他和别人进行沟通，但是如果孩子很排斥，就喜欢独处，那就给他安排一些安静的事情去做，例如：画画、书法、围棋等。如果孩子特别喜欢热闹，爱和别人交流，就可以多选择一些团体协作项目，例如：篮球、足球等。尊重孩子的性格，因性格施教也很重要。

家长要因能力施教，孩子的能力有大有小，能力的充分发挥也有早有晚，有人早熟，也有人大器晚成；能力的结构上也有差异，有的擅长想象，有的擅长记忆，有的擅长唱歌，有的擅长舞蹈。家长要因孩子的目前所呈现出来的能力施教。比如：孩子柔韧性一般，下腰费劲，您非要让孩子去学舞蹈，孩子学起来会非常吃力，记得导演杨靖宇在接受采访的时候就曾说过：他当年其实想学舞蹈，老师一看，说你的柔韧性不行。等到他弟弟的时候，比正常孩子晚了两年去学的舞蹈，一去老师就说苗子不错，行话说的祖师爷赏饭吃，其实就是我们所说的因能力施教。家长一定要知道孩子的能力属于什么水平，然后再制定教育的目标和培养的方法。

写这篇文章的时候，我想到了班里的一个小男孩，这个男生对音乐特别有天赋，家长说家里没有和音乐相关的人，也没有人教他，这位男生就自己看着谱子学，跟着视频学，笛子就能吹得很好。每次在班级联欢会的时候他都会给大家带来一个自己练习的新曲目。我和家长沟通后推荐孩子去了学校的管乐团，在管乐团里孩子学习的小号，表现也很好，顺利入选了管乐团的演出团。今年春节联欢会的时候，他组织了班里其他三位学习管乐的同学，没有打印机，就手写谱子分给队员，组织队员利用短暂的时间紧锣密鼓地排练，最终为大家带来了一场很棒的小型音乐会，能够看得出来他是真的喜欢这件事儿，在组织和演出的过程中特别有成就感。我想，这个孩子应该就属于祖师爷赏饭吃那个类型的。

班里还有一个小男孩儿，孩子很努力，就是学习上实在是费力，他不是学习态度问题，是很多内容真的理解不了，学不会。我观察了他很久，发现他在体育方面应该会有发展，于是和家长沟通，看能不能在体育方面给孩子培养一下，孩子妈妈给他报了跆拳道、乒乓球等体育类的兴趣班，我推荐他去了学校的武术社团，希望未来他能够在体育方面有所发展。在今年的班级团体"8"字绳比赛中，体委在选人的时候，男生队的十位选手中就有这位同学，说明他的体育能力大家还是有目共睹的。这个孩子就属于家长要认真研究给孩子谋出路的类型，家长对孩子的规划和建议很重要。

因材施教，顺势而为，让我们的家庭教育在温情中有更多的引导，孩子在自己擅长的领域中收获更多的知识，培养更强的自信心，为自己的发展奠定基础。因材施教并不是不擅长的领域就彻底放弃，在引导的过程中守护孩子的成长。

第十三节 家长对孩子的期望值要适度

期望是指人们对某样东西提前勾画出的一种标准，达到了这个标准就是达到了期望值。哪个家长不期望自己的孩子成才？哪个父母不期望自己的孩子能健康成长？从孩子呱呱坠地那一刻起，很多家长就对孩子寄予极高的期望，乐器、绘画、舞蹈、游泳……学习各种才艺，希望孩子样样精通；语文、数学、英语……参加多个辅导班，盼望孩子各门功课名列前茅。作为家长，当然会对孩子有所期望，这是人之常情，没有什么不对。自古以来，中国的家长就有"望子成龙、望女成凤"的思想。家长们苦口婆心引导、教育孩子刻苦读书，努力学习，就是为了孩子能够考上好学校，出人头地。家长的期望水平对子女的学业和成长有很大的影响：适度的期望有利增强孩子的自信心、进取心，是进步的动力。

在家庭教育中，家长给孩子过高的期望往往会给孩子造成很大的心理压力，家长受自己期望的影响会不断地敦促孩子去做事情，去努力。有的孩子调节能力比较强，会舒缓内心的压力。有的孩子调节得不好就会走上歧路，到了青春期孩子会产生很强烈的逆反心理，和家长的亲子关系也面临危机。

有一位母亲认为孩子有舞蹈的天赋，就卖掉自己家的别墅，带着孩子全国各地上表演和舞蹈等兴趣班，最终爸爸辞职带着 10 岁的孩子在北京练习舞蹈，母亲在老家赚钱，全家就希望孩子能够考上北京舞蹈学院。结果北京舞蹈学院的老师对孩子的评价是："孩子目前还处于兴趣阶段，离专业还有很大的距离。"在听到专业老师评价的这一瞬间，相信这位母亲是很难接受的，家长对孩子的期望太高了，付出的代价太大了，让孩子心理都难于承受，认为没有考上都是因为自己还不够努力，内心十分的愧疚和自责。家长对于孩子过高的期望落空时，可能会产生很多的失望情绪，无论是表现出来的，还是没有表现出来的，都会让孩子的自尊心受到极大的伤害，变得自卑。

现在许多家长对孩子是既期望值过高，又不假思索、不加论证地把自己的期望立即付诸实行，逼子成龙。这就好像完全不勘测地质情况立即施工的大楼，非常危险。目前，几乎每个孩子都会上兴趣班，上什么样的兴趣班，很多家长都是跟风儿报的，不管孩子喜欢不喜欢，因为家长希望孩子全方位发展。经常会看到满脸疲惫的孩子游走在各个兴趣班之间，周末的时间被安排得满满的。有的学生和我聊天的时候，就经常说："老师，我最不喜欢过周末了，各种兴趣班布置一堆的任务，太累了。"有的学生每周要上 13 个兴趣班，孩子是苦不堪言，每天奔波在各个兴趣班之间，吃不好、睡不好，孩子听着每个课程的内容，脑子都是混乱的，又怎么提高呢。家长就更郁闷，花了大价钱，牺牲了很多的时间，车马劳顿，还没看见效果，亲子关系也不和谐了，感情也疏远了，全家战争也升级了。

新闻上经常会出现这样的报道：儿童因为各种兴趣班，太累，导致死亡的案例也越来越多，年龄越来越小。这些现象要引起各位家长的反思，我们到底期望孩子获得什么？成为什么样的孩子呢？孩子真的能全方位发展吗？放眼望去，许多的名人、科学家、发明家，好像都是在某一个领域里特别擅长，并不是样样精通的。那我们为什么非要自己的孩子在小小的年纪就什么都得会呢？是很多家长在全民焦虑中失去了理性思考，给孩子报了太多家长认为应该上的兴趣班。

许多家长时常用自己有限的人生经验，作为儿女成长权威的指导手册，尤其不愿看到儿女去重复自己曾经的遗憾，知道自己缺什么，就希望孩子补什么。于是，让孩子去完成自己当年不曾达到的愿望，往往就成了孩子的目标和使命。因此，对自己的孩子学习分数看得很重，也抓得最紧。家长对孩子的期望也可能在一定程度上促使家长在家庭教育中，给孩子很多的任务，很大的压力。尤其是在学习上，这样就使得家长对孩子的期望成为孩子厌学的根本原因，任何一个人面对繁重的学习任务，肯定都会产生一些厌烦的心理。无数事实告诉我们，不是每个孩子都善于考试的，更不是每个孩子都可以把各门功课学好的，即使他们十分努力。所以，当家长对孩子的成绩期望值过高的时候，会对孩子造成很大的压力。最终导致孩子厌学、逃学、患上心理疾病。我们就常会发现，有的同学平时表现还可以，一到考试的时候成绩就不理想，究其原因就是考试心理负担太重导致的。

家长要摆正心态、淡化期望。父母要保持一颗平常心，愿意接受孩子普通的样子，恰当地期待和合理的要求，才能激发孩子学习的动力、提高信心。家长要给孩子设计一个理想的未来，更要为孩子设计一个现实的未来。家长要淡化过高的期望值，尤其是对孩子学习上出现过高的要求。适度的期望加上科学的教育方法，促进孩子进步。我们不可能在违背孩子身心发展规律的情况下，收获一个理想的结果。如果家长计算一下就会发现，孩子每周除了要完成学校的所有任务以外，还要上十几个兴趣班，孩子还有多少时间是用来玩儿和用来休息的？既没有充足的睡眠、又没有快乐的心情，一个孩子怎么会有良好的发展？所以家长不能完全按照理想的模式去塑造孩子，要顺其自然地引导孩子发展。

一个人最重要的是应该具备自己的思想，对每一件事情都有自己的想法，如果在家庭教育中，家长把自己所有的期望都放在孩子身上，孩子很可能会丧失掉自己内心的想法，不知道自己该做什么，因为以孩子目前的年龄要把每件事情都做好是很困难的。就是一个成年人，让你同时吹拉弹唱样样都会，恐怕也很困难吧。我家女儿在学钢琴的时候，我有一段时间心态就有一些失衡，总是数落她为什么弹不好，是不是没有认真努力，她有一天特别伤心地说："我已经很努力了，这个就是很难，不信你试试？"她这么一说，把我说愣住了，试试就试试，我坐在那儿弹了很久，慢慢认同了孩子的看法，就是很难，我一时半会弹得还没有她好呢。从那以后，在练琴这件事上我没有再批评过她，只是说："你尽力就好，我们就当个兴趣爱好学习学习。"因为作为一个不懂音乐的家长，我确实对孩子不能有更好的助力。

家长要尊重孩子的独立性。每个人都有自己梦想和理想，孩子也不例外。父母不能把孩子当成自己前半生的延续，也不能视为自己的简单重复，还不能看作是父母的人生1.0升级后的2.0版本，而是一个独立新生命的开始。万不可让孩子完成你年轻时未曾达成的愿望，用孩子幼小的身躯当作堵住你人生的"窟窿"的工具，事事要求孩子为你争取面子。

父母应配合学校教育，从孩子素质、综合能力发展的角度，重视孩子的个性差异，培养孩子完整的个性。父母要多花费时间寻找孩子的兴趣和专长，对孩子进行综合分析，有效评估，对孩子的整体水平有一个全面的解读。并在此基础上，再给孩子提出他能达到的合理要求和目标，这样孩子就会感受到亲情和生活的温情，以此培育孩子良好的品性和性格。尊重孩子的个性发展的教育才是成功的教育。

家长要把决定权交给孩子。父母对于子女的发展是一个重要的外部因素，也就是说，父母只能为孩子的成长提供有利的条件，创造适宜的环境，既不能包办代替，也不能强其所难，要让孩子学会自我教育、自我完善，孩子才是自己的主人，把决定权交给孩子，充分发挥其内在的主导作用，才是科学的教育方法。

家长对孩子的期望要及时调整。父母的期望值要根据内外条件的变化，及时予以调整。不必拘泥于既定的目标，而应以最适合的为标准，才会有最大的效益。要在注重孩子智力发展的同时，注重对孩子独立能力、适应能力的培训，健康心理的指导，为孩子将来的生存与发展乃至人生理想，打造牢固的人格基础，这才是我们家长必须认真去解决的问题。最近朋友圈流行一张图片，就是说家长对孩子的期望在不断调整的真实表现：从幼儿园的时候我们希望孩子是天才智商改变世界，小学阶段希望自己的孩子能够考上清华、北大这样的顶尖学府，到小学毕业的时候就希望孩子能够成为社会精英人才，初中毕业家长的希望是孩子能上本科大学，高中毕业家长的希望变成了能读大学就行，等到大学毕业家长的希望是孩子能够结婚生娃就行。我们不难看出，对孩子期望值过高的阶段集中在幼儿园到初中毕业前，这段时间的孩子也是最辛苦的，背负着家长的美好愿景负重前行。

对孩子的期望值一定要符合实际，尊重孩子的选择，多倾听孩子的心声，确定和孩子的年龄、能力、兴趣爱好等相匹配的期望值，对孩子的健康成长更加有利。

第十四节　家长要帮助孩子顺利度过爬坡期

相信各位家长或多或少都有些感觉：一、二年级的时候，孩子的成绩还是比较优秀的，各学科都是优秀。可是到了三年级以后，孩子的各科学习成绩开始出现下滑现象，有的孩子下滑严重，家长会莫名紧张，却又不得其法，不能够很快帮助孩子进行调整。眼看着孩子的成绩越来越差，家长的焦虑情绪陡增，孩子面对家长的数落，会顶嘴反抗，进而出现的就是亲子关系越来越紧张。不止一位家长曾经和我抱怨过，现在孩子大了，越来越不好管了，根本不听。

到底是什么原因，导致我们出现这样的情况呢？再冷静思考一下，我们就会发现问题的所在：

从知识方面来说，三年级的内容要比之前学的内容更加深入，语文、英语的阅读理解、作文等内容要求学生达到的水平会更高。数学方面，提高了对学生理解问题能力、提出问题能力、解决问题能力、探究能力等各方面的要求，只是更加灵活，需要学生具备较强的综合能力。包括音乐、体育、美术等各个学科，都加大了学习难度。所以，一个三年级的孩子，需要的是全方位、各学科能力的统一提升，必然也给这些孩子带来了一定的学习压力。所以，三年级是一个两极分化的阶段，由于学习内容多了，难度大了，孩子要保持高分，需要花费更多的力气，付出更多的努力，如果马虎的话，成绩很容易大幅下滑。

从心理方面来说，三年级的孩子喜欢以自我为中心，但是也能开始从别的小朋友的角度看待事物，但是看待事物会两极分化，缺少中间状态，如黑与白、对与错、好与坏等。虽然孩子可能会表现出极端的情感反应，会和爸爸妈妈争吵，但是整体上情感比以前稳定。三年级的孩子开始用眼睛观察世界，用头脑来探索世界、评价周围的事物，不再像以前那样听爸爸妈妈的话了。同时孩子希望能够按照自己的意愿行事，而不是被动地遵从爸爸妈妈、老师和别人的安排。为了显示自己的力量，这个年龄段的孩子会以一种与成人的要求相反的方式来行动，以此来突出自己的重要性。

孩子在这个爬坡期，就需要家长的帮助，在科学的方法帮助下，孩子们就会顺利度过，成为更优秀的自己。

一、帮助孩子学会"知己知彼"

三年级的孩子说小不小，说大也不大，还不能够完全做到对知识的掌握和梳理，就需要家长协助孩子梳理所有的知识，帮助孩子全面了解他正在学习的每一个学科的知识到底是什么样子的，真正做到知彼。

每次考试之后，家长要对孩子成绩表示肯定，鼓励之后，帮孩子分析错题的原因，让孩子认识到怎么错了，并学会正确的方法，最后提出如果你再认真一些、努力一些会更好的。真正做到知己。

胜利的前提是知己知彼，才能够百战百胜。知己——就是分析孩子自己的优势和劣势；知彼——就是要研究好知识点和考点。知己和知彼都做到之后，我们就是期待着孩子下次能有更好的表现了。在和孩子接触时，我发现一句表扬可以让孩子高兴好长时间，这种喜悦的情绪会带动孩子去做更出色的事情。所以，教育孩子的时候要用拇指别用食指，多夸奖他们。

二、培养孩子的阅读能力

我们会发现：三年级无论是语文的阅读理解还是数学的解决问题，都需要孩子们有较强的阅读能力和理解能力，能够读懂题，才能够做得对，所以读懂是前提条件。所以就需要家长重视孩子的阅读能力的培养。如果您的孩子还没有养成大量阅读的习惯，那么从现在开始，抓紧培养吧。阅读是提升孩子自身素质、提高阅读能力的最佳手段。

温儒敏先生曾说：在中小学阶段，读书是获取精神和智力成长的主要营养源。这个阶段如果注重阅读，将为孩子的一生打好基底，如果孩子在这个阶段建立起兴趣，将会形成自己的生活方式，受益一生。

三、培养孩子的自律能力

一个人能够成功，不是因为他的智商很高，而是因为他具有很强的自律能力。自律能力是一种内在意识，即使脱离了父母的影响，也能够长期指导孩子的行为。所以各位家长要想让孩子顺利度过爬坡期，就要让孩子养成自律的能力，这样也可以保持我们良好的亲子关系。

可以和孩子一起制定作息时间表，帮助孩子逐渐养成按时完成任务的习惯。家长对孩子的许多要求要做到延迟满足，延迟满足是一个人走向成功的重要心理素质之一。当孩子学会了等待，学会了控制自己的欲望的时候，他们的耐心、自律能力自然就提高了。家长要以身作则，要想让孩子成为一个自律的孩子，家长必须首先做到，率先垂范，是最好的培养方法。

四、走进孩子的内心，了解孩子

家长要明白：如果孩子出现顶嘴等情绪，还是比较好的，说明孩子对您还是很信任的，愿意把自己的不满或者想法说出来，让您知道。就比闷在心里什么都不说的情况要好很多，如果孩子什么都不愿意和您交流，就说明您和孩子之间的关系比较紧张了，要引起注意了。如果孩子把什么问题都放在心里，他又不能够很好地劝解自己，很容易导致他上课走神、成绩下降等现象。

家长要多花些时间陪孩子，多做一些沟通和交流。我们要及时了解孩子的想法，并帮助他化解遇到的难题。心理学家对几千位学生进行调查，结果发现：与父母在一起时间多的孩子，在学业成绩、能力素质和品德发展等各个方面的发展明显优于与父母在一起时间少的孩子。

在孩子处在爬坡期时会遇到许多困难，希望家长朋友们做个有心人，及时留心孩子的各种表现，能结合自己孩子的特点给予帮助和教育，让孩子能够健康快乐、顺利地度过爬坡期。

第十五节　家长要避开家庭教育的误区

人这一生中必须要接受三种教育，即家庭教育，学校教育和社会教育。这三种教育的占比应该是：家庭教育占90%，学校教育占8%，而社会教育占2%。对一个孩子来说最重要的便是人生的开始阶段，也就是家庭教育。每个孩子从他出生的第一时间起，家庭教育就已经在无形中产生了，也就是说家庭教育是伴随孩子一生的教育，父母是孩子最好的老师，也是最重要的老师。家庭教育的优势是连续、不间断地对孩子进行着教育，影响着孩子的一生。所以，只要家长重视家庭教育，认真为孩子制定好教育规划，孩子在连续的优质的家庭教育中会发展得很好。想要正确地有质量地教育好自己的孩子，家长就必须要有正确的养育观念，掌握切合的教育方法，合理利用一切教育资源。

目前的现状是：大多数父母可以为孩子付出生命，却不肯为孩子付出时间和心思。许多家长都在拼命工作，努力赚钱，想为自己的孩子赚一个美好的未来，忙到没有时间陪孩子，更有甚者，好不容易去给孩子开一次家长会，却不记得自己孩子上几年级了，2019年春节晚会上的小品《占位子》说的就是这样的一件事情，几个家长为了给自己的孩子在班里抢一个好座位大打出手，结果一位家长尴尬地发现自己走错了教室，自己的孩子已经升入高年级了，自己都不知道。近年来，类似的家长特别多，每次我请家长来学校聊孩子遇到的问题时，家长都会说："老师，我真的特别忙，最近总出差，好不容易不出差了，还得应酬，每天等我回家的时候，孩子已经睡着了，我根本来不及教育他。"面对种种，让我陷入了深思：在孩子成长的过程中，家长们到底应该给孩子留下些什么？也许很多家长还没有清晰地想明白。连续两年春晚都在宣扬家庭教育，是不是在提醒家长们：给孩子再多的物质条件，不如多关心一下孩子的成长！当我们缺席了孩子生命中的很多重要时刻后，对孩子来说父母就像熟悉的陌生人，孩子越来越孤独，甚至染上了坏习惯、结交了不良的朋友，家长都没有及时发现，那我们忙碌的意义何在呢？

我们要尽量想办法把孩子留在自己的身边，最好每天都能够见到孩子、陪伴孩子。如果实在有特殊情况，也希望家长尽量抽出时间多陪陪孩子，不要很长时间缺席孩子的成长。父母们常常想给孩子积攒更多的钱，实际上多少钱都买不来孩子的快乐。孩子成长中的幸福感、教育机会一旦错失了，就永远找不回来了。因为，父母给孩子最好的教育就是陪伴。我觉得主持人王芳的做法就很好，因为每天下班很晚，晚上不能陪孩子，就改成早晨在早餐的时间陪伴孩子，陪孩子用餐的时候，还不忘了给孩子讲点见闻。让孩子既感受到了妈妈的关爱，又获得了知识。等孩子出门上学以后，自己赶快抓紧时间睡一会儿，然后又该赶着录节目了。每个家庭的情况不同，家长要做的就是尽量找到和孩子同频的这个时间段作为亲子陪伴的时间，提升亲子陪伴质量。

还有一种误区，就是我们身边很多的家长都喜欢说这样一句话："你瞧瞧人家的孩子……"然后紧接着就是对自家孩子的各种不满，尤其是妈妈们聊天的时候，总会出现这样的情景。仿佛别人家孩子身上全是优点，而自家孩子身上有着数不清的缺点一样，并且遇到哪个朋友都喜欢这样聊上几句。很多时候自己的孩子就在旁边听着，孩子很是反感家长把自己与别人进行比较，脸上已经出现了悲伤的表情，家长却没有看到。我们都知道这可能和我们的文化有关系，大家多少都有点谦虚的意思，可是孩子小，并不懂得这是谦虚，他们会认为自己真的很差劲，连自己的爸爸妈妈都不喜欢自己，从而产生自卑情绪。中国有太多的孩子都败给了"人家的孩子"。

家长要将发现自己家孩子的优点变成一种思维习惯，在《水知道答案》一书中有一个试验，对着水说不同的话，然后放在零下 70 摄氏度的环境下，随着你说出的不同的话会形成美丽漂亮等不同的形状。大家可能会觉得这个试验很奇妙，其实孩子也同这个试验一样奇妙。我们要从内心接纳孩子的各种不成熟的表现，这样我们就会很容易发现孩子身上的优点，经常性地表扬孩子。鼓励和赞赏是给予他们信心和指引的最佳方式，可以让他们在成长的道路上越来越顺利。

在家庭教育中，还有一种现象就是家长包办代替的事情太多，孩子的生活自理能力在下降。近两年我发现小学一、二年级的学生，很多都不会自己收拾书包，把自己的书本、文具、衣服等，扔得满桌子、满地都是。和家长沟通后发现，孩子在家里也一样，早晨穿衣服都是老人给套在身上，碗筷都给准备好，上学、放学老人给背书包，孩子俨然是一个小皇帝，衣来伸手饭来张口。我们学校从二年级开始，开设了足球课，每次到足球课那一天，孩子们要穿足球鞋，你就看吧，孩子们不停地蹲在那儿做一件事儿——系鞋带。一天系无数次，因为总是系不好。每次和家长沟通的时候，家长也并不觉得有什么，总觉得只要孩子学习好就够了，别的都不需要孩子操心，以免分散注意力，影响学习。可是不会系鞋带也确实影响了孩子的学习时间，因为别的同学在课前准备的时候，他一直在系鞋带。上课了鞋带也没系好，课前准备也没做。生活中的很多小事都是互相关联的，家长不能割裂地看待问题，培养孩子也一样。

在家中要让孩子参加一些力所能及的劳动，学点简单的劳动技能，会开关门窗、扫地、擦桌子、摆碗筷、洗碗，会收拾自己的文具和图书等。我在孩子上幼儿园的时候就开始教孩子洗菜、切菜，做一些简单的饭菜，她自己炖汤的小视频还在幼儿园获了奖，这强烈激发了孩子对家务劳动的热爱。随着年龄的增加，逐渐加大生活自理能力的锻炼，孩子能够自己照顾自己。教会孩子生存的基本能力，保证孩子在未来可以独立地生存下去，这是家长对孩子负责任的一种体现。因为孩子终将是要独立面对生活的，孩子越早掌握这些生存的基本技能对成长越有好处。

家长要不断进行家庭教育学习，及时进行反思和总结，跳出家庭教育的误区，及时发现孩子在成长中出现的问题，对孩子进行正确的纠正和引导，让孩子健康、快乐地成长。

第十六节　发挥爸爸在家庭教育中的作用

由于受我们国家长期以来的"男主外，女主内"思想的影响，相当一部分家庭中的爸爸认为"教育孩子不是我的事，是孩子妈妈的事"。爸爸则很少参与孩子的教育，成了局外人。现在的爸爸们究竟一天能抽出多少时间来与孩子相处呢？据一份调查显示，约有70%的爸爸只有休息日才陪孩子一起玩，也有为数不少的男人认为他们的责任是赚钱养家，忙于工作是爸爸们疏于照顾孩子的最主要原因。有的爸爸认为，努力工作，为孩子提供最好的生活条件，就是在爱孩子、关心孩子。殊不知，父爱并不单单体现在提供物质的需要上，还要有精神上和情感上的关怀和体贴。

昨天看《老师请回答》这个节目，主持人问："你爸爸平时在家管你吗？"林永健老师的孩子（大竣）的回答是："爸爸负责工作。"我想：这应该是很多家庭的常态。节目中还有一个特别特殊的家庭，家里有三个孩子，都是妈妈一个人带，爸爸一个人在尼日利亚工作，一年只在家里待一个月。三个孩子把商场里的男模特当成爸爸，把家里来的修理工当成爸爸，这是一个多么特殊的家庭，三个孩子的所有成长的任务都压在了妈妈的身上。能够驻外管理一个有规模的公司，爸爸的收入肯定是可观的，孩子成长的物质保证不成问题，可是孩子的成长不是仅靠物质就可以的，他们还需要父亲的爱。这样的家庭模式，让我们很惊讶，但在当今的社会中也不是个例，甚至在我们的周围也有很多类似的情况。大环境里，爸爸确实在家庭教育中是缺失得更多一些。

在心理学上对男性和女性的特点进行了分析，发现男性和女性的气质特点是互相补充的，都有优秀的一面，又都有缺憾的一面。因此，我们希望后代能够兼收并蓄，扬长避短，在勇于冒险的同时又不失稳重，在坚定、大度的同时又能以忍耐、服从的态度和别人相处。这就是为什么我们说爸爸和妈妈都要参与家庭教育的原因，爸爸和妈妈在家庭教育中同样重要，缺一不可。弗洛伊德认为：男孩在发展过程中会有意识无意识地模仿爸爸的角色和行为，从而形成具有鲜明性别特征的行为。如果爸爸在家庭教育中缺席，对男孩子的影响要比女孩子更严重一些，男孩子长期和妈妈在一起性格会更偏内向一些。

爸爸们和孩子在一起的时候有自己独特的交往方式和活动内容，他们有时把自己变成"大男孩""大朋友"，和孩子一起跑跑跳跳，做各种游戏；有时和孩子一起修理各种玩坏的玩具；有时他们会极有耐心地回答孩子们提出的各种"为什么"。当然，对孩子的要求有时在女人眼里是近乎"苛刻"的，但正是在这些爸爸陪伴的活动中，培养了孩子们活泼、勇敢、自信、智慧等多种心理品质。有人经过观察后发现：男人和孩子在一起的时候很少问：你冷不冷？热不热？想吃什么东西吗？渴不渴等生理性问题，而是将孩子的注意力"向外""向前"发展。因此也有人说：勇敢、幽默、豁达、自信等品质很难从母亲那里得到。

孩子完整人格的形成需要一个完整的家庭，而完整的家庭必须是有父母亲的家庭，刚柔并济，形成教育孩子的最佳合力。如果一个亲子关系良好的家庭，孩子不仅应该享受妈妈的关爱和呵护，还应该注意保持爸爸与孩子间亲密的关系，这样的孩子会有足够的安全感，能自如地应对外在世界，内心也平和自足。在家庭中爸爸威信较高，能对孩子起积极的影响作用，促进孩子在各方面健康发育和成长。

爸爸要在家庭中和妈妈一样，对孩子的抚养共同承担责任并积极付出，成为孩子的良师益友，大多数的爸爸一定都是有自己的工作的，那么在家庭教育中既然要发挥作用，肯定要保证有相对稳定的一个时间来陪伴孩子。最良好的陪伴应该是情感上的陪伴，也就是参与孩子的成长，和他一起观察春天小花小草的变化，一起感受奔跑的快乐，一起看一部孩子喜欢的电影。我家孩子爸爸每天都可以送孩子去上学，晚上回家和孩子共进晚餐，给孩子检查作业，周末陪孩子到楼下的公园跑跑，每次看到孩子脸上的笑容，都觉得这样的生活挺好。

目前许多爸爸的陪伴属于无效陪伴，没有在家庭教育中发挥很大的作用。孩子在那玩儿，爸爸在旁边看手机，孩子说什么了、干什么了，爸爸完全没有介入。以至于许多孩子会在心里提出疑问："我爸爸是爱手机？还是爱我？"家长陪孩子的时候尽量把手机收起来，专心陪伴孩子。如果爸爸特别忙，没办法随时陪伴在孩子身边，那么就需要在孩子的生活中留下足够多的情感纽带。我们要经常用情绪唤醒孩子的记忆，让孩子感觉到父母一直在身边。

爸爸的行为是孩子模仿的对象，因此爸爸在孩子人格的形成上有重要作用，所以爸爸们要注意自己的言行，在人生观、价值观上对孩子形成积极正面的影响，做孩子的典范，在教育孩子时切忌简单粗暴。许多爸爸在与孩子相处时不够耐心，尤其是看到孩子身上的缺点，例如：学习成绩差、写作业磨蹭等问题，心里就起急，忍不住就要打孩子。导致许多孩子都反映：怕爸爸，不喜欢爸爸。孩子在这样的高压管制下，不仅缺点没有改掉，反而会变得没有自信心，性格退缩，或者脾气逆反暴躁，不好管理了。所以，爸爸要学会和孩子交朋友，这样才有利于教育孩子。

孩子在六七岁之后，爸爸应该多带孩子玩，这样对于男孩儿，可以让他逐渐模仿和学习男性的行为方式，而不是推给妈妈。对于女孩儿，爸爸要注意和孩子保持相应的距离，陪伴孩子玩耍、旅行、看电影，丰富亲子之间的活动内容，孩子拥有独立人格才有助于培养孩子的自尊和自爱。

在生活上妈妈无微不至地关怀孩子，爸爸要更注意精神层面对孩子的关注，指引孩子的成长之路，塑造孩子坚强勇敢的性格，缺少父爱的孩子长大后会造成性格懦弱；和妈妈相比，大多数的爸爸都更喜欢运动，爸爸在和孩子的交流中更倾向于身体语言，更乐于参与孩子的游戏，这对于孩子身体和动作的发展都是有益的。

爸爸在孩子的教育中，要注意培养孩子的独立性和自信心。爸爸对待孩子的方式往往与妈妈有所差异，在游戏中善于鼓励孩子冒险，注意孩子的体能锻炼和自信心的培养；和爸爸关系亲密的孩子，智力会越发达，社交能力会比较强，容易适应新环境，有安全感，自尊心强，容易和他人友好相处，对新奇事物更有兴趣。

　　总之，抚养孩子，爸爸千万不能置身事外。和前几年相比，现在开家长会，爸爸出现的人次确实有增加，说明新时代的家长朋友们也慢慢关注到了这一点，希望有更多家庭中的爸爸也赶快行动起来！

第三章
教育过程有温度

作为班主任我们的主要工作对象是学生，与学生在一起的日子是让我最开心快乐的日子。美国著名教育家杜威早就提出"教育即生活"，在学生们接受教育的过程中呈现出生活的鲜活、生动与丰富，让教育成为学生生活的一部分，让健康、快乐、自主学习和自由创造成为这段生活的主旋律，学生就能在感受生活的过程中幸福地成长，才能够成为有情感、会思考、能担当责任的人，教育的天空才能真正充满人性的光辉。

童年是一个充满活力、蕴藏着巨大发展潜力的生命阶段，此时的生活具有完全不同于成人生活的需要和特点，有着很强的可塑性和发展价值。作为班主任，要通过自己的细心观察、耐心引导，让学生快速、健康成长。教育应该是温暖的，是润物细无声的，是应该建立在倾听之上的。作为班主任，我们有幸陪伴学生们走过人生中的一段旅程，见证孩子们的成长，在和学生的交流中，要平移视角、放低姿态，要耐心倾听来自学生心底的声音，没事儿的时候凑到学生堆儿里听一听他们最近喜欢的话题，在操场上建一条"聊天跑道"，带着学生边走边聊聊心里话。多了解学生真实的需求，才能够因材施教。

在教育的过程中我们要让学生成为主角，从班主任一言堂到班干部总结汇报，再到全班学生出谋划策、集思广益班级的任何一项活动，从一个人的舞台到几个人的舞台，再到全班的舞台，让所有人都为自己的成长旅程画上浓墨重彩的一笔。在与学生们一起成长的日子里，我们要做有温度的班主任，和学生做朋友，给学生一个温暖的称呼，拉近师生心的距离。给予学生成长所需要的阳光和雨露，滋润学生的心田，促使他们茁壮成长。

第一节　做好学生成长的引路人

2014 年第 30 个教师节前夕，习近平总书记考察北京师范大学时发表重要讲话，勉励广大教师做有理想信念、有道德情操、有扎实学识、有仁爱之心的"四有"好老师。做学生的"四个引路人"，即做学生锤炼品格的引路人，做学生学习知识的引路人，做学生创新思维的引路人，做学生奉献祖国的引路人。在学生成长的"拔节孕穗期"，教师扮演着重要角色。教师的一言一行，关系到学生成长过程中的健康、快乐、幸福。所以，教师要做好学生的引路人，给学生心灵埋下真善美的种子。

做学生锤炼品格的引路人，教给学生一些做人的道理，让学生能够明理。在这个价值观多元的时代，一个有坚定理想信念的老师才能引导学生面对各种诱惑系好"人生的第一粒扣子"。正所谓："亲其师，信其道。"要做好学生锤炼品格的引路人，班主任要先锤炼好自己的品格，要有坚定的理想信念，不要被多元的价值观所左右。只要我们每天都认真地去做一件事情，持之以恒，将来一定会有意想不到的收获。培养每一个学生拥有积极向上的心态，树立自信，相信自己总可以做好的，教会学生做最好的自己。给每一位家长在家庭教育上进行指引，帮助他们树立育儿的信心：你的孩子是可以发展得很好的，只要家长在孩子身上多下功夫，一定会有好的效果。最不应该放弃孩子的就是父母，不管多难都要陪孩子走下去，相互陪伴、携手走完孩子成长的旅程。我们要时刻记得自己这个阶段是"园丁"的阶段，任务是帮助学生努力向着参天大树的方向成长。不光要修剪枝叶，浇水、施肥也很重要，不光要浇灌知识，还要浇灌信念，浇灌意志品质，把正确的信念无声无息地浇灌到孩子的心田，浸润学生成为一个有品格的人。

做学生学习知识的引路人，这是老师的本职工作。陶行知先生曾说："做先生的，应该一面教一面学，并不是贩买些知识来，就可以终身卖不尽的。"所以，我们首先要养成终身学习的习惯，只有自己不断学习，才能够跟上时代的发展，为学生提供最前沿的知识，引领学生有更好的发展。俗话说："授之以鱼不如授之以渔"，我们要教会学生提出问题和解决问题的能力与方法，遇到问题自己知道怎样入手去思考，用什么方法去解答，教会学生学习很重要。在工作中我会不断研究教学方法，提高自己的教学水平，提升课堂实效性，促进学生在每节课上都有最大的收获。同时，我带领学生积极参加各级各类的课程，不断督促自己要努力提升，精进课堂教学，让学生收获更多。当我们看到每个孩子在学习上的努力和进步，要及时地给予鼓励。对于不努力的学生，要进行沟通，了解学生内心的真实想法，再进行有针对性的引导，要耐心地引导他们知道学习知识将来对自己有什么用处，知识如何改变命运。要以"大先生"为榜样，培养学生在知识的海洋中遨游，汲取营养，成为有用之才。教会学生知识，教会学生学习知识的方法，激发学生对获取知识的渴望，做好学生学习知识的引路人。

做学生创新思维的引路人，创新是引领发展的第一动力，是建设现代化经济体系的战略支撑。作为教师，培养学生的创新思维尤为重要。创新思维是一种具有开创意义的思维活动，即开拓人类认识新领域、开创人类认识新成果的思维活动。要培养学生的创新思维，教师必须拥有创新意识与创新精神，要善于发现和运用教学、学习与生活中显性与隐性的一切创新因素，为学生搭设可以创新的空间和舞台，来激发学生创新思维的发展。我们要把课堂逐步建设成为开放型的课堂，要让学生敢说、会说、抢着说，敢于思考、实践、创新，只有放手让学生去实践，去思辨，才能够有更多的创新的灵感，逐步培养出创新思维。班主任更要想方设法使自己成为培养学生创新思维的"行家里手"，使学生德、智、体、美、劳全面发展，多学科融合，创新发展，成长为具有社会主义核心价值观、知识产权意识与原创能力的拔尖人才。

做学生奉献祖国的引路人，要让学生首先热爱自己的祖国，了解祖国的繁荣富强，了解祖国的快速发展，依托学校各种活动，利用好班会、校会等各级平台，加强学生的爱国教育。学习为祖国无私奉献的科学家、先进工作者的先进事迹，让学生在学习中受到鼓舞，激励自己将来也成为奉献祖国的一员。从小植根爱国思想，培植奉献祖国的意识，为祖国的发展储备优秀的人才。在新冠肺炎疫情期间，我们通过一次次的线上线下班会课，看到了像钟南山院士一样的冲在抗击新冠肺炎疫情一线的逆行者在保护大家的安全，多名同学在心愿墙上写下了自己将来要成为一名医生，抗击病毒，保护大家的健康。今年恰逢2022年冬季奥运会在我们国家举办，在一次次的活动中，让学生了解运动健儿们为了祖国奋力拼搏的故事，学习他们身上为国争光的精神。通过纪录片、电影了解老一辈革命战士为国捐躯，保家卫国，舍小家为祖国的故事，学习红色精神，激发爱国热情，感恩新时代给我们带来的一切。要努力让自己变得更加强大，少年强则国强，作为祖国新时代的接班人，要不断学习，学习科学家、航天员、医护工作者……千千万万的为祖国奉献的中国人都是我们的榜样，将来学成以后报效祖国。

"十年树木，百年树人"，作为一名小学班主任，我最多只能陪伴一届学生六年，这六年对于一个学生的一生来说，真的很短。但是这六年却是这棵树能不能健康长大的关键六年，我要为每个学生修剪好枝叶，引领他们向阳而生，茁壮成长。做好学生成长的引路人，为学生的一生成长奠基，是我的荣耀。

第二节 用书信架起沟通的桥梁

记得之前读过常丽华老师的一本书《教室，在书信中飞翔》，里面收录了常老师给小蚂蚁的十六封书信，让我受益匪浅。原来书信是一个很好的媒介，写信是最好的交流感情、心得、见解的绝佳手段，人与人之间感情寄托的最好摇篮。有些事可能口头上说不清，可以通过写信来说明。书信是人们表达情感的一种特别方式。尽管互联网的兴起，改变了人们交往的方式。但是，谁也不能否定人们交流情感的必要性。书信交流能让我们感觉亲切温暖，能通过字迹感受到对方的温度。书信交流能拉近人与人之间的距离，心灵上的距离感。在班级管理中，书信可以架起师生心与心之间的桥梁。于是，我也在思考着用书信架起教师、学生、家长三方之间的桥梁，让我们能够心贴得更近，沟通更加顺畅，让班级成长更快。

1.师生之间书信

首先是作为班主任，我会定期给学生写一写书信，和学生进行沟通。每学期的小学生综合素质评价手册最后都会有一个"班主任对我说"板块，我坚持把最想说的话手写给每一位学生，留下落款：爱你的张老师。除此之外，在特定的时间，我也会有针对性地给一些学生写信，或者鼓励、或者提醒。在新冠肺炎疫情期间，为了缓解学生在家的紧张、焦虑情绪，我给学生们写了一封电子信件，发到班级群。让每位学生都能够感受到张老师随时都会陪伴在自己身边，不用焦虑和害怕。

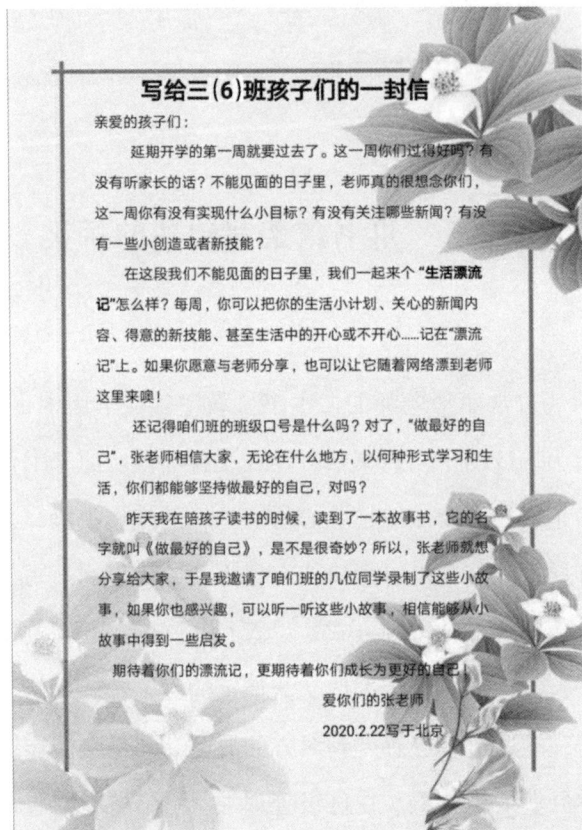

图 3-1　老师写给学生的信

随后我收到了来自学生的回信，看着学生略显稚嫩但是很认真的字迹，我真的觉得很感动，能够看得出学生已经通过家长的手机收到了我的信件，并且自己认真阅读过了，有感而发认真写下了给张老师的回信。在与学生的书信来往中，我们之间互相关心的情感得到了进一步的升华，拉近了师生之间心的距离，为后续的班级工作顺利召开奠定了基础。

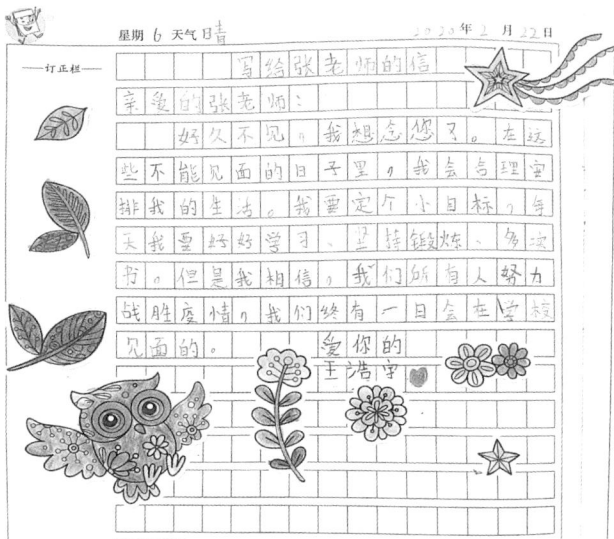

图 3-2　学生写给老师的信

　　每个学期结束之前，我们都会邀请学生给老师们写一封信，它的名字叫："老师，我想对你说"，让学生写出自己的心声，以便于我们第一时间了解学生的想法，进一步提升我们的教育教学方法，提供更加符合班级学生需求的教育。

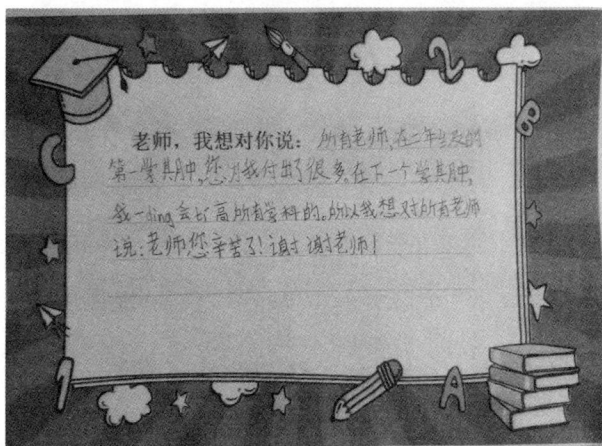

图 3-3　学生写给老师的信

2. 家长与学生之间的书信

现如今每位家长都很忙碌，互联网、手机都很方便，能拿起笔写信给自己孩子的就更少了。为了给家长和学生搭建一个沟通交流的平台，我为班里的每一位学生设计一张心形的信纸，希望学生们能够拿起笔给自己的爸爸妈妈也写一封信，说一说自己在家里不敢说、不好意思说出来的心里话。并且在家长会之前放在张老师这里保存，在家长来签到的时候我转交给家长。在家长会的时候我特意安排了读一读孩子的来信这个环节，配上适合的背景音乐，家长静静地读着孩子亲手写的信，有的妈妈眼眶湿润了。同时，在家长会结束的时候我告诉家长：孩子们很想收到爸爸妈妈的回信，希望家长们把写好的信交到家委会代表的手中，我们作为新年联欢会的礼物送给孩子们，他们一定会很高兴的。同时希望这样的沟通方式家长们可以延续，拉近和孩子之间心的距离，更有利于良好亲子关系的培养，为后续的教育奠定感情基础。

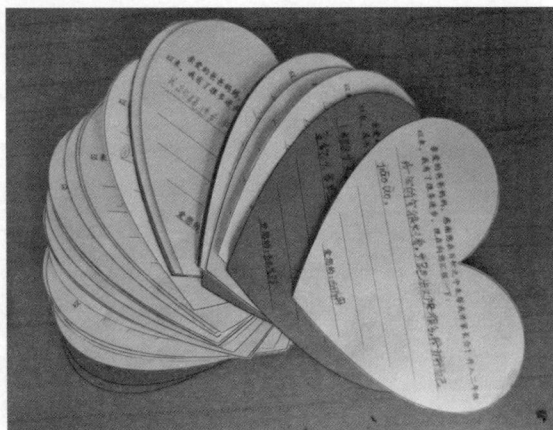

图 3-4　学生写给家长的信

记得在联欢会上收到家长的来信之后，学生们也是很感动，有的开心地和朋友分享父母写给自己的信；有的默默地露出微笑；还有的在轻轻擦拭眼角；有的看完以后仔细把信收好……学生们都表示很喜欢这份礼物，看到学生们开心，我也很开心。作为班主任，通过各种班级活动给学生带来快乐、感动也是我工作的一个重要的部分。

图3-5　家长写给学生的信

经过一系列的书信活动，在我们班老师、家长和学生之间架起了一座无形的桥梁，让我们之间的沟通更加顺畅，增加了家长对老师的信任，促进了学生对老师的喜爱，班级工作得以顺利进行。在这个友爱的大家庭里，我们彼此包容，一起成长。

第三节　良好的师生关系让我更加幸福

世界上没有完全相同的两片叶子，学生也是如此，由于遗传、性格、环境、生活习惯等因素的影响，在学生身上存在很多差异。有的听话懂事，有的倔强顽皮；有的聪明伶俐，有的迟钝呆板。无论什么样的孩子，他们都是有思想的，孩子的心灵是纯净的、是脆弱的，他们需要的是得到别人的理解、别人的关心、更需要得到老师的呵护。在教育中，只要我们肯静下心来聆听孩子内心深处的声音，和他们进行有效的沟通，就能够拥有良好的师生关系，拥有良好师生关系的教师是幸福的。

记得几年前，在我教的学生中有这样一个小男孩，瘦瘦的，戴着个大眼镜，思维特别快，数学成绩也很好，我们把他叫作小李。小李有一点让我特别头疼：在数学课上，无论老师问什么问题，他都会把答案脱口而出，完全不顾及其他的学生。这样就导致班中有三分之一的薄弱生总是感觉云里雾里的，觉得自己好像会了，因为听到了小李的正确答案；但又觉得自己好像不会，因为根本不明白这个答案是怎么来的。同时也经常打乱我原本的教学设计，把他知道的内容全部都说出来，不给其他学生一点儿自己思考的空间。我很希望能够给其他学生一些思考的空间，让他们自己在探究下找寻问题的答案。因为说实话，全班数学成绩的好坏，是要看所有人的综合水平，而不是只考虑这一个孩子。于是在课堂上我就尽量避免叫小李回答问题，但是小李回答问题的欲望反而越来越强烈。而且演变成你不让我说，我也要说，我就故意抢话，几度数学课的场面近乎失控，其他孩子茫然不知所措，我很急躁。这成了我和小李之间的主要矛盾，我经常会批评他抢话，批评他课上纪律不好。在我和小李之间经过了很多次故意犯错—批评教育—再犯错—再教育的过程之后，我意识到这个问题不能够这样下去了，这是不是他在"挑衅"呢？如果真的是"挑衅"，我应该如何处理呢？

首先，我暗示自己千万不要激动，要控制住自己的情绪，我是成年人，是老师。其次，不要把小李想得那么"坏"，孩子肯定是有情绪需要发泄，只要找到他情绪的症结在哪儿，就应该可以化解。最后，我认为我和小李需要静下心来好好谈一谈，问题到底出在哪儿了，我们应该找寻解决这个问题的答案了。因为这件事情还是比较严重的，所以我请了小李的家长到校一起解决这个问题。

在他家长在场的情况下，我准备和他进行一次心与心之间的交流。交流刚开始的时候，他很抵触，情绪特别激动，他认为我是在给他告状，想让他的家长来批评他或者打骂他。交流一度受到阻碍，我安抚他的情绪之后，告诉他今天我保证不会让家长批评你，只是想了解你内心的真实感受，他才渐渐平复下来。当他妈妈问道："妈妈一直认为你是个好孩子，可是你为什么要在数学课上捣乱呢？"他很委屈，哭着喊道："因为我讨厌张老师，我就是故意的，我看张老师不顺眼！"就在他说完这句话之后，我们三个都安静了，静得有点恐怖。我像是被雷劈了一样，不能说自己多么有经验，但是好歹也教了好几年书了，还是头一次碰到学生对我如此评价，说心里话，我崩溃了。他的家长也呆住了，因为不知道该如何谈下去了，氛围很是尴尬。在冷静了几分钟以后，我开始劝告自己："我们今天是要解决问题的，一定要找到根源，彻底把问题化解了，不然明天的课堂上依然会重复昨天的故事。"

于是，我很温柔地问小李："你能具体说说为什么讨厌我吗？你认为张老师哪儿做得不对？你都说出来，张老师一定改，改成你喜欢的样子。"孩子听了这句话，擦了一把眼泪，大声地说："因为您都不叫我回答问题，我举手了您也不叫我，您就是不喜欢我，所以我也讨厌您，不喜欢您。"说完以后我看到他有一种如释重负的感觉。"还有吗？"我追问到。"没有了，我觉得您就是不喜欢我！你不喜欢我，我就捣乱！"孩子一边哭一边说，不停地在那儿抹眼泪。听到这儿我的眼泪滑了出来，孩子家长当时也流泪了，我们两个都长出了一口气。较了半天劲，原来就是因为这个原因啊。孩子呀，原来你如此单纯，是我把你想复杂了。同时我也庆幸，自己没有一时冲动，将小李的行为定性为对老师的恶意挑衅，没有将矛盾扩大化。

擦掉眼泪，我语重心长地对孩子说："现在老师明白你的想法了，老师想给你解释一下，行吗？""嗯。"他重重地点了点头。"老师不是不喜欢你，你数学学习那么好，是咱们班的小博士，老师怎么会不喜欢你呢。可是，咱们的课堂是所有孩子的课堂，如果你每次都举手张老师都叫你回答问题，那你觉得其他的同学还有机会回答问题吗？"他轻轻摇了摇头。"那你觉得其他同学会有什么想法？"我追问，他慢吞吞地说："那其他同学也会不高兴，因为自己什么都没学到"。"所以，老师想给其他同学一些思考和发言的机会，让每个孩子都享受到平等的教育。你同意吗？"孩子似乎有点明白了，但还是说："我们奥数老师就不这样，他每次都叫我回答问题，因为我每次都第一个举手。"我耐心地说："孩子，咱们学校的课堂和奥数课是不一样的，奥数课堂是竞赛类的课堂形式，当然要鼓励你们不断激发自己的思维，而且你们是高手之间的比赛，谁思维快说明谁最聪明。而学校的课堂是学习基础知识的课堂，要求每个学生都要参与课堂，如果老师每次都叫你的话，你很快就能说出答案，可是咱们班那些听讲吃力的学生就更不会了，这样对他们来说就不太公平了。老师每节课的问题是有侧重点的，有的孩子就适合回答基础题，像你这样思维好的学生就适合回答提高题，你的任务是带领大家提高数学思维。你没发现每次别的同学都不会的时候，老师就叫你说说自己的看法吗？现在你明白了吗？"孩子点点头，表示明白了。

然后我轻轻地问他："那你现在还讨厌张老师吗？"他摇摇头，说："不了。"感觉他的心结已经打开了，我温和地说："老师向你道歉，之前没有抽时间好好和你聊一聊，结果让咱们俩的矛盾扩大了这么多，还影响了其他同学。今后，你要有什么想法，对老师有什么意见，你就直接来找老师说，老师一定虚心接受。咱们俩现在能和好了吗？"我向孩子伸出了手，孩子也把手伸了过来，我们握手言和了。然后，我趁热打铁："那咱们能不能做个约定，以后在课堂上只要你会你就举手，如果别的同学都觉得这个问题比较难，不会说，就让你来给大家讲一讲，行吗？""行！""真棒，老师就喜欢懂事的你！"交流到这儿，我终于舒了口气，因为我能感觉到孩子是真的懂了，以后不会在数学课上向我发难了，因为老师是喜欢他的。这时候我看到家长也露出了满意的笑容。

今天的谈话就像过山车，跌宕起伏，但是最终的结果是好的，我们找到了孩子内心的症结所在，打开了心结，化解了矛盾，让我们恢复了良好的师生关系，让我感觉到了暖暖的幸福。还真是那句话：好的关系就是好的教育！同时，也时刻提醒我，要拥有良好的师生关系，就要多留心班中每一个孩子的内心感受，及时疏导他们的想法。要走进孩子的内心，才能够听见孩子的真实想法，和孩子之间建立一座心灵相通的爱心桥梁，才能够更有效地解决问题。做教育者，一定要有足够的细心去观察孩子，要有足够的爱心去感染孩子。

第四节　用心呵护，静待花开

作为班主任，班里的每一个孩子都像是自己的孩子一样，他们每个人都在我的心里，世界上有一种特殊的亲情，就是班主任对班里学生的感情。每次我都会对孩子们说："在学校，我就是你们的妈妈，出了任何事情有我呢，要第一时间告诉我。"每一届学生都会和我演绎不同的故事，成为我生命中的美好回忆。

这次新接班，班里有一个特殊的小男孩儿，叫小 A，从他的名字就能看出父母应该很有文化，为孩子起了一个很有深意的名字，看来是对这个孩子寄予了厚望。可是，孩子表现出来的行为偏差，让我很是吃惊。根本不能坚持 40 分钟坐在椅子上，一会儿就出溜到地上坐着，一会儿四处乱爬，自己的学具扔得满地都是，座位周围全是他的东西。下课后就满楼道溜达，四处去看，闲逛。把自己的衣服、水杯扔到水房就不要了，忘了拿回来。他写的字特别像小虫子的感觉，没有什么力气，弯弯曲曲的，很多字的结构是反的，数字也是反的。特别不爱学习，不想听讲，不想写作业，考试的时候也不写。这样一个愁煞人的孩子，可怎么办？

首先，我约来了家长，他的姥姥，了解孩子的具体情况。为什么约来的是姥姥呢，因为只有姥姥管孩子的教育，一家四个大人，爸爸常年驻扎新疆工作，一年回来两次，妈妈的工作需要全世界到处飞，姥爷是只负责带孩子玩儿，还不让姥姥管，姥姥只要一管孩子，姥爷就和姥姥打架。这是一个多么热闹的家庭，听得我都一时无语了。同时，也明白了，为什么这么多的毛病都集中在这一个孩子身上了，因为他身后有一个如此特殊的家庭结构。至于他写字是反的原因，姥姥说因为孩子妈妈是大龄产子，导致了孩子有这方面的先天不足，需要慢慢调整。

关于原生家庭的问题，作为班主任，我可能不好干预太多，只是建议家里召开一下家庭会议，一起讨论一下孩子的教育问题到底由谁来管，怎么管？统一了思想以后，对孩子好习惯的形成会有促进作用。

关于孩子的行为习惯问题，和姥姥进行了沟通，告知在学校的具体要求是什么，希望在家里加强练习，尽快达到学校的标准。每天晚上在家督促孩子练习静坐，坚持达到 40 分钟不离开椅子，练习自己收拾书包、整理物品，培养孩子独立的生活能力。

关于孩子的学习问题，在家里要多练习写字，反复强化巩固的过程中，逐渐纠正把字写反的这个问题。嘱咐孩子写字的时候用一些力量，这样可以让字看起来更好看一些。

进行沟通之后，姥姥表示会和家里人达成一致意见，进行教育。之后，我会每天通过微信联系孩子姥姥，沟通孩子在学校的表现，先说进步了的地方，表示肯定再说哪些是需要加强的，这样家校紧密沟通一段时间之后，孩子慢慢有了进步。把字写反的情况越来越少了，坐在椅子上的时间越来越多了，还能主动要求给班里打扫卫生。我一看，他喜欢做卫生，就给他安排了扫地的任务，每天给班里扫一遍地，既满足了他溜达的需要，又帮班里做了卫生，还避免了他去楼道里四处溜达，真是一举三得的好办法。

通过观察，我发现他是一个特别喜欢被夸奖的孩子，如果他作业没写完，你越说他越不写，反过来，如果你夸他有进步的话，他就很开心，努力去写一些自己会的，剩下不会的就等着了。于是，我教他，如果你不会，你可以寻求老师的帮助，或者寻求小伙伴的帮助都可以，但是要在学校抓紧时间学习，不能过度依赖家长的帮助。在不断的鼓励下，小 A 有了很大的进步，每天的课堂作业在放学之前能交上来了，课上听讲的时间也慢慢多了起来，让我看到了希望。现在五年级了，我和孩子以及孩子家长都没有放弃，我们一直在努力，相信孩子一定可以有更大的进步。

有的时候，看着他，仿佛觉得他就像是品种奇特的花，只是他和别的孩子花期不同，也许某一天，在不经意的瞬间，他会静静绽放的。作为一名教育工作者，我负责带着满满的爱对孩子们浇水、施肥，至于长成什么样，还要看孩子自己的。无论我有多着急，没到花期的花是不会绽放的。正所谓花开有时，各有不同，让我们都多一些耐心，静静等待属于它的花期的到来。

第五节　每个孩子都有自己的成长时区

很多年前我认识了小萱、小涵两个小姑娘，她们是双胞胎姐妹花。两个小姑娘长得很漂亮，说话声音细细的，看上去很乖巧。本以为这两个小姑娘应该是不用发愁的学生，没想到问题非常严重。首先是她们学前基础很差，计算简单的加减法也需要用手指帮助，还经常数错。其次是她们的听讲也很有问题，每节课不是在玩东西，就是在画画。她们写字的时候会出现反着的现象，左右不分的情况也比较普遍。最关键的是她们对老师的批评是无动于衷，我说："你们能不能别玩东西了？你们还没写完呢？"她们会回答："对呀！"我接着问："那你们为什么不写呢？"她们闪着大眼睛说："因为我们不会呀！"然后又默默坐在那里没有进展，就是让老师觉得很无语……无论你怎么说对她们都不起什么决定性作用，她们还是会沉浸在自己的世界里，很有可能她们会觉得是你打扰了她们的天马行空。

面对这样的情况，我决定先和家长沟通一下，了解一下孩子们在家里的情况。在和她们的爸爸了解情况之后，我发现家长对自己孩子的情况还是比较清楚的，家长很焦虑也愿意努力配合老师的方法，想让孩子尽快赶上。看着家长痛苦的表情，我想到自己带一个孩子都已经很头疼了，何况他们要带两个孩子，也确实不容易。根据以往的经验，这两个"姐妹花"应该不会是学习困难的孩子，那么问题到底出在什么地方呢？需要自家长仔细回忆、留心观察，同时也需要我们在学校多留心，找到问题的根源才能够找到解决问题的方法。在观察中，我发现她们每节课一开始是听讲的，随着内容变难，她们听不明白，就开始走神儿，因为之前在家里什么也没学过，开学后跟不上其他同学的节奏，畏难情绪越来越严重。

作为专业的教师，要做到全接纳、慢引导，要调整好心态才能更好地做教育。课上发现这两个小姑娘没有认真听讲的时候，我会轻声提醒她们要注意力集中。发现她们没有完成作业，我会把她们单独叫到身边来进行耐心辅导，直到都学会了为止。我发现，只要你慢慢给她们讲，她们可以听懂，而且慢慢也能够写完作业，就是因为熟练度不够，所以需要很长时间思考，但是她们很努力，愿意不断尝试学会知识。每天放学的时候，我都会特意当着孩子们的面，和家长说一下她俩今天哪些地方进步了，两位小姑娘听了以后会特别开心，笑着挥手和我说再见，也有了继续学习的动力。家长看到孩子有进步，也很高兴，露出了久违的笑容。然后再悄悄地和家长说一下回去再辅导一下什么内容，课下多补一补，争取追上别的同学。渐渐地我发现她们真的进步了，课上会主动举手发言了，课下完成作业速度也快多了，口算的正确率有了明显提高。有一天，小萱还对我说："张老师，我爱上数学课了！"听到这句话，当时的感觉真的是比喝了蜜都甜。

带着这份小小的成功的喜悦，我陷入了沉思，对于一年级孩子来说，他们的年龄差不多，但是他们却不是站在同一起跑线上的。他们的学前基础不同，家庭背景不同，自身素质不同……所以，我们不应该在短期内用同一个标准去要求他们，要给每一个孩子发展的空间和时间。相信在我们的细心呵护下，一开始学习慢的孩子会逐渐成长，跟上大部队的。一开始学得快的，也要不断关注他们的习惯培养，争取有长远的进步。

《人民日报》上有这样一段话："每个人都有自己的成长时区，有的人22 岁就毕业了，但等了五年才找到好工作；有的人，28 岁才毕业，当年就进了世界 500 强企业；有的人，30 岁便有了自己的公司，却在 60 岁撒手人寰；有的人，60 岁才当上公司高管，但活到了 90 岁；有的人，24 岁就结婚了，但 25 岁又离婚了；有的人，35 岁才结婚，却收获了幸福的一生。所以，轻松一点。你没有落后，也没有领先。在属于自己的时区里，一切都准时。有人一出生便在罗马，有人走了一辈子也到不了罗马。但是，这并不阻碍我们好好过完一生，每一个认真努力的灵魂，都值得被尊重。"是的，每个孩子的成长周期可能不尽相同，所以在短期内我们看到的结果不会是他们一生的最终结果。只要他们在我们教授知识的这个时期，足够努力就够了，至于他们能不能最终到达罗马，不是最重要的。

第六节　抓住孩子的闪光点，让他成为更好的自己

一年级刚一入学，我就发现班里有一个调皮捣蛋的小男孩儿，他就是小铭。这个小伙子长着一个大大的脑袋，两只水汪汪的大眼睛，就像是会说话，一看就很聪明。当然最有特点的就是他的嘴巴，这张小嘴巴有说不完的话，从不停歇，说的内容还不重复，因为这张有特点的嘴巴，所有的任课教师都找我聊起了他，"张老师，你们班的小铭同学上课的时候就没安静过……"

我把小铭叫到身边，问他为什么在课堂上一直说话？他闪动着大眼睛说："因为好玩儿啊，每个老师说的内容都能让我想到很多想说的话，就比如语文课上……"然后他就滔滔不绝地又说了好久，我本来是很生气的，刚开学就让他弄得所有任课教师都对我们班有了不好的印象，真是想好好批评他一下。但是我控制住了自己的情绪，听他说着自己的长篇大论，听着听着我发现：这是一个思维特别活跃，还很有想法的孩子，能够联想和发挥出很多的内容来，在他的大脑中仿佛有一张知识网，每个内容之间都有联系，你说什么，他都能联系到他自己那个知识网上，然后开始他自己的演讲。我没有打断他的发言，等他都说完之后，我问他："你想听听我的

意见吗？"他愣了一下，没想到我这么平静地看着他，还征求他的意见。然后眨着大眼睛说："张老师，您说吧。"得到他的允许，我开始和他沟通，首先表扬了他知识很丰富，知道得真多，一边说一边观察他的反应，发现他脸上露出了得意的表情。接着我问他："你觉得在上课的时候老师们为什么要求同学不能随便说话？"他脸一下子红了，低着头不说话了，他很聪明，什么都懂，所以我接着说："你随便说话的时候既影响老师讲课也影响同学们听讲，他们会被你说的话吸引，然后走神儿，那上课的内容就什么都不会了，对吗？"他点点头表示同意。

我觉得自己教育得很成功，应该没有问题了，开心地去忙自己的事情了。结果第二天依然有老师反映小铭上课说话，我忽然间特别生气，昨天不是都说好了吗？怎么又这样呢？于是我联系了小铭的妈妈，了解了一下孩子之前的情况，得到的回答是小铭的精力特别充沛，每天早晨 6 点就起床了，然后就在家里一直说，每天放学回家以后也是说个没完，家长都觉得头疼，希望他早点上床睡觉，能够安静一会儿。

针对这样的情况，我查找了一些资料，发现像这种特别爱说话的情况，应该有原因的，经过观察和分析，我觉得小铭应该是渴望被关注、被了解、被表扬这个原因。他在幼儿园经常被老师批评，回家以后家长嫌他烦，也不爱和他交流，才导致了他越发地爱说话。在这一类孩子说话的时候我们一定不要责骂和训斥，要耐心地教导。于是我又和小铭进行了沟通，问他老师讲的内容你都能听懂吗？得到肯定的答案之后，我们开始想办法，怎样就能够让自己在课堂上保持相对的安静呢？

如果想让孩子安静下来可以培养他别的兴趣爱好，例如写字、画画等，都是很陶冶情操的，也可以锻炼孩子的耐心，也可以买一些书让孩子来阅读。经过引导和讨论，他答应找一些自己感兴趣的事情做，控制自己爱说话的问题。

就这样，我们是三天两头地沟通、交流、换方法，如今已经四年级了，如果说小铭有很大的改变，他控制自己的能力在逐渐加强，也找到了自己的兴趣爱好——捏超轻黏土，这个没有声音，不影响别人，也能满足他的天马行空的创作。最重要的一个前提是：他的各学科成绩没有落下，完成各学科的作业都很积极，用自己的剩余时间进行创作，我觉得非常没有问题。他在我的课堂上是控制得最好的，如果遇到公开课、展示课的时候，小铭经常是发言很精彩的同学之一，我也经常表扬他的书写和发言。所以他真的就是精力充沛且需要表扬和关注的孩子而已，只要我们给予他足够的关注和表扬，他就会很乖。

本学期班里进行班刊的创编活动，主题是以"小小的我，有大大的梦想"为主题来进行设计的。我们班的班级口号是"做最好的自己"，但是放眼望去，班里的各种活动、各种评比都是班里的优等生在参与，这也是大部分班级的现状。班级的中等生没有什么展示的机会，久而久之他们也就没有要求上进的愿望了，随遇而安成为了他们的普遍想法。这是我和家长不想看到的，我希望我的每一个学生都能够不断进步，家长更是希望自己的孩子不仅仅是坐在路边鼓掌的人，那么这次的班刊创编我选择的主角们就是班级中默默无闻的中等生，让他们有机会走到台前，让班级的每一个同学和老师对他们有一个新的认识。

抱着这样的想法，我开始了第一次班刊的筹划，选择谁作为第一次的主角呢？小铭跃入了我的眼帘，这个孩子是平时被老师批评最多的一个孩子，多数时候都是因为他的纪律问题。我打算把这个宝贵的机会给他，希望能够为他重拾信心。说心里话，这个孩子很聪明的，写作业也很努力，还是有自己的闪光点的，这些闪光点得让大家看见才行，其他同学才会对他有一个全新的认识。于是我和小铭的家长达成了共识，我帮孩子想好了介绍的切入点——就是他最喜欢捏的超轻黏土：武器系列作品展。家长也很开心孩子能有这个展示的机会，积极提供了照片，于是就有了我们班的第一期班刊的诞生。在班会课的时候，我让小铭同学到前面给大家做了介绍，其他同学听得很认真，听完情不自禁地说："他捏的真好看！""他的想法真超前，武器肯定特别厉害！"听到同学们的夸赞，看到我为他竖起的大拇指，我看到了小铭眼里的泪花，深吸一口气，抬头挺胸走下了讲台。

我知道这一刻对他来说一定很难忘，之后的很长一段时间里我都在观察他，他很努力地在控制自己的纪律，还默默地开始帮我辅导班里的希望生作业呢。他很聪明，作业完成得快，能用剩余的时间去帮助别的同学，我很开心。同时也说明我的这个思路是可行的，于是紧锣密鼓开始筹备后续的班刊创编活动。

四年级上学期我们班一共出了 8 期班刊，每一次的主角都是我通过仔细琢磨定下来的，都是平时表现机会很少的孩子，他们一样很优秀，只是不善于表达而已，有了这个小小的展示环节，这些孩子在班级里又活跃起来了，他们自信的表情让我那么地迷恋，这才是他们该有的模样。一个个不一样的"他"和"她"展现在我们的面前，大家才知道原来坐在我旁边的这个同桌这么厉害，她原来会小提琴，他设计的机器人可以四处运动，他会那么多种乐器……这些也成为了课间他们互相聊天的一部分。

班级是由一个个鲜活的学生组成的，只有每一个学生都越来越优秀，我的班级才会越来越优秀，所以班级管理的重心必须放在如何促进学生成长上。抓住每一个孩子的闪光点，让他们成为更好的自己，我们自然就会拥有一个最好的班级。

第七节　巧妙化解危机，呵护幼苗成长

　　班级危机应该说每个班主任都会遇到，在我们带的每一个班级中或多或少都会出现一些危机事件。我这次带的班级二年级的时候，我们班男生开始出现某个小团体集中歧视一个男生（小 A）的情况。具体表现在一段时间内接二连三出现的几件事情上。

　　事件 1：小 A 的家长向我反映：孩子的水杯不知道被谁给扔到了厕所的垃圾桶里，孩子上厕所的时候看到了，就自己捡了回来。家长觉得孩子被其他同学欺负了。

　　我的处理方法：

　　因为一年级的时候班里没有出现过这样的情况，我也没有把问题想得那么复杂，心想：肯定是男孩子之间的恶作剧，批评教育一下就没事儿了。于是我先找到了小 A 了解情况，他特别肯定地说："肯定是赵同学拿的，因为他不喜欢我，总是欺负我……"我问他是不是看到了赵同学扔了水杯？能不能确定？他又开始犹豫。很显然他是没看见，只是靠自己的猜测推断。没有证据赵同学肯定不会承认的，因为赵同学是班里出了名的"聪明"的男生，说话做事都特别严谨。我仔细想了想，决定从外围入手，先找来班里特别喜欢四处溜达的几个男生，向他们打听情况，果然一个男生说漏了嘴："老师，不是我扔的，我就是在门口给看着……"我一听有门儿，于是追问："那你肯定看见是谁扔的了，对吗？"他特别无奈地点点头，"嗯，是赵同学扔的，他不让我们告诉小 A。""除了你还有别的同学看见了吗？"于是他又给我提供了几个同学的名字。我对这几个同学都单独进行了谈话，弄清楚了来龙去脉之后，我叫赵同学到办公室找我。赵同学最终承认了水杯是他扔的，给小 A 道了歉，并且保证下次再也不这样做

了。两个孩子握手言和了，这件事也就过去了。

事件 2：上面这件事儿过去两周左右，小 A 的妈妈又给我发来微信，洋洋洒洒好几百字，话里话外的意思就是赵同学带着班里的几个男生一起欺负小 A，把小 A 的帽子给藏起来了还不承认，还打了小 A，家长很生气。

我的处理方法：

我意识到了问题的严重性，看来这几个孩子和小 A 之间的矛盾不是一时兴起了，肯定是几个人商量好的了。我找到微信中提到的几个男生，一起聊这个问题，想知道他们到底是怎么想的。在谈话的开始，他们只是说就是闹着玩儿，小 A 打不过我们，他就告家长。随着时间的推移，他们发现我一直没有结束谈话的感觉，几个同学开始紧张，都纷纷指认是赵同学出的主意。好了，我单独留下了赵同学，赵同学开始支支吾吾，最后承认：因为小 A 学习不好，我们觉得他笨，就想欺负他。

现在我意识到了问题的严重性，首先赵同学开始歧视小 A，并且想出各种办法欺负他。其次是这几个小男生开始把事情做得越来越隐蔽了，把脑筋都用在了欺负同学的事情上。

于是我和赵同学进行了深入的谈话，告诉他每个人都有自己的优点和缺点，不能用成绩来评价一个同学，更不能随意欺负同学。你能保证自己一直是班里学习好的学生吗？你换个角度想想，如果将来别人欺负你，你会有怎样的感觉？谈话之后，我让赵同学写了一份保证书，放在了我的班主任工作笔记本里，作为我们两人的一个约定。

之后我在班级里开了班会，引导学生之间应该如何友好相处，如何正确地看待自己和他人的成绩。一开始由于身高原因，小 A 和这几个孩子是坐在一起的，这件事之后我调整了小 A 的座位，让小 A 坐到了班级的前排，有效地减少了他们接触的次数。慢慢地，这几个孩子和小 A 之间的交集就少了，相安无事起来。

作为班主任，要想把班级危机转化为教育契机，我认为最重要的就是要了解班里的每一个学生，他的性格以及做事风格，这样能够帮助我们尽快找到矛盾事情的突破口，从突破口下手，解决起来就会得心应手。同时还能够对每一个学生都起到教育的作用，帮助他们健康、快乐地成长！

第八节　借助班会对学生进行价值观引领

社会主义核心价值观是社会主义核心价值体系的内核，体现社会主义核心价值体系的根本性质和基本特征，反映社会主义核心价值体系的丰富内涵和实践要求，是社会主义核心价值体系的高度凝练和集中表达。富强、民主、文明、和谐是国家层面的价值目标，自由、平等、公正、法治是社会层面的价值取向，爱国、敬业、诚信、友善是公民个人层面的价值准则。通过主题班会让学生系统而深入地了解社会主义核心价值观，是落实立德树人根本任务的一种重要形式。班会作为价值观引领教育的主阵地，我们要通过价值澄清方式和针对某一具体问题的深入讨论，帮助学生解决日常生活中遇到的各种困惑，帮助学生进行正确的价值选择，树立正确的人生理想和价值信念。

依据学生心理特点和班级中存在的教育问题、学生成长和发展中的问题确定活动的范围，确定适合学生主题的活动的名称。班会的主题要有深度，能细细回味。设计班会主题尽量从小处着眼，在一个侧面或一点上深化，反映丰富的内涵，反映时代特色，具有时代感。应力求新颖，给学生以新奇感，有强烈的吸引力，能充分调动学生的兴趣和参与热情。根据主题写出班会的书面实施计划，确定班会的活动目标，制定活动过程的具体步骤和安排，精心设计班会课的内容。把制定好的主题班会方案付诸实施，通过班会的主题导入、主题深化和总结提升完成活动目标。带领学生积极参与班会课的每个环节，在班会课上能够学习到更多的有关价值观的知识。价值观引领教育避免口头教育，空白说教的模式，坚持实践第一原则。让学生在实践中感受，在实践中领会，在实践中提升。只有在实践中形成的价值观才是最深刻、最牢靠的，坚持知行合一，落实价值观引领的实效性。

主题班会是在班主任的主导下，全体学生共同参与的、围绕某个主题而实施的班级活动，是为解决班级中的教育问题。在班会主题选择与确定过程中，在对整体过程的动态把握中，在重要环节的实时介入中，在班会结束前的总结发言中都要凸显班主任的主导作用。在班会前期设计、准备中，在班会实施过程中，在班会结束后的延续活动中要体现学生的主体作用。

小学生的认知特点偏于感性、具象，班会要符合学生身心需要，既关注学生已有认知，又考虑学生未来发展。让学生从家庭生活和班级生活中的事件出发去思考，让学生通过具体的事情明白自己与他人的关系、个人与集体的关系、"愿意"和"应该"的关系等。如何让学生有兴趣地主动参与班会活动，就要求我们要把班会根据相应的班会主题进行精心设计，内容丰富且贴近学生的生活，班会的形式活泼、环节紧凑等，触发学生心灵深处，实现班会的育人价值。

主题班会对学生起到一定的激励和鞭策的作用，帮助学生在挫折和困难面前保持积极的心态，理智看待学习和生活中的各种困难。主题班会是培养学生能力，增强学生团结协作意识的重要载体。一次卓有成效的主题班会，会让学生在心灵上受到很大的震动，对学生的行为产生深远的影响，从而推动良好班风的形成，使班级成为一个优秀、文明、集体荣誉感极强的班集体。作为班主任，能够很好地借助班会对学生进行价值观引领，是必备的工作技能。

【班会设计1】

我与"诚信"携手并肩

一、背景分析

最近班级中的个别学生出现了"不诚信"的行为，例如：小a将别人的数学卷子写上了自己的名字交给了我；小b在学校里和别的同学发生了矛盾，在学校对老师说的内容和回家对父母说的内容不一样……现如今，一个人的诚信对自己的工作和生活都有着很重要的影响，作为班主任，我有责任端正学生的态度，唤起学生的诚信意识，为他们的成长奠定坚实的基础。为了唤起学生的诚信意识，明确"诚信"的可贵，我们将本次班会的主题制定为：我与"诚信"携手并肩。

二、教育目标

1. 通过本次班会，学生能够认识到诚信是可贵的，是最不能够丢掉的美德。

2. 通过诚信的深入了解，学生能够做一个讲诚信的好少年。

3. 班会结束后，可以将自己了解到的情况介绍给家长和身边的朋友，扩大影响力，让我们的周边充满"讲诚信"的正能量。

三、前期准备

（一）教师准备

1. 诚信小故事、音乐和视频资料的搜集。

2. 制作PPT。

（二）学生准备

宣传小组提前设计班会的板报方案。

四、流程设置

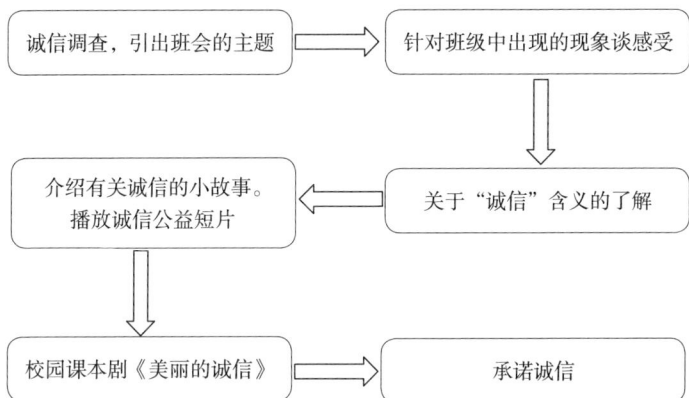

五、活动过程

（一）诚信调查，引出班会的主题

给每位学生发一张调查表，请在符合自身情况的表格中打"√"。要求学生如实填写，不需要写姓名，不需要交。

1.拾到他人钱包，你会（　　）。

A.据为己有　　　　　　　　B.找到失主，交还钱包

C.交还钱包，索要报酬

2.昨晚忘记做作业了，早上组长收作业时，你会（　　）。

A.告诉组长忘记写作业了　　B.骗组长说掉在家里了

C.把别人的本子当成自己的来交

3.你约了朋友出去玩，妈妈却说要带你出去玩，你会（　　）。

A.跟着妈妈去　　　　　　　　B.和妈妈说明原因，和朋友去

4. 今天你是学校值日生，发现自己班上有两个同学打架，你会（　　）。

A. 记下来，班级扣分　　　　　B. 当作没看见，不扣自己班上的分

5. 假如你是推销员，明知你推销的商品有缺陷，你应对顾客（　　）。

A. 只讲优点，不讲缺点　　　　B. 讲清商品的真实情况

C. 什么也不说，由顾客自己决定

教师过渡：如果你刚才是真实地填写了这张调查表，那就是诚信的表现。什么是诚信呢？学生自由发言。

【设计意图】针对班级中出现的现象，让学生自己谈感受，引出"诚信"这个主题。

（二）关于"诚信"含义的了解

主持人出示：现代汉语词典上的解释是：诚实，守信用。诚实，是指内心与言行一致，不虚假。准确地说明事情的原委以赢得信任。守信，是指保持诚信、遵守信约。对自己做出的承诺要能够兑现。结合在一起，通俗地讲，就是说老实话、办老实事、做老实人。

【设计意图】让学生明白诚信的具体含义，以后对自己要求的时候会更加明确。

（三）针对班级中出现的现象谈感受

PPT 出示：

小 a 将别人的数学卷子写上了自己的名字交给了老师。

小 b 在学校里和别的同学发生了矛盾，在学校对老师说的内容和回家对父母说的内容不一样。

小 c 不会写这道题，拿别的同学的作业来"参照"。

小 d 把前面同学的东西弄坏了，被同学问到时却说不是自己弄坏的。

上面的事情都在我们身边发生过，你对这些行为有什么想说的吗？如果是你，你会怎么做？

【设计意图】从身边的现象出发，让学生明白我们这节班会课是为了解决班级中的问题，而且是为了围绕诚信来分析，学生能够深入地进行思考和分析。

（四）介绍有关诚信的小故事。播放诚信公益短片

1. 请准备好诚信小故事的同学上台播放 PPT 进行汇报。

　　古代的诚信故事:《手捧花盆的孩子》

　　现代的诚信故事:《士兵越野赛》

　　身边的诚信故事:《老师，您给我少扣分了》

2. 老师播放有关诚信的公益短片。

3. 假如没有了诚信……

有一个人急匆匆赶往外地应聘，他身上背着"美貌""金钱""荣誉""诚信""爱情""才华""健康" 7 个背囊。当他过江时，由于船小，东西太多，随时都有沉没的危险。面对这种情况，艄公要他扔下一个背囊，再三权衡，他把"诚信"扔下了水……后来，他辗转于医院、银行、学校、政府机关、厂矿企业等地寻找工作，都不被录用。

【设计意图】从不同的方面介绍关于诚信的故事，正面引导学生要向故事中的主人公学习诚信的宝贵品质，弘扬社会主义核心价值观。

（五）校园课本剧《美丽的诚信》

1. 学生们分角色进行课本剧表演。

2. 观众谈一谈自己的感受和启示。

【设计意图】用浅显的课本剧让学生明白诚信是美丽的，是宝贵的，是值得我们一辈子携手的。

（六）承诺诚信

1. 请同学们取出我们提前折好的纸鹤，让我们郑重地写下自己的诚信宣言。（播放歌曲《诚信中国》）

2. 全班在主持人的带领下宣誓。

我宣誓：诚信立身，诚信立学，诚信立信，诚信立行；保证遵守校纪班规，诚信学习各门功课；从我做起，从现在做起，从身边做起，从小事做起；砥砺诚信品格，塑造诚信人生！

【设计意图】思考并写下自己以后如何做到诚信，让仪式感对学生进行冲击，加深印象。

六、总结深化

今天的主题班会使我们认识到诚信是一种美德，是每个人必须具有的品质。希望每个同学都能够左手牵着"诚"，右手拉着"信"，与"诚信"并肩前行，你将会终身受益。

七、延伸拓展

把今天班会上你的收获分享给爸爸妈妈，和爸爸妈妈开展关于"诚信"的家庭会议。

【设计意图】如果一个学生能够影响他的两个甚至更多的长辈，这次班会的作用就会扩大，就能为现在的社会贡献一份力量，希望我们能够摇动更大的一片森林。

教育反思：

由于班中学生出现了"不诚信"的情况，于是我决定开这次班会。在班会之前，我进行了思考，并且给学生提前布置了任务，还进行了前期调研，准备充分以后，才开了这次班会。在班会课上，充分发挥学生的主体作用，让学生通过查词典来介绍"诚信"的含义，通过小故事、课本剧来引导学生去做一个有诚信的学生。一节班会课，肯定不能彻底解决诚信这个问题，我们还需要通过延伸拓展内容的布置和监控来实现长期的教育效果，教育任重道远。

【班会设计 2】

我要和碳酸饮料说再见

一、背景分析

1.现在的饮料是五花八门，让人眼花缭乱，各种广告更是加深大家的购买欲望。大家的生活水平越来越好，学生手里的零花钱也越来越多，在上学的路上自己就会背着家长买一些碳酸饮料带到学校来，许多家长并不知情。在家里家长会限制碳酸饮料的购买，但是并没有给他们讲清楚为什么不能喝饮料。

2.学生到了高年级以后，带饮料到学校的情况越来越多了。而且还会互相介绍自己带的碳酸饮料有多好喝，促使其他同学也有购买和饮用的欲望。学生们觉得碳酸饮料可口又清凉解暑，可是他们并不清楚长期饮用碳酸饮料，会对人体造成怎样的危害。我想：如果让学生在查阅资料和动手实验的过程中，能够亲自发现碳酸饮料的危害，肯定能够帮助学生克服这个不好的习惯。

二、主题确定

根据班里出现的实际情况，我们将本次班会的主题制定为"我要和碳酸饮料 say no"。

三、教育目标

1.通过本次班会，学生能够认识到碳酸饮料对身体的危害。

2.通过对饮料的了解，学生能够控制自己不喝碳酸饮料。

3.班会结束后，可以将自己了解到的情况介绍给家长和身边的朋友，建议大家远离碳酸饮料。

四、前期准备

1.提前一周让班委进行搜集关于饮料的资料和制作 PPT 的准备工作。

并对交上来的资料进行删选。

2. 请科学老师帮忙带领实验小组的学生进行"七天浸泡蛋壳"科学小实验，让学生认真记录，科学老师制作小视频。

3. 班主任上网搜集需要的视频资料。

4. 宣传小组提前设计班会的板报方案。

5. 班主任提前拍摄班中带饮料的情况照片。

6. 发放关于"碳酸饮料"的调查问卷，收集班中的数据。

五、流程设置

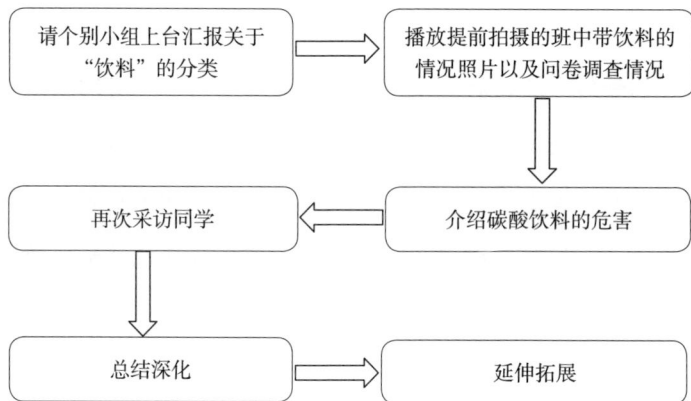

六、活动过程

（一）请个别小组上台汇报关于"饮料"的分类

按照《饮料通则》（GBT 10789-2015）的分类，我国饮料可分为：碳酸饮料（汽水）类、果汁和蔬菜汁类、蛋白饮料类、饮用水类、茶饮料类、咖啡饮料类、植物饮料类、风味饮料类、特殊用途饮料类、固体饮料类以及其他饮料类十一大类。给同学们介绍一下：

碳酸饮料类是指在一定条件下充入二氧化碳气的饮料，包括：可乐型、果汁型、果味型以及苏打水、姜汁汽水等。

　　果汁和蔬菜汁类是指用水果和（或）蔬菜等为原料，经加工或发酵制成的饮料，包括100％果汁（蔬菜汁）、果汁和蔬菜汁饮料、复合果蔬汁（浆）及其饮料、果肉饮料、发酵型果蔬汁饮料等。其中果汁和蔬菜汁饮料的果汁或蔬菜汁含量须在10％以上；水果饮料果汁含量须在5％以上。

　　蛋白饮料类是指以乳或乳制品、或含有一定蛋白含量的植物的果实、种子或种仁等为原料，经加工制成的饮料，包括含乳饮料、植物蛋白饮料、复合蛋白饮料。其中，含乳饮料又包括配制型含乳饮料和发酵型含乳饮料，这两类含乳饮料中乳蛋白质含量须在1％以上；含乳饮料也包括乳酸菌饮料，乳酸菌饮料乳蛋白质含量须在0.7％以上。植物蛋白饮料包括了豆奶（浆）、豆奶饮料、椰子汁、杏仁露、核桃露、花生露等，其蛋白质含量须在0.5％以上。

　　饮用水类是指密封于容器中的可直接饮用的水，包括：饮用天然矿泉水、饮用天然泉水、其他天然饮用水、饮用纯净水、饮用矿物质水及其他饮用水（如调味水）。

　　茶饮料类是指以茶叶的水提取液或其浓缩液、茶粉等为原料，经加工制成的饮料，包括茶饮料（茶汤）、调味茶饮料、复（混）合茶饮料等。其中调味茶又分为：果汁（味）茶饮料、奶（味）茶饮料、碳酸茶饮料。

　　咖啡饮料类是指以咖啡的水提取液或其浓缩液、速溶咖啡粉为原料，经加工制成的饮料，包括浓咖啡饮料、咖啡饮料、低咖啡因咖啡饮料。

　　植物饮料类是指以植物或植物抽提物（水果、蔬菜、茶、咖啡除外）为原料，经加工制成的饮料，包括食用菌饮料、藻类饮料、可可饮料、谷物饮料、凉茶饮料等。

　　风味饮料类是指以食用香精（料）、食糖和（或）甜味剂、酸味剂等作为调整风味的主要手段，经加工制成的饮料，包括果味饮料、乳味饮料、茶味饮料、咖啡味饮料等。

特殊用途饮料类是指通过调整饮料中营养素的成分和含量，或加入具有特定功能成分的适应某些特殊人群需要的饮料，包括运动饮料、营养素饮料、能量饮料等。

固体饮料类是指食品原料、食品添加剂等加工制成粉末状、颗粒状或块状等固态料的供冲调饮用的制品，如果汁粉、豆粉、茶粉、咖啡粉（速溶咖啡）、果味型固体饮料、固态汽水（泡腾片）、姜汁粉、蛋白型固体饮料等。

（二）播放提前拍摄的班中带饮料的情况照片以及问卷调查情况

让大家看一看班级中最近带饮料的情况，以及大家填写问卷的情况，引起学生的重视。

问卷调查

问题（35人）	1	2	3	4
你喜不喜欢喝碳酸饮料？	很喜欢（ ）	喜欢（ ）	一般（ ）	不喜欢（ ）
你认为碳酸饮料有害处吗？	没有（ ）	有（ ）		
你知道碳酸饮料的害处后还会继续喝吗？	会（ ）	不会（ ）		

（三）介绍碳酸饮料的危害

班中出现得最多的是碳酸饮料，今天我们一起来分析一下碳酸饮料对我们的身体有哪些危害。

1. 请准备好的同学上台播放PPT进行汇报。

碳酸导致骨质疏松。

碳酸饮料会腐蚀青少年牙齿。

碳酸饮料使人摄入较多的酸性物质，使血液长期处于酸性状态，不利于血液循环，人容易疲劳，免疫力下降，各种致病的微生物乘虚而入，人容易感染各种疾病。

碳酸饮料喝得太多对肠胃是没有好处的，而且还会影响消化，对人体内的有益菌也会产生抑制作用。

喝太多碳酸饮料妨碍神经系统的冲动传导，容易引起儿童多动症。

长期饮用碳酸饮料会导致夜间胃痛。

容易得糖尿病。

易越喝越渴。

易造成肥胖。

2. 让实验小组的学生汇报"七天浸泡蛋壳"实验的结果。

一边播放科学老师帮忙记录的小视频，一边向全班同学告知记录的情况，以及最后得出的结论：碳酸饮料对我们的牙齿有着极强的腐蚀性。建议大家向碳酸饮料 say no。

3. 播放网上找到的"你知道常喝碳酸饮料的危害吗？"小视频。

（四）再次采访同学

听了同学们的介绍，你还会喝碳酸饮料吗？你会不会把今天学到的知识介绍给家长和身边的朋友？

七、总结深化

通过同学们的介绍以及科学老师和专家的小视频，我们发现碳酸饮料对我们的危害真的很严重，希望大家能够杜绝喝碳酸饮料这样的习惯。相信在班级中今后不会再出现碳酸饮料的身影，家中也不会。

八、延伸拓展

1. 在班级微信中向家长发出倡议：希望家长了解碳酸饮料的危害，并且在家中观察学生还有没有喝碳酸饮料的习惯，在班级微信群中进行反馈。

2. 感兴趣的同学可以回家再做一做"七天浸泡蛋壳"实验。

教育反思：

由于班中出现了带饮料的情况，于是我决定开这次班会。在班会之前，我进行了思考，并且给学生提前布置了任务，还进行了前期调研，准备充分以后，才开了这次班会。在班会课上，充分发挥学生的主体作用，让学生有理有据地展现碳酸饮料的危害，进而实现让全班同学对碳酸饮料 say no 的效果。其中"七天浸泡蛋壳"实验引起了学生极大的兴趣，并且产生了很好的教育效果。一节班会课，肯定不能彻底解决碳酸饮料这个问题，我们还需要通过延伸拓展内容的布置和监控来实现长期的教育效果。

【班会设计3】

小水滴我爱你

教学背景：

每年的 3 月 22 日是世界水日，1993 年 1 月 18 日，第四十七届联合国大会做出决议，根据联合国环境与发展会议通过的《二十一世纪议程》第十八章所提出的建议，确定每年的 3 月 22 日为"世界水日"。其旨在推动对水资源进行综合性统筹规划和管理，加强水资源保护，解决日益严峻的缺乏淡水问题，开展广泛的宣传以提高公众对开发和保护水资源的认识。水是一切生命赖以生存，社会经济发展不可缺少和不可替代的重要自然资源和环境要素。但是，现代社会的人口增长、工农业生产活动和城市化的急剧发展，对有限的水资源及水环境产生了巨大的冲击。在全球范围内，水质的污染、需水量的迅速增加以及部门间竞争性开发所导致的不合理利用，使水资源进一步短缺，水环境更加恶化，严重地影响了社会经济的发展，威胁着人类的福祉。

全世界都吹响了"节约水"的号角，虽然社会、学校、班级一直在大力倡导"节水"，但是通过平时与学生的相处，我发现学生从道理上知道要节约水，在现实生活中却往往忽略这一点。在课间休息和午餐时间都会出现洗手不关水龙头、接水的时候水满溢出、矿泉水没喝完就扔掉等现象，学生对这些现象视若不见。

看到这些，我首先是做了自我反思，看看自己平时有没有节约水的意识，然后想了想自己为什么会节约水？学生为什么会不太在意呢？慢慢理出思路之后，我想通过这节班会课让学生真正理解为什么要节约用水，怎样节约用水，有哪些好的方法。

教学目标：

1.通过小水滴的自述、观看我国水资源现状的视频，了解现在水资源短缺的现状。

2.通过学生小组讨论和汇报，找到节约用水的好方法。

3.通过设计节水宣传语、评选节水小卫士，增强学生的节水意识。

准备过程：

1.猜谜语。

2.小水滴的自述。

3.观看我国水资源现状的视频。

4.学生小组讨论和汇报我们应该如何节约用水。

5.学生自己设计节水宣传语。

6.评选节水小卫士。

活动流程图：

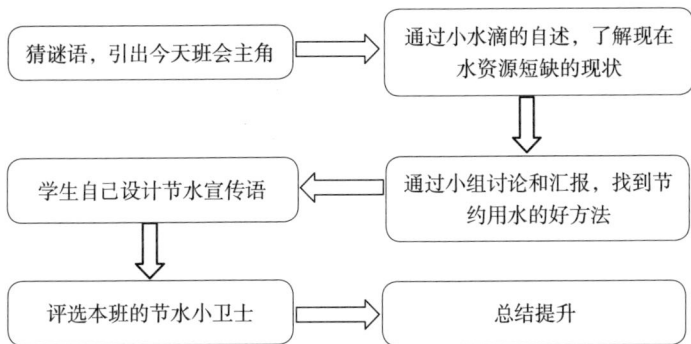

活动过程：

一、猜谜语，引出今天班会的主角

同学们，在班会开始之前，我们先来猜一个谜语：

此物真稀奇，

越洗越有泥。

不洗可以吃，

洗了吃不得。

（打一液体）

谁知道谜底是什么？（学生一起猜出今天的主角——水）

二、通过小水滴的自述，了解现在水资源短缺的现状

同学们都猜对了，我们今天班会的就是围绕"水"来进行的，四（1）班"小水滴，我爱你"主题班会，现在开始。你们喜欢水吗？（喜欢）下面有请小水滴上场，让我们先来听一听小水滴的述说。

大家好，我是小水滴，想必你们都认识我吧，但你们了解我吗？

学生甲：我是一滴快乐的小水滴，滋润万物大地、美化人类家园。我的本领很大，人类的生活全靠我。如果没有我，人类是无法延续生命、养育后代的。如果没有我，花草是不可能绽放出美丽的色彩。如果没有我，世界从此没有了任何生气和颜色。所以说，我们人类的生存和发展都离不开水。

我们水家族分为：海水和淡水，如果把地球的总水量平均分成100份，海水大约占97份，在不足3份的淡水中，冰又占了2份，可供利用的淡水还不到1份。人类目前比较容易利用的淡水资源主要是河流水、淡水湖泊水以及浅层地下水。

学生乙：但是，有一天，我哭了，伤心地哭了。因为我看到了人类在毫无顾虑地浪费我。水龙头开着没有人管，我仿佛听到了我的兄弟姐妹们

212

愤怒的声音。孩子们拿着水枪，尽情地玩儿乐，我们却一点点地流失，有谁能理解我们痛苦的心情。下面是我们总结的人类最普遍浪费水的现象，大家看一看。

学生丙：同学们，你们可知道，一个关不紧的水龙头，即使是细小的滴流，一个月也可以流掉 1 至 6 立方米的水；一个漏水的马桶，一个月要浪费 3 至 25 立方米水；一个城市如果有 60 万个水龙头关不紧、20 万个马桶漏水，一年可损失上亿立方米的水。如果把 1 立方米换算成矿泉水的话，可以换 2000 瓶。1 亿立方米就可以换 2000 亿瓶。这是多么惊人的数目呀！

学生丁：因为大家对水资源的浪费严重，我们在地球上的身影已为数不多，许多地方因为极度地缺乏我，吃不上新鲜的蔬菜，喝不上干净的水，因此，疾病时常"光顾"他们的身体。还有的地区因为缺水，麦田干旱枯死，庄稼没有收成，孩子们别说上学，连温饱也成问题。给大家介绍一下一些地区严重缺水的日子。严重缺水就会导致我们最后只能饮用一些被污染了的水。

教师小结：小水滴的述说引发了我们深深的思考。老师给大家带来了一段小视频，我们一起来看一看。

通过视频，我们发现：我国已经被联合国列为 13 个最缺水的国家之一，我国人均水量仅占世界平均水量的四分之一。为了保护水资源，联合国大会通过决议，将每年的 3 月 22 日定为"世界水日"，希望全世界、全社会的人都来爱护水资源。

"国家节水标志"由水滴、人手和地球变形而成。绿色的圆形代表地球，象征节约用水是保护地球生态的重要措施。标志留白部分像一只手托起一滴水，手是拼音字母 JS 的变形，寓意节水，表示节水需要公众参与，鼓励人们从我做起，人人动手节约每一滴水；手又像一条蜿蜒的河流，象征滴水汇成江河。

三、通过小组讨论和汇报，找到节约用水的好方法

过渡语：节水，不是说不用水，是要合理地用水，不随意地浪费水。希望大家能从思想上、从心眼里真正提高节约用水的环保意识。所以我们要从现在起，从身边的每一件事做起，从生活的点点滴滴做起，节约每一滴水。

有小组已经准备好了自己搜集到的日常生活中节水的小常识，请大家来听一听。

1. 厨房节水技巧介绍。

2. 洗衣节水技巧介绍。

3. 冲厕所方面如何节水的介绍。

4. 正确的洗涤顺序也可以节水。

例如：控制水龙头流量，改不间断冲洗为间断冲洗。间断放水淋浴，搓洗时及时关水，避免过长时间冲淋。盆浴后的水可以冲洗厕所、拖地。而洗完衣服或者是涮完拖把的水，也可以再冲洗厕所。淘米水、煮过面条的水，用来洗碗筷，去油又干净，也可以洗菜。另外家里养鱼换下的水浇花，等于给花施肥，促进花木生长。

除了这些小技巧以外，你还有哪些节水的好方法呢？

四、学生自己设计节水宣传语

如果让你做一名小小节水宣传员，你会怎样来倡导大家节约用水呢？请小组讨论，设计出属于你们自己的节水宣传语吧。

五、评选本班的节水小卫士

这是咱们班关于家庭生活用水的小调查，大部分同学做得都很好，希望大家能够继续努力。

四（1）班家庭生活用水小调查

序号	你和家人	总是	有时	从不
1	刷牙、洗脸随时关水龙头	23	2	0
2	洗澡抹香皂、搓澡时随时关水龙头	23	1	1
3	淘米、洗菜的水再利用	11	11	3
4	洗碗时关上水龙头	21	3	1
5	水龙头漏水	0	6	19
6	洗衣服后的水再利用	15	7	3
7	有没有使用节水龙头或者节水器	14	3	8
8	大量使用清洁剂清洗物品	1	9	15

下面有请本月的节水小卫士上台领取节约勋章，希望更多同学加入节水的队伍。

你会读水表吗？

六、总结提升

珍惜水就是珍惜您的生命，所以大家爱护我就是爱护您的生命，现在就行动起来，愿每个人都成为滋养人类生命、延续世界文明的一滴水。

让我们永远拥有清清的小河、绿绿的森林、蓝蓝的天空吧！

拓展活动：

下次班会的时候会进行"家庭节水大比拼"，同学们看一下活动细则：

1.拍下今天的水表照片，记录当日的水表数字。

2.拍下本周日的水表照片，记录当日的水表数字。

3.准备2分钟的节水小窍门介绍。

4.要有全家一起节水的照片。

5.获胜家庭将得到神秘奖品。

教育反思：

在班会活动中，学生都能积极主动地参与，通过小水滴的述说了解了水的用途、水资源的短缺，懂得了节约水资源的重要。在汇报自己的节约方法时，学生能够用不同的形式来展示，让其他学生受益匪浅。学生用心地讨论和设计节水宣传语，说明活动让学生有了更深刻的认识。最后再给节水标兵颁奖章的时候，学生受到了很大的鼓舞，现场效果很好。活动中生成的内容超出了我的想象，如果能将生成的内容进一步升华到班会的主题中，让学生再多讨论一些，多搜集一些资料，效果会更好。

【班会设计4】

舌尖上的二（6）班

一、设计背景

理论背景:《中小学生守则》中第九条提到：勤俭节约护家园。不比吃喝穿戴，爱惜花草树木，节粮节水节电，低碳环保生活。《小学生日常行为规范（修订）》中第8条指出：爱惜粮食和学习、生活用品。节约水电，不比吃穿，不乱花钱。可见，节约粮食的重要性。

《小学生综合素质评价手册》中"身体健康"这部分提到了：偏食、挑食对身体不好。所以，我觉得应该让学生了解到偏食、挑食对身体的危害，同时知道怎样做才是正确的。

实践背景：我们班学生升入二年级以来，浪费粮食的现象越来越多，每天能够光盘的学生很少，导致每天有大量的剩饭剩菜。经过问卷调查后发现，学生剩饭菜的原因主要是两方面：30.5%的学生是因为胃口小，吃不下食堂给的定量盒饭，把多余的饭菜就都剩下了；41.6%的学生是因为偏食、挑食，遇到自己不喜欢吃的菜，就一口都不吃，把这个菜全剩下。仅有27.9%的学生能够经常做到吃光盘，不浪费粮食、不挑食。

所以，我觉得本次班会应该从"节约粮食"和"不挑食、不偏食更健康"这两方面对学生进行引导，让学生从这两方面都引起足够的认识，力争将我们班浪费粮食的现象杜绝，让学生从小养成节俭的好习惯。

二、班会目标

认知目标：知道粮食的来之不易，了解到每次在学校的午餐都是食堂员工辛勤劳动的结果，让学生深刻认识到珍惜粮食的必要性。知道偏食、挑食对身体健康有影响，要引起自己的重视。

行为目标：学生能够珍惜粮食，减少浪费饭菜的行为。学生明白不偏食、不挑食，保证自己的健康。

情感目标：学生能够懂得珍惜粮食、有健康饮食的意识。

三、前期准备

1.教师拍摄午间剩饭剩菜的照片。

2.教师准备：塑料桶、体重秤。卫生委员负责随机抽取5天的剩饭菜进行称重并记录。

3.教师由本班浪费粮食的数据推算出全校的浪费粮食的大数据。

4.教师组织全班进行午餐情况调查问卷。

5.全班学生搜集关于"节约粮食"和"健康饮食"方面的相关资料。

四、班会过程

（一）故事引入，激起学生兴趣

同学们，前一段时间有一个非常火爆的节目叫《舌尖上的中国》，你们看过吗？今天呢，我们班会的题目是"舌尖上的二（6）班"，你们猜猜：今天的班会课张老师想和大家讨论关于什么的问题呢？

对了，我们今天来聊一聊关于在学校午餐的问题。快看，小米粒它们哭了，你们知道发生了什么事情吗？

学生自由发言。

（二）展示班级浪费粮食的现象，引起学生重视

同学们，每天中午我们都会在学校吃午餐，我观察了咱们班近一段时间吃午餐的情况，并拍了照片，我们一起来看看。

图 3-6　剩饭称重

我们每天午餐的时候，你们有留心过咱们班同学的午餐情况吗？看了这些照片以后，你想说些什么？

卫生委员带领两位同学对我们其中几次的剩饭剩菜进行了称重，并做了记录，交给了张老师。张老师绘制了一份统计表，并计算出了一周 5 天我们班一共浪费掉的粮食数量，大家请看。你了解到了哪些信息？

二（6）班剩菜剩饭统计表

2 月 25 日	2 月 28 日	3 月 7 日	4 月 3 日	4 月 4 日	5 天浪费粮食的总量
3.9kg	2.6kg	2.7kg	3.2kg	2.5kg	14.9kg

我们前一段时间，刚学完"克和千克"的知识，你感觉 14.9 千克怎么样？（特别重，特别多）

张老师还估算出全年级浪费粮食的总量，以及全校浪费粮食的总量。

全年级 1 天浪费粮食的总量	全校（6 个年级）1 天浪费粮食的问题
30kg	180kg
3 袋 10kg 的大米	18 袋 10kg 的大米

在班级放一袋 10kg 的大米，让学生提一提，感受 10kg 有多重，直接感受到 10kg 的大米是多重。

如果是全学校一年呢？会浪费多少粮食呢？全校学生一个月浪费 540 袋 10kg 的大米，一年就是 3600 袋 10kg 的大米。

播放 3600 袋大米放在一起的照片，让学生感受到浪费粮食的数量有多么惊人！看完这些之后，你有什么想说的吗？

我们平时在不知不觉中，浪费了这么多的粮食，多可惜呀！

（三）感受到大米的来之不易，懂得珍惜粮食

我们每天的午餐中都会有"米饭"，你们知道米饭是怎么来的吗？谁给大家介绍一下？大米从一颗种子到我们餐桌上的米饭需要经历一个漫长的过程，我们一起来看一段大米种植、生长、收获全过程的视频。

虽然视频很短，但是在实际生活中水稻从播种到成熟需要 5 个月左右，然后还需要大量的时间晾晒、去皮、运输之后，才会出现在超市里。白花花的大米，就是这样得来的。看完以后，你又想说些什么呢？

小结：农民伯伯需要这么复杂的过程才能够将大米等粮食送到超市，走上我们的餐桌，希望同学们能够珍惜农民伯伯的劳动成果，不再浪费粮食。我们的一粥一饭都是农民伯伯辛辛苦苦用汗水换来的。

千百年来都是如此，诗人李绅将这份辛苦写成了千古名篇:《悯农》，会背诵的同学一起背一背，再次感受一下农民的辛苦。

图 3-7 节约粮食手抄报

（四）体会员工的辛苦，在感恩中学会珍惜饭菜

有这么一群人，当我们还在熟睡的时候，他（她）们就已经起床为我们准备饭菜了；当我们还在教室上课的时候，他（她）们已经在费尽力气把饭菜搬到了教室门口；当我们吃完饭后放箱子里，他（她）们又要把饭箱搬回去，把我们的餐盒清洗干净……就是这么辛苦加工出来的食物，却被我们轻易就倒掉了，你们有什么想说的吗？

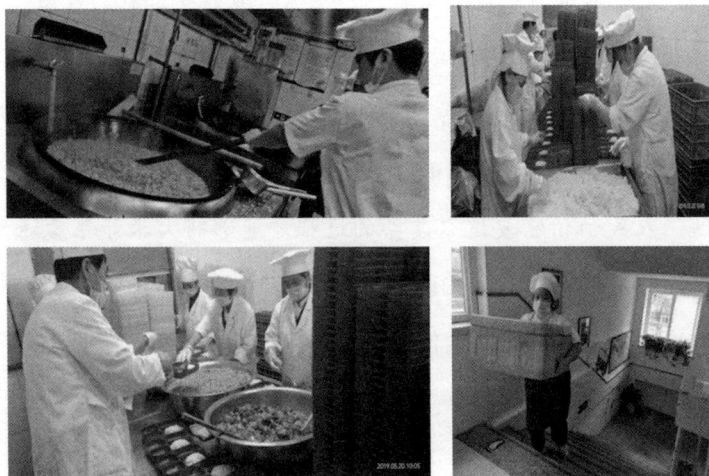

图 3-8 食堂工作人员准备饭菜

（五）分析浪费的原因，寻找节约的方法

1. 从调查问卷分析原因，找寻办法。

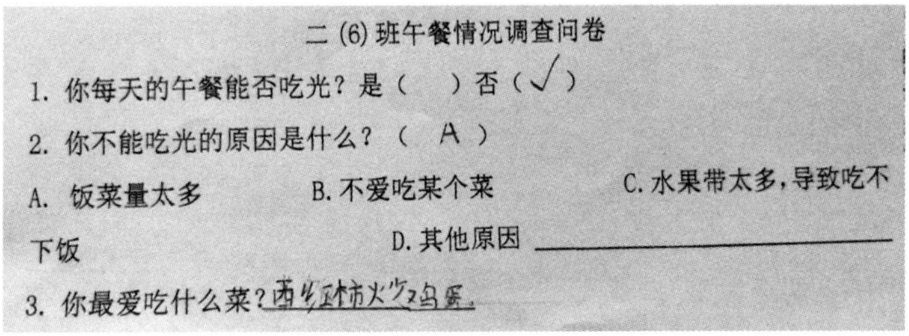
二(6)班午餐情况调查问卷

1. 你每天的午餐能否吃光？是（ ）否（√）

2. 你不能吃光的原因是什么？（ A ）

A. 饭菜量太多　　B. 不爱吃某个菜　　C. 水果带太多，导致吃不下饭　　D. 其他原因 ________

3. 你最爱吃什么菜？西红柿炒鸡蛋.

图 3–9　调查问卷 1

经过问卷调查后张老师发现，咱们班学生剩饭菜的原因主要是两方面：30.5% 的学生是因为胃口小，吃不下食堂给的定量盒饭，把多余的饭菜就都剩下了；41.6% 的学生是因为偏食、挑食，遇到自己不喜欢吃的菜，就一口都不吃，把这个菜全剩下。

对于第一种情况，吃不了学校定量的一盒饭，我们讨论一下：有什么好办法可以减少浪费呢？

咱们班每天也有许多可以做到光盘的同学，希望其他同学能够向他们学习，也成为我们的节约小米粒达人，获得属于你自己的达人勋章！

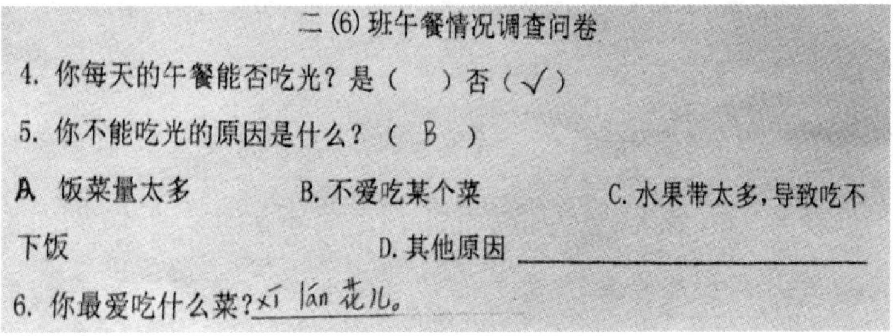
二(6)班午餐情况调查问卷

4. 你每天的午餐能否吃光？是（ ）否（√）

5. 你不能吃光的原因是什么？（ B ）

A. 饭菜量太多　　B. 不爱吃某个菜　　C. 水果带太多，导致吃不下饭　　D. 其他原因 ________

6. 你最爱吃什么菜？xī lán 花儿。

图 3–10　调查问卷 2

对于第二种情况，41.6% 的同学不喜欢吃一些菜，偏食、挑食，前一段时间我就发现班里好几名同学的嘴角都出现了不同程度的问题。我们问一问这些同学，嘴角出了问题，自己有什么感受呢？

孩子们，你们知道吗？烂嘴角的医学名词叫作口角炎。春天天气干燥，皮脂腺油脂分泌不足，再加上身体维生素B2摄入不足，身体会缺乏核黄素，就很容易烂嘴角。菠菜、胡萝卜、紫菜、茄子、芹菜、番茄等等，这些蔬菜中的维生素B2的含量是相较于其他蔬菜是偏高的。也就是说，我们平时要多吃这些蔬菜，就能够提高维生素B2的摄入。

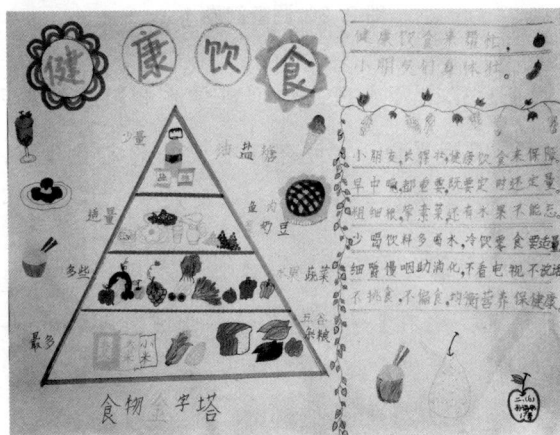

图3-11　健康饮食手抄报

我们班有很多同学都搜集到了营养金字塔的资料，我们一起来看一看，你知道了什么？

2.结合《小学生综合素质评价手册》中"身体健康"这部分进行教育。

同学们，我们儿童需要不同的营养，只有不挑食、不偏食，才能够拥有健康的身体。有个好身体，是我们学习的基础。我们是不是都希望自己很健康？那就从今天开始做一个不挑食、不偏食的好孩子吧！

板书：健康

3.观看小视频，渗透养成不挑食、不偏食的好习惯。

4.在营养均衡的前提下，你们小组对一周食谱有什么建议？

张老师会把大家的意见收集整理之后，交给食堂经理的，希望食堂经理看了我们的建议之后会对每周的菜谱进行调整。

5.介绍世界粮食日。

同学们，你们知道吗？10月16日为"世界粮食日"。目的就是为了提醒我们要珍惜粮食。

（六）总结提升

同学们，今天的主题班会是"舌尖上的二（6）班"，一粒米可以折射出一个人、一个国家、一个民族对节俭的态度。让我们从一粒米、一餐饭开始，养成节俭的好习惯！同时，我们也要做一个不挑食、不偏食，能健康饮食的好孩子。

今天的班会课到此结束！

五、班会延伸

1.推荐绘本故事：《怕浪费婆婆》

2.制订一份属于自己的节约粮食计划书！

六、班会反思

本节班会课，我从学生的日常生活实际出发，发现班级的午餐浪费现象严重，于是制定问卷，找寻浪费饭菜的原因。通过对问卷的分析，我发现学生浪费饭菜的原因集中在两个方面。于是开始思考，如何设计本次班会才能够让学生从这两个方面都有所收获。首先通过大米的来之不易和食堂员工的辛苦制作这两个不同的角度，激发学生认识到节约粮食的重要性。尤其是当推算出全校每年浪费的粮食数量时，学生真的被冲击到了，平时只看到自己盘子里剩下的饭菜，感觉没多少啊，无所谓啊，积少成多以后，学生就发现了，原来我们浪费了这么多。这个时候，相信不用多说，孩子已经意识到了节约粮食的重要性！其次，从最近班级同学出现健康状况处作为突破口，引导学生做个"不挑食、不偏食"的健康学生。班会设计逐层深入，两个方面都达到了教育效果，教育效果良好。

附件1：

二（6）班午餐情况调查问卷

1. 你每天的午餐能否吃光？是（　）否（　）

2. 你不能吃光的原因是什么？（　）

A. 饭菜量太多　　　　　　　　　　B. 不爱吃某个菜

C. 水果带太多，导致吃不下饭　　　D. 其他原因 ＿＿＿＿＿＿

3. 你最爱吃什么菜？

附件2：

写给食堂经理的一封信

食堂经理：

　　您好！我们希望您＿＿＿＿＿＿＿＿＿＿＿＿＿＿＿＿＿＿＿＿＿＿＿＿

＿＿＿＿＿＿＿＿＿＿＿＿＿＿＿＿＿＿＿＿＿＿＿＿＿＿＿＿＿＿＿＿＿＿

【班会设计5】

玩转课间10分钟——做文明有序和一人

一、设计背景

理论背景：

《中小学生守则》中第四条提到：明礼中守法讲美德。遵守国法校纪，自觉礼让排队，保持公共卫生，爱护公共财物。《小学生日常行为规范（修订）》中第5条指出："待人有礼貌，说话文明，讲普通话，会用礼貌用语。不骂人，不打架。到他人房间先敲门，经允许再进入，不随意翻动别人的物品，不打扰别人的工作、学习和休息。"第11条指出："课前准备好学习用品，上课专心听讲，积极思考，大胆提问，回答问题声音清楚，不随意打断他人发言。课间活动有秩序。"我校对学生的课间礼仪要求是：慢步轻声靠右行，微笑招手有礼貌。

皮亚杰认为，游戏给儿童提供了巩固获得新的认知结构及发展情感的机会。我想这里提到的游戏应该是有意义的游戏，在学校里学生能够进行有意义游戏的时间大多是在课间10分钟的时候。讲文明、有礼貌是孩子们健康成长的需要，是他们个人内在修养的表现，也是他们将来走向社会人际交往的必备素质。学生的年龄特点决定了课间进行有意义的游戏活动也是必要的。讲文明、有秩序、有意义的课间活动十分必要，要从小抓好这一教育，因为不仅关系着一个儿童的健康成长，也关系着我们学校的文明程度。

实践背景：

今年由于新冠肺炎疫情，我们班学生在家线上学习度过了三年级的下学期，开学之后就是四年级的学生了。按理说年级增加了，学生的课间礼仪应该更好了才对，可是这学期我观察发现，班级的课间越来越乱，许多同学每天追来跑去乐此不疲，还伴随着大喊大叫，带到学校玩儿的第五人格卡片和起泡胶类的玩具等也都不是特别好，学生之间因为这些卡片、玩具的摩擦也日益增多，这样的情况屡有发生。针对这些情况，我采用访谈、问卷调查等形式进行了前期调查，又进行了思考和分析。

我觉得本次班会应该从"课间活动要讲文明、有秩序、有意义"入手对学生进行引导，让学生引起足够的认识，让学生从讲文明、有礼貌、重礼仪的好习惯，同时也要会选择有意义的游戏来丰富自己的课余生活。今年恰逢和一建校60周年，我们要用自己的文明、有序的课间活动为母校增光添彩，做文明有序和一人。

二、班会目标

认知目标：通过本次班会，学生明白课间进行讲文明、有秩序、有意义的活动的重要性，学会合理利用时间并安排好课间活动。

行为目标：通过这次班会促进校园和谐，提高学生合作能力、组织交流能力、创新能力。

情感目标：培养学生从现在做起，从一点一滴做起，努力提高自己的文明礼仪修养，做一个讲文明懂礼貌的好孩子。让每一位学生都成文明有序和一人。

三、前期准备

教师准备：

1. 收集影响学生关系和谐或者不利于学生身心健康的课间活动。

2. 做有关课间活动的问卷调查。

学生准备：

1. 将自己想介绍给全班的有意义的课间活动录制成小视频。

2. 准备好介绍自己推荐的课间活动的发言稿。

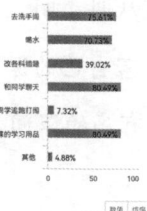

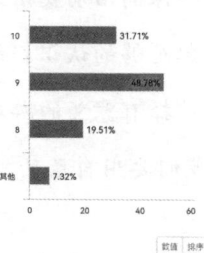

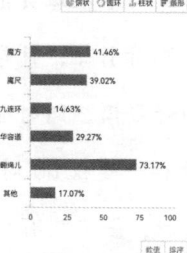

图 3-12　问卷调查 1　　图 3-13　问卷调查 2　　图 3-14　问卷调查 3

3. 集体学唱《哦，十分钟》。

四、班会过程

（一）谈话导入引出主题

今天这节班会课我们来说一说"课间10分钟"那点事儿，每天我们在学校都有课间10分钟，大家都很熟悉。谁来说一说，课间10分钟我们都在做什么事情？

学生举手汇报

教师记录相关词语，准备板贴

【设计意图】谈话导入，让学生明确本节班会课我们要讨论的主题是课间10分钟的事情，聚焦主问题，为下面的讨论做好铺垫。

（二）为"课间活动"排序

小组讨论一下，你觉得在课间10分钟里，我们做的这些活动应该怎样排序？根据自己做每件事情的时间，进行合理的搭配和取舍。（每个小组发一张大的题纸，将本组讨论的结果写在题纸上，方便一会儿汇报）

汇报小组讨论结果

10分钟不算长，如果我们每个同学都能够合理利用时间，还是可以做很多事情的。

通过我们课前的调查，张老师发现课间喝水、去洗手间、准备下节课学习用品的同学都不是100%，也就是说最重要的三件事儿我们有的同学是没有做的，这样可不行。不喝水、不去洗手间你的身体会出问题，不提前准备学习用具会影响你下节课的听讲。希望个别同学要引起注意。

【设计意图】让学生明白如何合理利用时间，课间只有10分钟，只有合理安排才能够让自己做更多想做的事情。

（三）为"课间活动"诊脉

出示课前搜集到的各种课间活动照片，请全班同学当一次小医生，给照片上的各种情况诊诊脉，说一说哪几张照片里的行为是对的、文明的，哪几张照片里的行为是不对的、不文明的。

先自己观察、再小组讨论

汇报小组讨论结果

看来我们都是合格的小医生，准确找出了课间活动中有问题的行为，并进行了纠正，也希望咱们班同学今后不要再出现这样的行为，都能做一个文明有序的和一学生。同学们给咱们班班级课间情况的打分最多的是9分，也就是说咱们班的课间情况还有需要加强的地方，我们要一起努力，争取课间情况能够更好一些。

在《小学生日常行为规范（修订）》的第5条和第11条也对我们提出了具体的要求，我们一起来看一看，请同学们大声读一读。

希望同学们能够遵守这些要求，大家互相监督、互相支持，争取大家都能够打出10分的好成绩。

【设计意图】每个学生的文明程度不同，所以课间活动的时候肯定存在差异性，让学生在问诊的过程中进行思辨，在思辨的过程中深化对课间文明的再认识，逐渐加强学生的认知，进而影响学生的行为。

（四）有意义的课间活动推介会

前一段时间，班里许多同学都在玩儿起泡胶，张老师上网查了一下相关的资料，给大家读一读："起泡胶是有毒的，起泡胶里面含有苯等物质，进入孩子的体内的以后会导致呼吸道感染和中毒情况的发生。"尤其是许多同学玩儿过之后还不洗手，就直接去吃东西，这样对身体更不好。所以建议大家尽量少玩儿这类的玩具，不要带到学校来。

另外，许多男生都比较喜欢玩儿这个第五人格卡片，画风不是特别阳光，建议同学们尽量不选择这种画风的游戏。其实说到卡片类的游戏，我们熟悉的纸牌就很好，大家可以利用纸牌进行巧算24点的游戏。我们来听一听孙智慧同学的介绍，掌声欢迎。

我们今天还请来了几位课间活动推介员，看看他们给大家带来什么有意义的课间活动呢？

季芃成：推介《课外阅读》

赵元铭：推介《汉诺塔》

王瀚一、李宗易：推介《魔方》

王漪、刘晨熙：推介《碰数》

马铭汐：推介《翻绳儿》

……

根据调查，大家对以上几种课间活动的兴趣比较大，所以让同学们进行了推介，希望同学们在今后的课间可以多进行这些活动。

同学们，你们知道吗？如果你在玩儿的时候多观察、多思考，也是会玩儿出大名堂的，我们一起来看一看。

介绍：汤博尊介绍瓦特发明蒸汽机、刘哲溢介绍列文虎克发明显微镜。

张老师希望同学们在课间的时候也能够边玩儿边思考，将来在某一个领域有突出的贡献。

【设计意图】让学生知道哪些课间活动是有意义的，应该怎么玩儿，培养自己的兴趣爱好，培养学生间相互交流、相互协作的能力，开展文明的课间活动，创建良好的课间环境。

（五）班主任总结提升

同学们，这节班会我们讨论了关于课间10分钟我们都应该做哪些有意义的活动这件事情，你有哪些收获或者感想呢？

总结：我们每天有6个课间10分钟，加起来就是1小时，那么一周呢？一学期呢？小学六年呢？谁抓住了这些时间，谁就会更加受益。让我们一起唱响《哦，十分钟》，开启属于我们的文明有意义的课间活动吧。

五、班会延伸

1.制定文明有意义的课间活动评比表，激励大家坚持下去。

日期	姓名	第1课间	第2课间	第3课间	第4课间	第5课间	第6课间	总分	排名

2.将自己了解到的有意义的活动和爸爸妈妈也一起玩一玩，发展成有意义的家庭活动。

六、班会反思

本节班会课我选择的主题比较小、贴近学生的生活，结合学生近期在课间活动时出现的问题及时召开班会，对学生进行及时的引导，让学生在讨论的过程感觉到如果合理利用课间10分钟，我可以做很多自己想做的事情。同时在诊断的时候，发现其实许多不好的课间行为就在我们的身边，我们要及时去纠正这些行为。在有意义的课间活动推介环节，让学生发现原来我们可以有这么多有意义的事情去做。

一节班会课不能解决所有的问题，课后还需要在班级中不断强化、正向引导，让学生逐渐养成文明有意义的课间活动习惯，真正成为一名文明有序的和一学生。

【家长眼中的我】

细致入微的张老师

李 霄

"三尺讲台育桃李，一支粉笔写春秋。"教师既是辛勤的园丁，也是人类灵魂的工程师，更是太阳底下最光辉的职业。好书易得，良师难遇。一个人能够遇到好老师，是他一辈子的福气，然而这种福气是可遇不可求的。荀子说："人虽有性质美而心辨之，必将求贤师而事之。"为人父母，最希望的就是孩子能遇到一位有责任的好老师，而我们则有幸遇到了，这就是陪伴了孩子五个春秋的，我们敬爱的班主任张老师。

初见张老师，印象最深刻的是她那乌黑干练的短发和灿烂的笑容。当她带领着刚入一年级的孩子们排队出校门的时候，我一眼就被她吸引了，她的眼睛虽然戴着眼镜，却丝毫没有遮挡住眼中的光芒，笑声也特别的爽朗，她身上似乎有一种魔力，总是能让人不由自主地与她交谈，我想这就是亲和力吧。下课的时候孩子们也总喜欢围着她，跟她聊天，在孩子们的眼中，她既是尊敬的老师，又是无话不说的好朋友。

记得一年级刚开学那几天，家长们对孩子在学校的情况茫然不知，不免有些担忧，又不敢问这问那，怕会打扰到老师，打开手机惊喜地发现，老师在班级群里传来了照片，有很多孩子们的照片，从早上孩子们端坐在座位上晨读，到丰盛的午餐照片还有孩子们整齐的课间操，无微不至地记录着孩子们的点点滴滴。原来张老师早洞悉了家长们的那份不安，当家长们翻阅着孩子们那洋溢着笑容的照片时，不由得感谢张老师的细心照顾和细致入微。

此外张老师还会根据不同孩子的情况，及时跟家长沟通，了解孩子在家中的学习和生活情况，分享自己的育儿经验，并且能够耐心地听取我们家长对学校工作的建议与反馈，做到家校共育，使孩子们的状态都能调整到最佳。至今，我仍清楚地记得，那是二年级的时候，张老师反馈孩子近来写字有些歪斜，让我注意帮孩子及时纠正一下，让我感动的是老师如此细心地发现孩子存在的问题并及时与我沟通，我当时激动地向张老师表示感谢："孩子们能遇见您这样负责任的启蒙老师，真是他们的幸运！"可她却说："能陪着孩子们一起成长，每天进步一点点，慢慢地做最好的自己，也是我们做老师的幸运！"那时，我才意识到，原来"老师"对她而言已经不仅仅是她的一份职业，而是她毕生的挚爱，正是因为有这样的爱的驱使，她才能把所有的孩子都当成自己的孩子，她才能为孩子们付出全部的心血而不知疲倦。正如著名的教育家巴特尔说："教师的爱是滴滴甘露，即使枯萎了的心灵也能苏醒；教师的爱是融融的春风，即使冰冻了的感情也会消融。"

张老师总是能把数学教得生动有趣，孩子们最喜欢的科目就是数学，当孩子们遇到不会的难题时，她总是不厌其烦地一遍一遍地讲解，直到孩子们明白为止，她总是能开发同学们用不同方法解题的思维能力，让同学们能灵活多变地解各种数学题，使数学变得超有趣。她还会鼓励孩子们在课下多做一些数独游戏，体验数学带来的乐趣。

"你若盛开，蝴蝶自来。"这句话是张老师经常向孩子们提到的，她用自己的实际行动向孩子们完美地诠释了这句话的真正含义，五（6）班的全体同学和家长们也在朝着这个目标前进，带领着孩子们做最好的自己！

我的儿子很幸运

郭立英

我的儿子叫赵元铭，就读于和平街第一中学的清友园校区五年级6班，他还有一个双胞胎的姐姐，就读于同年级的另外一个班。

儿子是幸运的，从入学第一天开始，就遇见了他的第一任班主任，也是到目前为止唯一的一任班主任：张利老师。关爱与包容、责任与担当是她的名片。

初次见到张老师是在孩子们的新生入学典礼上，严肃、干练又不失亲切。吵吵嚷嚷的小朋友们在她的招呼引导下，很快就安静了下来。我当时心里就想：好有魔法啊！

孩子们来到学校，首要就是"身心健康而愉快地学习知识"。而张老师在这四年多的时间里，给了令我们所有孩子和家长都倍感惊喜的诠释。

首先，张老师主授的是数学。严肃、严谨却不失亲切与仁爱。刚刚幼升小的孩子们基础是参差不齐的，而张老师在完全照顾到了零基础的孩子的同时，也依然能让那些有一定基础的孩子在上课时感到新鲜有趣，同时也开始了培养孩子们自觉学习，自觉完成作业的良好习惯。

张老师特别注重孩子们的全面发展，语、数、英、音、美、体、思、劳，样样都鼓励孩子们燃起兴趣，全面发展。在各种竞赛中都要积极参与，力争上游。培养了孩子们的拼搏意识和集体荣誉感。说到集体荣誉感、集体竞赛，有一个细节我特别想说一下，因为它通常很容易被人忽略：张老师与时下很多学生家长以及老师习以为常的做法不同，她特别强调孩子们首先应该在实力上下功夫，拿出昂扬的斗志，而不是把精力重点放在专门购买演出服装上面。只要求孩子们以整齐划一的校服，意气风发的精神状态，展现出自己的特有风采。我想张老师一直以来坚持不让家长与孩子们为活动专门采购服装是有良苦用心的，在尽量不增加家长的负担的同时，努力培养孩子们立足自身实力的意识。这在当下形势为王的大潮中实属难能可贵。

活泼好动是孩子们的天性，而孩子们的性格、成长环境以及家庭背景各异。尤其是男孩子，在一起玩的时候发生一些小小的冲突也是在所难免的，或者说是很正常的。但是如果极个别家长将其小题大做，甚至无限上纲，无限扩大，就是非常不正常而且很棘手的事了。很不幸，张老师就曾经反复遇到这样的挑战。但是每一次危机都被张老师客观、公正，耐心、体贴的处理方式给化解了，着实令人钦佩。

2020 年和 2021 年是非同寻常的两年，新冠肺炎疫情打乱了人们正常的生活节奏。尤其 2020 年的上半年，人们被突然爆发的新冠肺炎疫情打乱了手脚，整个上半年孩子们都在家上网课。即便是到今年也偶尔有居家上网课的现象。这期间我们更是真切感受到了张老师对孩子们以及家长们的细致周到与贴心关爱，比如会在群里发送自己拍的小视频，给孩子们示范、详解几何图形辅助线的画法、容易出错的点、竖式演算时容易出错的对位问题等等；在家长们接到孩子们需打疫苗的《知情同意书》不知如何处理时（每个孩子只有一份且要求不可填写错误），张老师贴心地在线上召开家长会进行说明……

四年多啦，张老师动人的点点滴滴我无法在这里一一细数。总之，我的儿子能遇见张老师，是孩子，也是我们家长的幸运！

有爱心的班主任张老师

王宏义

众所周知，小学阶段在一个人的成长过程中非常重要，小学阶段的班主任当然更加重要，所以遇见一位称职的班主任老师，是所有家长的心愿。毫无疑问，五（6）班的孩子们是幸运的，家长们是幸福的，因为我们遇到了班主任张老师，从一（6）班到五（6）班，直到六（6）班。正值孩子们成长的春天，遇到了润物无声的春雨，最需要的时候，遇到了最好的班主任。

记得 2017 年 9 月，刚满 6 周岁的孩子要上小学了，作为家长不操心那是假的，最操心的当然是孩子会分到哪个班？碰到啥样的班主任？能不能尽快适应新环境……一切都是未知数。幸运的是，孩子碰到了班主任张老师，同时还是数学老师。

"好雨知时节，当春乃发生。"很快，张老师的辛勤付出，打消了我们心头所有的疑虑。孩子每天放学回来，最开心的事儿就是迫不及待地从书包里掏出张老师用心书写的小卡片、小奖状，满满的鼓励，满满的爱；我每次打开6班微信群，无论清晨、雨天、周末，总能看到张老师发的温馨提示"今天有雨，别忘了带雨衣""明天升旗，穿秋季校服""最近降温，多穿衣服""托管班是混龄的，注意孩子的言行"……一点点细节，一句句叮咛在我心目中留下了最初的印象——耐心、细心、有爱心！每一个节气来临前，张老师总会把有关节气的诗词、故事、图画分享给家长，不光孩子们增长知识，家长也跟着受益。在张老师的专业引导下，我欣喜地发现孩子很快适应了小学生活。孩子喜欢学习，天天回家很乐意当小老师，模仿张老师的样子把学会的新知识在小黑板上写写画画讲给爸爸妈妈听；本来有点内向的孩子，很快交到了几个好朋友，每天放学和张泽正击掌后才分手，有时忘了还要返回去补上，这个细节彻底颠覆了奶奶的认知，发自内心地说"张老师真是有办法，把娃娃们哄得开开心心放学了都不想分开"。开学不久的一天，在超市碰到了同班同学汤博尊，两人很兴奋地跑到对方跟前，然后都挠着头笑嘻嘻地说"你叫啥来着"，五年前那滑稽的场面好像就在昨天；上小学后除了学习、交友，孩子在各方面都有了改变，如主动帮奶奶收拾碗筷、扫地、摆放鞋子，这些行为以前是没有的，让我这个做家长的感到很欣慰。培养孩子的学习习惯，交朋友分享快乐，帮大人做家务等等方面，张老师比我们这些家长做得更好更有效，真心感谢张老师。

"随风潜入夜，润物细无声。"张老师住得离学校比较远，每天都会早早到学校，迎接孩子们的到来，开启一天的学习。印象最深的是一年级时每天早上的"成语接龙"，坚持一个学期下来，小学常用字基本都认识了，识字量和词汇量大大增加，为以后的阅读扫除了障碍，终身受益。在学校，张老师和孩子们几乎是形影不离，课间、午饭、户外活动，张老师的一言一行，引导着孩子们乐观向上，有时一个不经意的眼神，一句赞许的话语，都让孩子们兴奋不已。每天的放学时间也是老师和家长唯一见面的机会，张老师总是把每个孩子准确交到家长的手上，一个个目送走才返回学校。有时个别家长没有按时接孩子，张老师总是耐心陪着，一边等待，一边想办法联系家长，夏天还好，寒冬腊月也是如此。记得一次堵车很晚才到校门口，看着张老师仍陪着孩子在6班放学处等着，当时匆匆接走孩子，心里还想为啥不回教室等呢，后来听别的家长说才知道张老师担心如果回教室了，正好这时家长来了看不到孩子得多着急，太让人感动了。张老师多少年如一日，一心都在孩子们身上，为了让家长少操心，她总是加倍费心。"采得百花成蜜后，为谁辛苦为谁甜？"作为家长，我们理解之余更多的是发自内心的感动，感恩张老师！

"野径云俱黑，江船火独明。"近40个孩子来自天南海北，每个都是家中的小皇帝，而且正是懵懂淘气的年龄，张老师每天面对这么一群活蹦乱跳的活跃分子，还能把各种事情处理得井然有序，张老师默默付出了多少心血和汗水，我们可想而知。孩子们犹如黑暗中摸索前行的船只，班主任正是指引航向的灯塔。张老师通过各种活动，让孩子们发现自己的特点和短板"做最好的自己"。每周一星，让孩子们尽情展示自己的兴趣和特长，给孩子们提供表现自我的机会，也让我们做家长的对孩子有了新的认识。每周一个人负责记周记，记录班级大事记的活动很有创造性，让每个孩子关心身边的事儿、记录集体的事儿，这对孩子将来的发展都有好处。还有通过班级中各种个人成长积分榜，定期评出各种"明星"，很好地树立了孩子们的自信心，鼓励孩子们全面发展，培养多种兴趣爱好，更好地发现孩子的天性……张老师总是能在孩子们身上发现闪光点，她对全班每个孩子的情况都心中有数，她真的是为孩子们着想，真正的为孩子们着急！我们真的感激张老师！

"晓看红湿处，花重锦官城。"四年多时间，张老师始终如一，真诚面对每一个孩子，每一个家长，营造了很好的学习氛围和成长环境，孩子们在平等公正的环境中健康成长，在各方面都取得了满意的成绩。运动场上孩子们顽强拼搏，合唱比赛孩子们意气风发，低年级入队仪式孩子们做好表率，疫苗接种孩子们积极勇敢……在张老师的引导下，当年的懵懂顽童已变成为英俊少年，这是我们每一个家长有目共睹的，即使中途转走的孩子和家长都常常怀念和张老师在一起的日子。在张老师的带领下，我的孩子阳光自信，积极乐观，认真负责，热情参与各种活动。我感受到了孩子的朝气蓬勃，感受到了张老师的爱心，感受到了五（6）班的蒸蒸日上，感受到了和一的"和合文化"，感谢张老师，感谢五（6）班，感谢和一！

春夜喜雨，润物无声，这就是我心目中的班主任张老师，一位值得孩子们爱戴的好老师！一位值得家长尊敬的好老师！

【学生眼中的我】

阳光般的张老师

王瀚一　北京市和平街第一中学　2017级6班学生

一位教育家说过"没有爱就没有教育"，很幸福，我们一直沐浴在爱的阳光雨露中。晨曦中，您那温暖的笑脸迎接我们走进教室，开启崭新的一天；午饭时，您饿着肚子看我们狼吞虎咽；放学后，您用依依不舍的眼神儿送走每一个同学才肯离开。四个春秋，寒来暑往，从早到晚，您总是陪伴着我们。在您的爱心呵护下，我们从柔弱的嫩芽长成了苗壮的小苗。张老师，您是我们最喜欢的班主任。

您倡导的班训"做最好的自己"，为我们营造了公平公正的班级风气，这句话也深深地印在我们每个学生和家长的心里。您对我们一视同仁，总是能捕捉到每个人的兴趣点，发现每个人的特长，书法、军事、音乐、科技等等大家的特长都得到了充分展示。我们喜欢张老师，全班同学自信乐观、积极向上，都在努力做最好的自己。

在日常生活中，同学之间难免会有摩擦，您总是能第一时间理清事情的原委，指出是非对错，避免矛盾升级，经过您的专业调解，最终双方都能握手言和；有时在我们看来遇到了天大的难题，到您那儿总是能大事化小，小事化了，处理的结果让我们心服口服。我们遇到什么事儿总是愿意和您说，您总是用丰富的经验和专业的指导，为我们答疑解惑。我们喜欢张老师。

有人说："班主任是小学生健康成长的引领者，是小学生的人生导师。"张老师您是我们的班主任，更是我们的大朋友，我们最喜欢张老师。

有责任心的张老师

马瑶　北京市和平街第一中学　2017 级 6 班学生

老师，这是这个世界上最无私的职业。而张老师是我见过最无私，最善良的老师。她就像一个妈妈，包容我们的任性，包容我们的调皮。

课堂中的老师，会认真地给我们讲题、讲课，同学们也听得非常认真。老师还会在课上开一些小玩笑，这些小玩笑总是会逗得同学们哈哈大笑，老师总是幽默地让我们了解知识。

生活中的老师，在天阴下雨时，会在微信群里通知我们的爸爸妈妈给我们带上雨衣。在哪位同学生病时，会第一时间通知家长接我们去看病。

张老师还会带着我们玩耍，为了不让我们在玩耍时受伤，老师在班上多次教育我们，不要推挤，要友好团结。

我眼中的张老师是一位勤奋，善良有责任心的好老师，每当我遇到难题，您总耐心细致地讲解，直到我弄懂为止，老师您让我懂得做事情要有责任心，让我坚强，自信和勤奋。是您给我们树立了榜样，值得我们学习，我真为有这样一名班主任老师而感到骄傲和自豪！

人们说，教师是人类灵魂工程师。我曾经看到邓小平爷爷的一句名言：一个学校能不能为社会主义建设培养合格的人才，培养德智体美劳全面发展、有社会主义觉悟的有文化的劳动者，关键在教师。是啊，老师，多么神圣的一个职业；老师，多么伟大的一个职业。在我的心中，有一位我永远都不会忘的老师——张老师。

像妈妈一样的张老师

刘哲溢　北京市和平街第一中学　2017级6班学生

2017年9月我成为一名小学生，从那时起我遇到了我的班主任——张利老师，也是从那时起我体会到了老师对学生深深的爱。

张老师个子不高，胖胖的和蔼可亲，学习纪律方面对我们严格要求，生活上对我们关心备至。记得我刚上小学一年级时，不习惯陌生的环境和同学，每天上学时都很想爸爸妈妈，当我把我紧张的心情告诉张老师时，她温柔地对我说："别害怕，你可以把我当成你的妈妈，有什么问题都可以跟我说。"有了张老师的安慰，我的心情逐渐阳光起来，很快地适应了学校的生活。

我的免疫力比较差，集中体现在皮肤过敏方面，医院检查结果表明很多食物我都过敏，这使我在学校吃午饭成为难题，张老师知道后根据我食物过敏要求，每天中午帮我在学校职工食堂另外打一份饭，使我既能吃好又能吃饱还避开了过敏源，我的健康成长离不开张老师的心血倾注。

张老师对我们每个同学都像自己的孩子一样照顾，课上认真生动的讲解，课下耐心温柔的解释，从来不会觉得我们笨。她不只教授我们知识，更是传递给我们做人的道理，像一盏明灯指引我们前行，我爱我的班主任！

有魔法的张老师

王漪　北京市和平街第一中学　2017级6班学生

我是一名小学生，当我第一天踏入小学的大门，班主任张老师就告诉全班同学一句话"做最好的自己"。刚开始，我懵懵懂懂并不太理解这句话的意思，但在我们和她的相处中，我深深地感受到了这句话的"魔力"。

她是我们的班主任，教数学，但她就像我们的家长一样，学习、生活、同学关系……什么都管。在她的课堂上我们特别轻松，快乐地学习数学知识，体验数学学习的有趣和有用；课后我们也特别喜欢围着她"叽叽喳喳"地说个不停，她就像是个大朋友笑眯眯地做我们的倾听者，有时会反问一些问题，让我们自己思考、解决困惑。我们真的很喜欢和她互动，她让我们每天都很快乐。

每天都会见到她温暖的笑脸，这让我们非常喜欢她。而喜欢她的理由还有很多，她每天都会给每个同学一个具体的鼓励，给每个同学一个赞赏的眼神。在这样的鼓励下，我们都很努力让自己做得更好。认真听讲，积极回答问题；积极动脑筋，解决问题；同学间互相帮助，团结友爱；乐观向上，敢于挑战；每天我们都充满自信，做最好的自己。

我们每周都会有同学进行"做最好的自己"演讲，介绍自己的兴趣爱好，分享自己的学习方法等，同学们可以增加彼此间的了解，同时也能收获很多学习的好方法。我很期待自己站在讲台上分享我的故事，但想到第一次自己站在台上内心又非常的紧张和担忧，害怕自己紧张得说不出来。班主任张老师就像有魔法一样，知道我心里是怎么想的。在我分享的那天早上，温柔地对我说，"你准备得很充分，一定可以的，站在台上就很棒，加油哦！"有了她的鼓励，许多同学也纷纷鼓励我。当我站在台上时，台下先是一片掌声，为我鼓劲，我好感动，紧张和害怕也就不见了，自信、大方地站在台前做分享。现在我可以勇敢地站在全校同学面前发言了。在一次次的活动中我体验到了成功的喜悦与自豪，越来越自信。

每天我们都在为做最好的自己而努力，我喜欢我们的班集体，也非常喜爱我们的班主任。感谢她的真诚的爱，让我们每天都充满阳光。

严慈相济的张老师

孙智慧　北京市和平街第一中学　2017 级 6 班学生

"你若盛开，蝴蝶自来。"这是我们四年级 6 班的座右铭，同时是我亲爱的数学张老师的座右铭，从她身上我慢慢明白了这句话的真正含义。我的老师是一位优秀的好老师，从一年级到现在，她一直是我们的数学老师，同时也是我们最敬爱的班主任。她戴着一副眼镜，脸上总是洋溢着暖洋洋的笑容。

我的老师是一位耐心的好老师，当我们遇到不会的难题时，她总是不厌其烦地一遍一遍地讲给我们听，直到我们明白为止，她总是能开发我们用不同方法解题的思维能力，让我们能灵活多变地解各种数学题，让我们觉得数学变得超有趣。她还会鼓励我们在课下多做一些数独游戏，体验数学带来的乐趣，班里同学人手一本，大家都很爱学数学。

我的老师是一位贴心且细心的好老师，老师每天都会提前告诉我们明天的天气情况，如果天气预报说有雨，她就会再三地提醒我们带雨具，季节交替的时候，会叮嘱我们一定多喝水，多吃蔬菜水果，老师无微不至的关怀，总是能让我们感到妈妈般的温暖。记得班里一位男同学的脚崴了，她贴心地搬了一把椅子让他的脚可以搭在椅子上，我当时感觉张老师真的像"妈妈"一样爱护着我们每一位同学。

我的老师同时也是一位严格的好老师，我的老师"赏罚分明"当我们犯错误的时候，老师会立即指出我们哪里做得不足，让我们可以变成更优秀的自己，张老师时刻提醒着我们要"做最好的自己！"

在张老师的悉心指导下，我四年来一直努力做最好的自己，不仅是班长，还是学校大队委。张老师，我很高兴，您能一直教我到现在，谢谢您，在教给我们知识的同时也教会我们许多道理，您永远是我心中最好的老师，我们都爱您。

风趣幽默的张老师

刘晨熙　北京市和平街第一中学　2017 级 6 班学生

我的班主任张利老师是一个和蔼可亲、自信美丽的数学老师，她关心每一位同学，她有着幽默的教学风格、积极的态度、不轻言放弃的精神，这是我敬爱的班主任张老师。

张老师对我们非常有耐心，有责任心。记得四年级开学的第一天，因为新冠病毒的突然袭来，我们每个同学都非常害怕和恐惧，老师知道每位同学都很紧张，她利用课余时间帮助同学们普及新冠病毒的危害，应该如何做好有效的防范措施，遇到特殊情况应该如何处理。几天下来同学的心情和紧张感得到缓解，作为班里的卫生委员，张老师更是细心指导，让我明白在这个特殊时期，应该如何做老师的小帮手，服务班级和每一位同学。

上课铃响起，和蔼可亲幽默的张老师来了，同学们非常期待地看着眼前的她，不出所料，今天的这堂数学课又是一个生动有趣，有互动、有笑声、有议论的一堂课。老师提问，一只只争先恐后的小手高高地举着，课堂既严肃又活泼。四年里我们班无数次作为展示班级让其他老师来听课、学习。

张老师关心每一位同学，从一年级到四年级，老师给予我们太多太多，我们也见证了老师的开心快乐、烦恼伤心。在这四年里，老师眼角有了皱纹，可脸上依旧挂着灿烂的笑容。

我爱您张老师，在您的带领下，我们班获得了朝阳区先进班集体和北京市先进班集体，班级合唱比赛一等奖、运动会第一名、七彩文明示范班、卫生先进班集体等奖项。张老师希望我们做一个德智体美劳全面发展好儿童，她时常建议我们多参加公益活动，爱心活动，拓展我们眼界和思维，告诉我们做事要坚持，不要轻言放弃，老师永远是你们最坚强的后盾。

谢谢您张老师，您传播知识，播种希望。您像一位辛勤的园丁，用心血浇灌我们，为了我们的成长，为了我们能学到更多的知识，老师不知付出了多少汗水，您辛苦了。我爱您张老师！

后 记

还记得上大学的时候，我们的校训是：为学为师、求实求新。这些年我一直秉承母校的校训，潜心教书育人，学为人师，行为师范。弹指一挥间，14年过去了，今年是我班主任生涯的第15年，这些年和学生一起走过的这些日子总是令人怀念的，我们一起快乐，一起收获，一起成长。能够用自己的教育教学知识引导和教育祖国的花朵们，我内心无比自豪。每天面对几十双渴求知识的眼睛，每天接触几十颗心灵健康成长，又觉得自己身上的压力沉甸甸的。每一个孩子都是一个家庭的希望，家长们都渴望自己的孩子能够有更好的发展，作为孩子们成长的领航人，我一刻也不敢懈怠，始终让自己对教育充满热情，坚持学习最前沿的教育理念，引领学生们不断向前。

有时都不敢相信，自己已经工作这么多年了，借着写这本书的机会，让自己静静地坐下来仔细梳理这14年的教育过往，曾经的点点滴滴，都成为我成长不可或缺的经历。反思自己这些年的班主任工作，工作初期的迷茫逐渐消失了，伴随的是自己越来越有思想的带班方法和育人方略，形成符合学生特点的班级文化，构建和谐的师生氛围，打造了有凝聚力的班集体，同时收获了家长和学生的信任与喜爱。我越来越喜欢班主任这个角色，这个角色可以让我有更多的机会和学生一起谈天说地，一起畅游知识的海洋，一起参与他们的成长，一起聆听来自学生心底的悄悄话。

　　行走在教育的路上，有很多优秀的人一直影响着我。从入行以后跟随学习的每一位师父身上学会了许多的教育教学方法，为我后续的工作奠定了基础。每一位主管领导都孜孜不倦地引导我，为我搭建更好的发展平台，督促我向着更好的方向发展。我先后被评为朝阳区骨干班主任、北京市骨干班主任、北京市中小学"紫禁杯"优秀班主任、北京市中小学最喜爱班主任，我的班级先后被评为朝阳区先进班集体、北京市先进班集体，我和我的学生在不断进步，向着更好的自己努力前行。我是幸运的，在自己的教育生涯中遇到了很多帮助我的领导、同事、朋友和家人，让我能够沉浸在自己的教育世界中梳理和总结。谈不上是什么经验之谈，只能说一部分是自己前期的班主任工作汇总和反思，为自己今后的教育教学工作奠定一个基础。另一部分内容是自己从做母亲以来的学习心得和反思总结，在教育自家孩子的路上我依然是一个新人，第一次做母亲，总是感觉有些手足无措，需要不断学习和总结经验，才能够促进自家孩子的成长。写下来与各位家长分享和共勉吧！也要感谢每一位学生家长对我班主任工作的理解与支持，让我们一起携手为孩子谱写美好的未来。

　　未来我会遇到更多的有意思的学生，参与他们更加精彩的一段人生旅程。未来我也会学到更多的教育教学理论，指引我的学生不断向前。未来我会对班主任工作有更多的思考和实践，让自己的班主任工作迈上一个更高的台阶。未来，我充满了向往！

张　利

2022 年 2 月于北京